한국사 진실 찾기
1

김 태 영

글터
GEUL TEA

머리말

나는 어렸을 때부터 우리나라 역사에 대해서 유달리 관심이 많았다. 그 이유는 내가 철이 들면서부터 암울한 일제 강점기를 겪었기 때문이다. 우리 나라가 일본에게 나라를 빼앗기게 된 자초지종을 알려면 정확한 역사를 알아야 했기 때문이다. 집에서는 우리말을 쓰는데도 학교에 가서는 일본말로 공부해야 하는 이중 언어 구조 속에서 살아야 했다.

그때는 일제가 미국을 상대로 전쟁을 도발했다가 기세가 꺾여 차츰 패색이 짙어가면서 최후 발악을 할 때였다. 사상과 언론 통제와 인권 탄압이 지금의 북한처럼 혹심했다. 학교에서는 왜 일본말을 쓰고 집에서는 조선말을 써야 하느냐고 물어보아도 선생님이나 어른들은 속시원하게 대답을 해 주기는커녕 입에 집게손가락을 대고 무서운 표정을 지으면서 그런 거 물으면 큰일난다는 시늉을 해 보였다.

그러다가 1945년 8월, 내가 살던 도시에 소련 군대가 쳐들어와 일본군의 항복을 받아내고 군정을 실시했다. 그때 나는 처음으로 태극기를 보았고 "동해물과 백두산이..." 하는 애국가를 들을 수도 있었으며, 학교에서 선생님으로부터 우리나라 역사를 대강을 들을 수 있었다.

그러나 그것은, 지금도 그렇지만, 반도식민사관半島植民史觀을 바탕에 깐 순 엉터리 가짜 역사였다. 우리는 처음부터 끝까지 한반도 안에서만 반만 년 동안 수많은 외침을 당하면서 끈질기게도 그 모진 난관을 헤쳐 나가면서도, 당파 싸움밖에 할 줄 모르는 무능하고 열등한 민족이었다는 것이다.

그러다가 일제 강점기에 백암 박은식, 단재 신채호, 위당 정인보 등으로부터 시작되었고, 1970년대에는 문정창, 안호상, 박시인, 임승국, 박창암 등 재야 사학자들에 의해 개화된 만주사관滿州史觀에 매료되었다. 〈자유〉라는 잡지에 발표되는 이들의 주장은 상고 시대의 우리나라와 중국과의 경계선은 압록강과 두만강이 아니고 만리장성 이북 난하濼河이고, 단군은 신화가 아닌 실사實史이며, 한사군漢四郡은 식민사관이 날조한 순전한 허구라는 것이었다.

나는 처음으로 반도식민사관의 틀을 벗어던진 이분들의 참신한 민족사관에 동화되어 지금으로부터 26년 전인 1985년에 『다물』이라는 장편소설을 쓴 일이 있다. 북경 이북의 만주와 동시베리아가 온통 다 대한민국 영토가 되는 장쾌한 미래상을 내다본 소설이었다. 그래서 그런지 많은 독자의 호응을 얻어 베스트셀러 리스트에까지 올랐었다.

그 후 나는 소설을 쓰는 한편, 우리나라 상고사 공부를 하다가 『천부경』, 『삼일신고』, 『참전계경』으로 구성된 삼대경전三大經典을 알게 되면서 선도仙道 수련에 집중하는 수행자가 되었다. 수련 덕분에 영안이 열려 나의 여러 전생 장면들을 볼 수 있게 되었다.

고조선과 고구려, 백제, 신라, 발해, 고려, 이씨조선 시대를 거치면서 수많은 왕후장상을 지냈고 말년에는 수행자가 되는 패턴의 전생을 나는 반복해서 살아왔다. 지금까지 21년 동안 삼공재三功齋를 운영해 오면서 전생의 내 처자나 부하, 막료, 제자였던 수행자들이 수백 명은 더 찾아왔다. 수련 중에 나는 이들과 함께 어울려 생활하던 전생의 장면들을 숱하게 보았다.

그런데 내가 전생에 그들과 같이 숨쉬던 공간은 한반도의 산하가 아니라 강폭이 한강의 수십 배나 되는 황하나 양자강 같은 대륙의 강이요, 산세 또한 한반도와는 비교도 안 되게 크고도 웅장했고, 물소가 논밭을 갈고 수달, 담비, 사슴, 원숭이들이 뛰노는 중원 대륙이었다.

아니, 그렇다면 나의 전생은 중국인이란 말인가 하고 한때 생각해 보기도 했다. 그러나 옷이나 분위기는 중국적인 것이 아닌, 한국적인 것이었다. 그렇다면 우리나라는 원래 대륙에 있던 나라가 아닌가 하는 의문이 일었다. 분명히 그렇게 심증은 가는데 물증이 없었다.

그러다가 2009년 늦가을, 경주 관광을 계기로 선덕여왕릉에 의문을 품으면서부터 여러 책들을 섭렵하다가 이중재, 오재성, 정용석, 이병화 같은 분들의 한국사에 관한 저서들을 읽게 되었다. 이들 재야 사학자들의 주장은 이병화 저 『대륙에서 8600년 반도에서 600년』이라는 저서 속에 종합적으로 잘 정리되어 있었다.

이 저서에 따르면 우리 민족 국가들이 8600년 동안 중원 대륙의 중동부 및 남부 지역의 한반도 10배 이상 되는 핵심 지역을 다스리다가, 이씨조선 초기에 새로 일어나는 명나라의 압박을 받아 한반도로 도읍을 옮겼다는 것이었다.

만주사관보다는 크게 진일보한 대륙사관이었다. 이들의 주장은 『한단고기』, 『삼국사기』, 『삼국유사』, 『고려사』, 『세종실록지리지』, 이십오사 등 권위 있는 기초 자료들을 이용하였으므로 신뢰가 갔다.

그러나 이조 초기에 한반도로 도읍을 옮긴 우리 민족사상 가장 획기적인 사건에 대해서는 확실한 기록이나 전거를 인용하지 않았으므로 의문의 여지가 있었다. 그러나 조선왕조 초기까지라도 우리 조상들이 대륙의 핵심 지역을 다스렸다는 역사적 사실 자체만도 나에게는 엄청난 충격이요 흥분을 자아내는, 경천동지할 사건이 아닐 수 없었다.

나는 『선도체험기』 99권에 '대하소설 『대발해』를 읽고'에서 '돌파구는 무엇일까'까지 A4 용지 63매 분량의 한국 역사에 관한 기사를 실었다. 그 후 『선도체험기』 99권이 나간 지 1개월쯤 뒤에 나는 삼공재에 가끔 나오는 한 수행자에게서 김종윤 저 『한국인에게 역사는 있는가』라는 책을 기증받았다. 이 책의 내용을 간단히 요약하면, 1910년 조선이 일제 침략으로 멸망할 때까지 우리나라는 중국 대륙의 사실상의 주인이었다는 것이었다.

『삼국사기』, 『삼국유사』, 『고려사』, 『세종실록지리지』, 『동국여지승람』,

『동문선』, 이십오사 중의 조선전 같은 신뢰할 만한 공식 기록들을 주요 자료로 사용했으므로 믿지 않을래야 않을 수 없었다.

요컨대 지금까지 우리가 배워 온 한국사는 모두가 일제가 한민족을 자기네 노예로 길들이기 위하여 고안한 반도식민사관에 따라 왜곡 날조된 가짜 역사라는 것이다. 그러므로 지금부터 백여 년 전까지만 해도 우리는 결코 한반도 안에 갇혀서 산 일이 전연 없는, 오로지 중원 대륙을 무대로 9100년 동안이나 역사 활동을 하여 온 민족인 것이다.

그렇다면 한반도의 역사는 어떻게 되는가 하고 묻는 사람이 당연히 있을 것이다. 솔직히 말해서 한반도의 역사에 대한 기록이 지금까지 발견되지 않았으므로 확실히 알 수 없다는 것이었다. 다만 한반도에는 그때까지 우랄알타이어계에 속하는 지금 우리가 쓰는 한국어와 흡사한 언어를 구사하는 원주민이 살고 있었는데, 그들은 문자를 사용하지 않았으므로 아무런 기록도 남겨 놓지 않았다는 것이다.

『한단고기』, 『단기고사』, 『규원사화』, 『삼국사기』, 『삼국유사』, 『고려사』, 『조선왕조실록』, 『동국여지승람』, 『동문선』 같은 역사 기록들은 오로지 우리 민족이 대륙에서 국가를 경영하면서 써서 남긴 것일 뿐이다. 『삼국유사』에 한반도를 지칭하는 탁라乇羅라는 지명이 나오고 그 밖의 단편적인 기록과 함께 지금까지 발굴된 유물들을 통해서 한반도가 고조선 때부터 대륙의 조선인들과 깊은 연관이 있었던 우리의 영토였던 것만은 틀림없지만 확실한 기록이 없으니 정확한 역사는 알 길이 없는 것이다.

중국 대륙이 우리 영토였다는 심증은 가는데 물증이 없어서 고민하던 나에게는 김종윤 지음 『한국인에게 역사는 있는가』를 비롯한 그 밖의 그의 여러 저서들이 인용한 위에 말한 『세종실록지리지』를 비롯한 사록史錄들이야말로 움직일 수 없는 확실한 물증이 아닐 수 없었다.

이처럼 한국사에 대한 나의 사관은 만주사관에서 시작되어 부분 대륙사관을 거쳐 마침내 완전한 대륙사관에 이르는 3단계를 거치면서 형성되었다. 처음부터 완벽한 대륙사관을 독자 여러분에게 선보이지 못하고 두 번이나 시행착오를 거듭해 온 것은 순전히 필자의 불찰로서 입이 열 개 있어도 할 말이 없게 되었다.

만약에 내가 처음부터 재야 사학자로서 한 20년 동안 『한단고기』, 『삼국사기』, 『삼국유사』, 『고려사』, 『조선왕조실록』, 『동국여지승람』, 『동문선』, 이십오사 조선전 같은 원전들을 파고들었다면 이런 과오를 되풀이하지는 않았을 것이다.

그러나 그랬다면 나는 수행자가 되지는 못했을 것이고, 100권이 넘는 『선도체험기』 시리즈를 세상에 내놓지도 못했을 것이다. 그렇다고 해서 후회는 하지 않는다. 사학자가 되기보다는 수행자가 되어 그 한국사를 전문적으로 연구한 올바른 사학자의 연구 성과를 이용한 것도 잘못된 일은 아니라고 보기 때문이다.

이런 소리를 하는 것을 보면 아무래도 나는 사학자와 수행자를 겸할 만한 능력과 재주는 없었던가 보다. 수행자가 되어 『선도체험기』를 쓰면서 찾아오는 구도자들의 길잡이 노릇을 하는 것이 나에게 맡겨진 사명인 것 같다.

그러나 구도자의 대의명분인 파사현정, 사필귀정, 사불범정의 이치에는 분명 잘못된 역사를 바로잡는 일도 포함된다고 본다. 바른 역사는 정확한 정보요 지식이다. 옳은 정보와 지식을 얻는 일이야말로 사물을 바르게 보고 옳은 선택을 하거나 결정을 내리는 기초 작업이다.

이러한 노력의 축적을 통해서 구도자는 진리에 대한 큰 깨달음에 도달할 수 있고, 정치가는 국가를 올바른 방향으로 운영할 수 있다. 정확한 역사야말로 국가 운영의 기본 자료이기 때문이다.

더구나 바른 역사가 정착된다면 나라가 바로 설 수 있을 뿐만 아니라, 크게 발전할 수도 있다. 바른 역사야말로 국민 전체의 정신 전력이요 경쟁력이기 때문이다. 그러므로 올바른 역사를 찾아내어 세상에 널리 알리는 일이야말로 구도자는 물론이고 온 국민 모두가 힘을 합쳐 힘써서 성취해야 할 일이라고 본다.

그러자면 아직도 일제가 심어 놓은 반도식민사관으로 무장한 제도권 사학자들과 교과서 집필자들의 철옹성 같은 아성을 허물어 버려야 한다. 그런 의미에서 우리나라 역사에 먼저 눈뜬 식자들이 해야 할 일이 산적해 있지만, 식민 사학자들의 훼방 또한 만만치 않다.

그러나 파사현정이라는 대의명분이 뚜렷한 이상, 시간이 흐를수록 대륙사관 주장자들 쪽에 유리한 국면이 전개될 수밖에 없게 되어 있다. 역사란 풍부한 기존 사료를 확보한 쪽에 승산이 있기 때문이다. 올바른 사록이야말로 역사 기술의 기본이요, 생명이기 때문이다.

우리 조상들이 수천 년 동안 면면히 대를 이어 오면서 써서 남겨 놓은, 위에 언급한 모든 역사 기록들은 모두가 대륙에서 쓰여진 것이지만, 반도식민사관은 기존 기록을 일제가 겨우 백여 년 전에 조선 침략 전후에 반도식민사관에 따라 성급하게 왜곡 날조한 것 외에는 아무런 사료적 뒷받침도 얻지 못하고 있다. 길게 전망할 때 누가 보아도 어느 쪽에 승산이 있는지는 자명한 일이 아닐 수 없다.

나는 내 능력이 미치는 한 한국사의 진실을 파고들 작정이며 우선 지금까지 이룩한 성과들을 우선 『한국사 진실 찾기』(1)에 모아 보기로 했고, 다음에 준비되는 대로 후속 편으로 『한국사 진실찾기』(2)를 준비할 것이다.

아울러 이 책의 1부는 『선도체험기』 97권, 2부는 『선도체험기』 98권, 3부는 『선도체험기』 99권, 4부는 『선도체험기』 101권, 5부는 『선도체험기』 102권에 실렸던 것을 취합하였음을 밝혀 두는 바이다.

단기 4345(2012)년 8월 15일
서울 강남구 삼성동 우거에서 김태영 씀

차 례

제1부

제2부

제4부

제5부

제
1
부

33년 만의 경주 관광

2009년 11월 3일 화요일 -4~7 맑음

새벽 6시 10분에 삼공재 수련자이고 택시 운전기사인 위재은 씨의 차로, 역시 삼공재 수련자인 그의 여동생 위선녀 씨, 그리고 하선우, 이도원 씨와 나, 일행 다섯이 집을 출발했다. 그동안 벼르고 별렀던 당일치기 경주 관광 길에 오른 것이다.

평일이어서 도중에 막히는 데 없이 우리는 일사천리로 계속 달려 오전 9시 30분경에 경주 시내에 진입할 수 있었다. 경주 시내 입구 휴게소에서 잠시 휴식을 취한 우리는 곧바로 기림사祇林寺로 향했다.

1976년 9월 초순에 아내와 함께 경주를 찾았을 때는 1박 2일 예정으로 석굴암, 불국사, 포석정, 천마총, 박물관 등을 관람한 일이 있었다. 그 후 33년의 세월이 흘러간 지금의 경주는 그때와는 영 딴판으로 아주 화려하게 탈바꿈되어 있었다.

그때는 식사를 하려고 해도 마땅히 눈에 띄는 식당이 없어서 행인을 보고 물어서 간신히 찾을 수밖에 없었는데, 지금은 거리 곳곳에 요란한 간판을 단 식당들과 고풍스러운 한식 건물들이 즐비하게 들어서 있었다.

키가 거의 10미터 이상씩 되는 아름드리 소나무가 우거진 함월산 자락의 조용하고 아담한 곳에 자리잡은 기림사는 선덕여왕 12년 서기 643년에 인도의 승려 광유光有가 창건하여 임정사林井寺라 부르던 것을 원효

대사가 중창하여 머물면서 기림사로 개칭하였다고 한다. 보물인 대적광전大寂光殿을 위시한 사찰 건물들은 하나같이 단청이 다 떨어져 나가도록 새로운 단청을 하지 않았다. 그래서 그런지 고풍스럽기는 하지만 쇠락한 느낌을 지울 수 없었다.

기림사를 들러본 우리는 곧바로 골굴사骨屈寺로 향했다. 골굴사는 지금부터 1500년 전 인도에서 건너온 광유光有 성인이 불국사보다 200년 전에 창건했다 한다. 인도의 사원 양식을 본떠서 그런지 여러 개의 동굴군洞屈群으로 된 우리나라 유일의 석굴 사원이다.

보물 581호인, 높은 곳에 자리잡은 바위에 부조된 마애아미타불은 동해를 향해 좌정하여 천연스럽게 명상과 염불에 열중하고 있었다. 골굴사 관광을 마친 우리는 문무대왕릉인 대왕암으로 향했다. 대왕암은 해변에서 수십 미터 떨어진 돌섬이었다. 그 돌섬인 대왕암에 접근할 수 있는 시설은 아무것도 없었다.

대왕암은 죽어서 넋이 되어서라도 왜구의 침입을 막겠다는 일념으로 바로 이 돌섬에 묻히기를 소원했다는 문무대왕의 유해가 안치된 우리나라 유일의 수중왕릉水中王陵이다. 그러나 이것은 가짜임이 드러났다. 왜냐하면 신라는 처음부터 그 지배 세력이 끝까지 중국 대륙의 강소성, 안휘성, 호북성, 절강성, 사천성, 감숙성 등지에서 역사 활동을 했지 한반도에는 있었던 일이 없었기 때문이다. 이 사실은 다음 장에서 자세히 언급하기로 한다.

어쨌든 어리석은 우리 후손들은 문무왕의 비원悲願을 지켜 내지 못하고 끝내 임진왜란을 초래하고도, 경술국치를 막아 내지 못하고 외세에 의해 해방이 되고 국토는 둘로 나뉘어 지금에 이르렀다. 끝내 문무대왕의 유지를 받들지 못한 미천한 후손의 한 사람으로서 나는 대왕암을 바라보기가 민망하기 짝이 없었다.

우리는 해변에 앉아 단지 그 돌섬을 멍하니 바라보다가 정오가 되어 식당에 들어가 점심을 들었다. 회를 곁들인 점심값 9만여 원은 이번 관광을 계획하고 주도한 하선우 씨가 담당했다. 점심을 마친 우리는 감은사 삼층석탑과 이견대를 둘러보고 곧바로 석굴암으로 향했다.

석굴암은 33년 전과는 달리 부대 건물과 함께 보호 시설이 아주 잘 정돈되어 있었다. 한국인 관광객들보다는 외국인들이 더 많이 북적대고 있었다. 석굴암 역시 기림사 주변처럼 키 크고 울창한 소나무가 시야를 가리고 있었다.

김교각 스님의 등신불

석굴암을 둘러본 우리는 바로 이웃에 있는 불국사로 향했다. 다보탑과 함께 많은 전각들에서는 보수 공사가 한창이었다. 극락전에는 금칠한 김교각 스님의 등신불等身佛이 봉안되어 있었다. 많은 사람들이 그 등신불을 향해 절을 하고 있었다.

김교각 스님(696~794)은 통일신라기의 33대 성덕왕의 맏아들로 태어나 당나라에 갔고, 안휘성 지우화산에서 수행, 주민들로부터 지장보살로 추앙받았던 고승이다. 98세에 입적한 후 그의 시신은 3년이 지나도 썩지 않아 등신불이 되었다. 그의 예언대로 1300년 뒤 고향으로 돌아와 지금은 이곳에 금칠된 등신불로 안치된 것이다.

나는 극락전 문지방에 앉아 그의 등신불에 절하는 사람들을 물끄러미 바라보다가 잠시 명상에 잠겨, 입정入定 상태에 들어갔다. 홀연 김교각 스님이 훤칠한 50대 장년의 모습으로 나타나 나에게 들으라는 듯 말했다.

"등신불에 자꾸만 절이나 하면 무엇 하나? 자성自性을 깨달아 생사에서 벗어나야지."

이 한마디 말을 남기고 그는 홀연 사라졌다. 그곳을 걸어 나오는데 이도원 씨가 말했다.

"혹시 아까 극락전에서 무슨 일 없었습니까?"

"무슨 일이라니?"

"혹시 선생님 영안에 뜨이는 것이 없었습니까?"

"극락전 문지방에 앉아서 잠시 입정 상태에 들었을 때 김교각 스님이 다녀갔습니다."

이렇게 말하면서 좀 전에 겪은 얘기를 해 주었다.

"그게 정말입니까?"

"정말이잖구요."

"나이는 몇 살이나 되어 보였습니까?"

"50대 장년의 모습이었지요."

"아까 표지판에는 95세(내가 조사해 본 자료에는 분명 98세로 되어 있었다)에 입적했다고 써 있던데요."

"그렇다고 해서 그분의 영체靈體도 꼭 95세 된 모습으로 나타나는 것은 아닙니다."

"그럼 어느 때의 모습이 나타납니까?"

"그분의 활동이 가장 왕성했던, 일생을 대표할 만한 시기의 모습이 흔히 나타납니다."

"그래도 사람들이 자신의 등신불에 절을 하지 않는 것보다는 절을 하는 것이 나은 것 아닙니까?"

"그야 그렇겠죠. 자신의 등신불을 보고도 못 본 척하는 것보다는 낫겠죠. 허지만 김교각 스님의 입장에서는 이왕에 불자라면 같은 값이면 다홍치마라고, 내친김에 최고의 깨달음에 도달하라는 뜻이었을 것입니다."

"자성을 깨달아 생사에서 벗어나라는 말은 선생님께서도 『선도체험기』에 늘 강조하시는 취지여서 김교각 스님도 같은 말을 한 것이 아닐까요?"

"자성을 깨달아 생사를 초월하라는 것은 지상의 모든 구도자들이 지향하는 한결같은 목표이므로 진정한 구도자라면 당연히 할 수 있는 말입니다. 김교각 스님이 보기에는 자신의 등신불을 향하여 복을 구하러 절을 하기보다는 좀더 치열한 수행으로 자성을 깨달아야 한다는 뜻이었을 것입니다. 이 말은 기복祈福 신앙인들에게는 신선한 충격을 줄 수도 있는 말이라고 봅니다."

"그리고 선생님, 아까 대웅전 표지판을 읽어 보니까 대웅大雄은 석가모니불을 말한다고 했는데 선생님께서는 『선도체험기』에 대웅은 한웅을 말한다고 하시지 않았습니까? 우리나라에 불교가 수입되기 전에는 거발한 한웅천황을 모신 전각을 보고 한웅전이라고 했는데, 어느 사이에 한웅과 같은 뜻인 대웅으로 바뀌어 불상을 모시게 되었다고 하셨습니다.

불교가 기존 선교仙敎와의 마찰을 피하려고 그렇게 했다고 하셨습니다. 그래서 대웅전은 한국 사찰에만 있는 특이한 현상이라고 하셨습니다. 그런데 그 표지판은 전연 다른 말을 하고 있었습니다. 어떻게 된 것일까요?"

"그건 나도 의문입니다. 그 표지판을 쓴 사람은 무엇을 근거로 그런 말을 표지판에 썼는지 나도 모르겠습니다. 대웅이 석가모니불의 이칭異稱이라는 말은 나 역시 난생처음 듣는 말입니다."

선덕여왕릉

　불국사 관광을 마친 우리 일행은 요즘 '선덕여왕'이라는 연속방송극으로 공전의 인기를 누리고 있는 선덕여왕의 능을 찾았다. 위성항법 장치에만 의존하여 밭 사이로 난 길을 꼬불꼬불 이리저리 돌아서 관리인 한 사람 없는 주차장에 차를 세우고 우리 일행은 차에서 내렸다.

　『삼국사기』에 따르면 낭산狼山 남쪽 자락에 있다는 선덕여왕릉善德女王陵을 찾아, 표지판만 따라 한참을 둔덕길 사이로 난 고색창연한 솔밭 길을 걸어 올라갔다. 어느새 늦가을 해는 뉘엿뉘엿 서산으로 넘어가고 있었고 숲속에는 땅거미가 조금씩 내려 깔리고 있었다. 주위는 조용했다. 꼬불꼬불한 둔덕길을 한참 걸어 올라가니까 우리만 외따로 숲속에 갇혀 버린 느낌이 들었다.

　아무리 둘러보아도 선덕여왕릉으로 인도하는 안내 표지판 하나 눈에 들어오지 않았다. 물론 능지기 한 사람 눈에 띄지 않았다. 혹시 길을 잃은 것이나 아닌가 걱정이 되었다. 그때 마침 우리가 올라가는 길을 따라 내려오는 일단의 젊은이들이 눈에 들어왔다.

　"선덕여왕릉 이리로 가면 됩니까?" 하고 하선우 씨가 물었다.

　"네, 이리로 조금만 더 올라가시면 바로 선덕여왕릉이 나옵니다" 하고 한 젊은이가 친절하게 가르쳐 주었다. 우리는 잠시 떠올렸던 우려를 불식하고 계속 그들이 알려 준 밋밋한 길을 따라 올라갔다. 숲속 여기저기에는 언제 만들어졌는지 알 수 없는 평민들의 고만고만한 무덤들이 수없이 눈에 띄었다. 아무래도 오래전에 만들어진 공동묘지 같았다.

자그마한 둔덕을 하나 넘어섰을 때였다. 홀연 흰옷 차림의 왕관을 쓴 여인의 모습이 내 영안에 나타나다니 눈 깜짝할 사이에 나 자신과 합류해 버리는 것이었다. 선덕여왕의 영가에 빙의된 것이다.

그녀는 신라 27대 왕이고 출생연대는 알려지지 않았지만, 재위 기간은 서기 632년부터 647년 사이다. 15년 동안 신라를 통치했고, 지금으로부터 정확히 1362년 전 1월 8일에 세상을 떴다. 그렇다면 그녀는 무슨 원한과 집착이 있었기에 그 긴긴 세월을 중음신中陰神이 되어 자신의 능묘를 떠나지 못하고 지박령地縛靈처럼 능 주위에서 서성거리고 있었다는 말인가.

우리는 그곳에서 100미터 정도 되는 선덕여왕릉에 곧 도착했다. 이씨조선 시대의 왕릉보다 묏등이 뾰족하고 길게 하늘로 치뻗어 있었다. 기단은 2층으로 된 자연석으로 구축되어 있었다. 이곳에도 역시 능지기는 고사하고 관리인 한 사람 눈에 띄지 않았다.

능 주위는 3미터 폭의 공간이 있었고 그 바깥쪽에는 서민의 묘들이 옹기종기 모여 세상 얘기를 끊임없이 속삭이고 있는 것 같았다. 그러니까 선덕여왕은 이곳에 묻힌 후, 지난 1362년 동안 일반 서민들과 가장 가까운 곳에서 서민들과 더불어 숨 쉬면서 끊임없이 얘기를 나누고 있었다는 얘기가 된다. 어쩐지 선뜻 믿어지지가 않았다. 아무리 살펴보아도 왕릉답지가 않기 때문이었다.

관리가 되지 않아 능은 퇴락할 대로 퇴락해 있었다. 신라가 삼국통일을 할 수 있는 기초 국력을 닦은 선덕여왕의 왕릉다운 기상은 어디서도 찾아볼 수 없었다. 그때의 제도가 그랬는지는 몰라도 능에는 상석도 호석도 십이지 신상도 문무 신하상도 없이 쓸쓸히 능묘 하나만 달랑 외롭게 서 있었다.

이러한 능 주위를 잠시 둘러본 우리 일행은 기대에 어그러진 섭섭함을 안은 채, 능을 뒤로하고 오던 길을 따라 내려왔다. 이윽고 선덕여왕의 영가가 나를 마중이라도 하듯 기다리고 있다가 나와 합류한 바로 그 지점에 도착했을 때 이도원 씨가 물었다.

"선생님 혹시 선덕여왕의 영혼이 보이지 않았습니까?"

"보이지 않다뇨. 아까 바로 이 지점을 지날 때 선덕여왕의 영이 나와 합류했습니다."

"아니 그럼 선덕여왕의 영혼이 선생님에게 빙의되었단 말씀입니까?"

"그렇습니다."

"인상이 어떻습니까?"

"지금 방영되고 있는 드라마의 선덕여왕 역을 맡고 있는 이요원 탤런트와는 인상이 전연 딴판입니다. 이요원은 얼굴이 타원형에 가까운 표준형인데, 내가 본 선덕여왕 영체靈體의 얼굴은 갸름한 수목형水木型입니다."

"키는요?"

"키도 이요원보다는 더 크고 더 호리호리한 편입니다."

"나이는요?"

"중년의 모습입니다. 나라를 다스리는 데 정력을 쏟고 애를 너무 태워서 그런지 굉장히 피로하고 가냘프고 초췌한 병든 모습입니다."

나는 아무래도 여러 가지가 미심쩍어 경주 관광을 마치고 집에 돌아와 『삼국사기』, 『삼국유사』, 『화랑세기』와 같은 관련 기록들을 섭렵하면서 여왕의 15년 동안의 재위 기간과 특히 말년의 상황을 살펴보았다. 그녀가 신라를 통치한 15년 동안은 한마디로 격동과 국가적 위기의 연속이었다.

첨성대를 쌓고 원광 대사의 제안을 받아들여 분황사를 축조하고, 황룡사 구층탑을 쌓고, 국정을 쇄신하는 등 삼국통일의 기틀을 마련한 것으로 알려지기는 했지만, 이들 기록들을 보면 우선 그녀가 즉위하기 바로 2년 전에 '칠숙柒宿의 난'이 있었다.

그리고 등극한 지 4년 뒤인 636년에 당시의 수도인 금성金城에서 불과 10

킬로밖에 떨어져 있지 않은 여근곡女根谷에 백제군 특공대 5백이 숨어 들어온 일이 있었다. 여왕의 신속한 대처로 이들을 제때에 일망타진하고 그들의 후속 부대 1천3백 명도 섬멸하긴 했지만, 이것은 1968년에 있었던 북한의 124 군 부대 김신조 일당의 청와대 기습 사건과 맞먹는 위협적인 국가적인 위기 사태였다.

그로부터 겨우 6년 뒤인 642년에는 신라 서부의 최대 요충지였던 대야성 (흔히 알려진 대로 지금의 경남 합천이 아니고 중국 대륙인 사천성과 호북성의 경계 지역인 낭산 근처로 보인다)이 백제의 공격으로 함락당하는 망국의 위기를 겪기도 했다.

이러한 백제를 견제하기 위해 고구려와의 동맹을 추구했지만 실패하고, 643년 당과의 제휴를 모색했지만 당 태종은 "여자가 임금을 해야 할 정도로 신라에 왕재王才가 없다면 자기의 친족을 한 사람 신라왕으로 제수하여 보내겠다"고 모욕적인 발언을 함으로써 여왕의 권위에 심각한 손상을 주었다.

설상가상으로 645년엔, 11월에 『화랑세기』에 미실과 진지왕 사이에서 태어난 것으로 알려진 비담毗曇을 여왕은 상대등上大等에 등용했다. 그런지 불과 2년도 채 안 된 647년 1월에, 더구나 여왕의 중환을 틈타 비담은 염종廉宗과 함께 반란을 일으켰다. 다행히 김유신과 김춘추에 의해 반란은 신속하게 진압되었지만 여왕은 이 변란 중에 돌연사한 것이다.

상대등이라면 이조 시대의 영의정, 지금의 국무총리에 해당되는 직책이었으니 믿는 도끼에 발등 찍힌 격이었다. 마치 박정희 전 대통령이 심복인 김재규 중앙정보부장에게 저격을 당한 것과 비슷한 사건이 아닐 수 없었다.

그녀가 25세에 임금이 되었다고 가정한다면 40세 전후에 겪은 일이었을 것이다. 국내외의 거듭되는 위기에 겹쳐 철석같이 믿었던 심복인 비담까지 그녀를 배신했으니, 위중한 병까지 겹쳐 있는 데다가 심신이 극도로 쇠약했을 그녀에게는 더이상 감내하기 어려운 타격이었을 것이다.

생각건대 그녀의 체질은 수목형이므로 수극화水克火하여 심장이 약했을 것이다. 심복인 비담의 불의의 반란으로 충격을 받아 심근경색이나 심장마비로 돌연사했을지도 모른다. 오늘날과 같이 응급처치를 받을 수도 없었을 그때의 의술로는 속수무책이었을 것이다.

어떤 사학자는 그녀가 비담에 의해 살해당했을 것이라고 한다. 만약에 그랬다면 그녀의 영체는 피를 흘리고 있었을 것이다. 그러나 그러한 상처의 흔적은 전연 보이지 않았다. 『삼국유사』에 나오는 지기삼사知幾三事로 유명한 그녀의 명석한 두뇌회전과 기지로도 심복의 배신은 사전에 극복할 수 없었단 말인가. 어쩌면 그것이 그녀의 인간적인 한계였는지도 모른다.

그녀는 이미 자신의 한계를 알아차리고 건강할 때에 어느 해(647년) 어느 달(1월) 어느 날(8일)에 자신이 죽을 것을 예언했었고 정확히 그날에 세상을 떠났던 것이다. 그리고 도리천忉利天에 묻을 것까지 지시했던 것이다. 도리천은 바로 그녀의 능이 있는 낭산 남쪽이다.

선덕여왕릉이 처음 조성된 곳은 중국의 사천성과 호북성 경계 지점인 검강토가족묘족자치현黔江土家族苗族自治縣에 있는 낭산狼山 밑이었는데(이중재 저 『상고사의 새 발견』 946쪽), 언젠가 이곳으로 성급하게 이장된 것으로 보인다. 결국 그녀의 영혼만이 지금까지 외로이, 무려 1362년 동안 그녀의 무덤을 떠나지 못했던 사연을 나는 비로소 이해할 수 있을 것 같았다.

선덕여왕과 미실의 관계

"피부와 몸매는 어떻습니까?"

"피부는 희고 날씬한 편입니다."

"실제로 선덕여왕과 미실과의 사이에 드라마에서처럼 치열한 유혈극이 벌어졌는지 혹시 물어보시지 않으셨습니까?"

"그런 건 물어보지 않았습니다."

"왜요?"

"미실과 선덕여왕의 갈등은 순전히 허구라는 것을 알았기 때문입니다. 대체적으로 드라마 작가들의 일차적인 관심은 사극의 경우 역사적 사실에 충실하기보다는 어떻게 하면 시청자들이 재미있게 드라마를 감상하고, 시청률을 끌어올려 광고 수입을 늘릴 수 있느냐에 쏠리게 마련입니다.

따라서 드라마 속의 두 주인공의 갈등은 순전히 극적 효과를 얻기 위한 작가의 상상력의 산물일 뿐입니다. 역사적 사건을 극화할 때 흔히 있는 일이긴 하지만 이것은 그 정도가 아주 심한 경우입니다."

"허구라면 드라마 작가가 있지도 않았던 사건을 마치 실제로 있었던 일처럼 꾸며낸 이야기라는 말씀인가요?"

"그렇습니다."

"그럴 만한 증거라도 있습니까?"

"있고말고요. 미실과 선덕여왕은 같은 시간대를 산 사람들이 아닙니다."

"그걸 어떻게 알 수 있습니까?"

"지금 방영되고 있는 문제의 드라마에 등장하는 미실은 『삼국사기』나 『삼국유사』에도 등장하지 않는 인물입니다. 그런데 1989년에 햇빛을 본, 신라 때 김대문이 쓴 『화랑세기』라는 기록에 의해 구체적으로 그 실상이 알려졌습니다. 그런데 그 『화랑세기』를 아무리 읽어 보아도 미실과 선덕여왕이 마주친 기록은 전연 보이지 않습니다.

"그렇다면 미실과 선덕여왕이 같은 시대를 산 사실이 없다는 것은 어떻게 알 수 있습니까?"

"미실이 언제 출생했는지는 기록에 나와 있지 않습니다. 그러나 『화랑세기』에 나오는 그녀의 아들인 11세 화랑주인 하종이 출생한 연도는 갑신년(564)으로 나와 있습니다. 미실이 아들인 하종을 그녀가 20세에 출산했다고 가정할 경우 그녀가 출생한 해는 서기 544년 전후가 됩니다.

그리고 미실의 사생아인 보종공이 신사년(621)에 16세 화랑주가 되는데 이 무렵에 '(미실)궁주가 홍薨하자 (보조)공이 따라 죽지 못한 것을 스스로 죄로 여겨 문을 닫아걸고 홀로 지냈다'는 내용이 『화랑세기』에 보입니다. 이것으로 보아 미실은 77세쯤 된, 서기 621년경에 사망한 것이 틀림없습니다. 선덕 여왕이 즉위한 해가 632년이니까 미실은 이미 그로부터 11년 전에 이미 이 세상 사람이 아니었다는 것을 『화랑세기』는 입증해 주고 있습니다."

"그렇다면 미실과 선덕여왕과의 갈등은 순전히 드라마상의 허구임에 틀림이 없군요."

"그렇습니다. 내가 만약에 『화랑세기』를 읽어 보지 않았더라면 나도 이도원 씨와 똑같은 의문을 품었을 것입니다."

이런 얘기를 나누면서 우리는 다음 관광지인 대릉원大陵苑에 도착했다. 20여 기의 능이 다닥다닥 붙어 있는 대릉원은 잘 관리되고 정돈되어 있었고, 33년 전보다 훨씬 더 잘 단장되어 있었다. 입구에서 표 받는 아가씨가 캡을 쓴 내 아래위를 훑어보더니

"미안하지만 신분증 좀 제시해 주시겠습니까?"

"왜요?"

"아직 65세가 안 되어 보이십니다."

"그러죠."

나는 얼른 주민등록증을 꺼내 주었다. 주민등록증엔 1933년생으로 되어 있으니 금년 내 나이는 76세로 되어 있는데 65세 이하로 보다니 불쾌한 일은 분명 아니었다. 그러나 캡을 벗었다면 사정은 달랐을 것이다. 아직 머리는 세지 않았지만 앞머리가 훤하게 벗겨져서 칠십 대 노인이 분명했을 것이므로 신분증을 제시하라는 말은 나오지 않았을 것이다. 그러나 캡을 쓴 내 얼굴을 65세 이하로 보았다면 그것은 순전히 내가 선도수련을 한 덕분이었을 것이다.

대릉원을 한 바퀴 돌아 천마총을 둘러보고 되돌아 나올 때는 이미 어둠이 짙게 깔려 있었다. 이도원 씨가 물었다.

"선생님, 대릉원에서는 무슨 일이 없었습니까?"

"아까 대릉원 정문을 막 들어섰을 때 미추味鄒왕이라고 자신의 신분을 밝힌 고풍스러운 갑옷투구 차림에 말을 탄 영체의 모습이 들어왔습니다."

신라 13대 미추왕은 김씨계로는 처음 신라왕이 되었고 나의 직계 조상이라는 것을 그 후 집에서 역사책을 뒤져 보다가 알게 되었다. 그 미추왕이 바로 이 능원에 모셔져 있다는 것도 처음 알았다. 미리 알고 찾아보지 못한 것이 후회되었다. 선조의 영가가 후손에게 빙의되는 일은 흔히 있을 수 있는 일이다. 그렇게 따지면 선덕여왕 역시 나의 직계 조상 중의 한 사람이다.

"그럼 오늘 세 분의 영체를 접하셨군요."

"그렇습니다. 그러나 김교각 스님은 빙의가 아니고 잠시 나에게 자신의 메시지를 전하고 표연히 사라졌습니다. 이미 1215년 전에 견성 해탈하신 분이라 남에게 빙의가 되는 일은 있을 수 없습니다."

"그럼 선생님께서 느낀 세 분의 영체의 무게는 어떠했습니까?"

"김교각 스님이 종이 한 장의 무게라면 미추왕과 선덕여왕은 벽돌 한 개의 무게라고 할까요. 그 밖에도 각 관광지에서는 이름 모를 신라의 왕들과 귀족들의 수많은 영체들이 빙의되어 들어왔습니다."

"그래도 그분들이 생존 시에 신라라는 나라를 세우고 천 년이나 경영하여 지금 우리가 향유하는 언어와 문화의 뿌리를 제공했고, 이만한 문화유산들을 남겨 놓은 것은 대단한 일이 아닐까요?"

고토 회복의 기회는 또 찾아올까

"비록 그분들의 공로를 인정한다고 해도 신라가 통일을 한 후에도 고구려의 영토를 회복하지 못한 것은 큰 잘못이 아닌가 생각됩니다. 적어도 고구려와 같은 다물 정신을 발휘하여 진취적으로 잃어버린 옛 땅을 회복하려고 진지한 노력을 기울이지 않은 것은 아쉽기 짝이 없는 일입니다.

만약에 신라의 통치자들이 기존 소국 안주주의적 자세에서 벗어나 보다 강한 나라를 만들려고 했다면 통일신라 이후에는 당연히 단군조선 때의 영토를 되찾았어야 합니다. 그래야 외세의 침략에 시달리는 일 없이 지금까지도 계속 강대국으로 뻗어나갈 수 있는 기틀을 잡을 수 있었을 것입니다."

"그러자면 통일신라는 발해와 어쩔 수 없이 전쟁이나 충돌을 해야 하지 않았을까요?"

"전쟁만이 능사는 아니었을 것입니다. 발해는 애초부터 신라를 동족 국가로 인정하고 침략할 의도를 갖고 있지 않았으므로 신라만 발해와 공존공생하면서 상부상조할 의도를 갖고 있었다면 얼마든지 그렇게 할 수도 있었을 것입니다.

그러나 신라는 그렇게 하지 않고 당에 대한 사대 외교에만 온갖 정성을 쏟았고 발해는 왜와 특별히 가깝게 지냈습니다. 그 때문에 신라는 당의 요청을 받아들여 발해를 공격하는 데 가담했다가 번번이 쓰라린 실패만 맛보았습니다. 그 후 발해와 통일신라의 259년 동안의 남북조 시대가 계속되었습니다.

이때 신라가 어떻게 하든지 발해와의 통일을 모색하든지 그것이 어려우면 발해와 힘을 합쳐서 당나라를 상대하든지 했어야 하는데, 그렇게 하는 대신에 신라는 당나라에만 끝까지 사대함으로써 국력 신장에 역행했습니다.

이때부터 신라는 국내에서 권력자들이 서로 헐뜯고 모함하고 싸우는 권력 다툼과 내분에 휩싸여 부정부패가 창궐하게 됩니다. 불교에 지나치게 심취한 나머지 젊은이들이 너도나도 승려가 되는 바람에 군인이 되거나 농사지을 일손조차 부족하게 되었습니다. 과감한 개혁 정책을 단행하여 국력 신장을 도모하는 대신에 권력자들은 서로 상대를 중상모략하는 골육상쟁에만 골몰하다 보니 계속 안으로 곪아 들어갔습니다.

내가 보기에는 통일신라가 이렇게 된 것은 강대국을 지향하는 대신에 소국 안주주의에만 집착한 결과입니다. 결국 통일신라는 견훤의 후백제, 궁예의 후고구려라는 후삼국 시대를 거쳐 새로 일어나는 고려의 왕건에게 항복함으로써 935년에 망해 버렸습니다. 그보다 9년 전에 발해까지도 서기 926년에 거란에게 어이없이 항복해 버리고 발해의 지배층 10만여 명은 고려 땅에 이주해 버리고 말았습니다.

그 후 고려와 이씨조선 5백 년의 1천 년 동안 우리 민족은 계속 약소국의 길만 걸어왔습니다. 강대국이 될 수 있는 기회가 고려 시대에만도 세 번이나 있었건만 번번이 외면당하고 말았습니다."

"그 세 번의 기회가 언제 언제입니까?"

"그 첫 번째가 서기 1107년 윤관, 오연농, 임연 등이 17만 대군으로 선춘령까지 진출하여 아홉 개의 성까지 쌓았건만, 무위무능했던 고려 조정은 애써 회복한 이 땅을 여진족에게 되돌려 주는 어리석음을 범했습니다. 하늘이 준 이 기회를 외면한 대가는 훗날 병자호란 때 인조가 청태조에게 무릎 꿇고 고두구배叩頭九拜하는 '삼전도三田渡의 치욕'을 겪지 않을 수 없게 만들었습니다.

　그 두 번째가 서기 1371년 3월 북원北元의 요양성 평장사 유익과 왕우승이 본래부터 고구려 땅인 요양성을 가지고 항복해 오겠다는 데도, 고려 조정은 이를 선뜻 받아들이지 못하고 우왕좌왕 시간만 보내다가 엉뚱하게도 새로 일어난 명나라에 축하차 정몽주를 특사로 보내는 등, 이 천재일우의 기회를 놓치는 어리석은 짓을 했습니다.

　세 번째는 1388년 저 유명한 이성계의 위화도 회군으로, 고려가 당시 무주공산이나 다름이 없던 실지를 회복할 수 있는 절호의 기회를 놓쳐 버린 사건입니다. 발해가 망한 지 462년 만에 찾아온 이 절호의 기회를 외면한 이성계는 겨우 정권욕에 눈이 어두워 쿠데타의 길을 택한 것입니다. 그 결과 이씨조선은 위화도 회군으로부터 정확히 522년 뒤에 나라의 주권을 송두리째 일본에게 빼앗기는 원인이 된 씨앗을 이때 이미 심어 놓은 것입니다.”

　“한 나라가 강대국이 될 수 있는 기회가 왔는데도 불구하고 굳이 약소국이 되기로 작정한다는 것은 오늘날의 관점으로는 어리석기 짝이 없는 일이 아닐까요?”

　“물론입니다. 개인으로 말하면 건강해지기 위하여 투자하는 노력과 근면이 싫어서 건강한 몸 대신에 약한 몸을 스스로 택한 것과 같습니다. 고려보다도 이씨조선 왕조는 한술 더 떠서 명나라에 사대하는 약소국의 길만을 추구한 결과, 나라는 약할 대로 약해져서 결국은 일본에게 통째로 먹혀 버리고 말았습니다. 일제 강점기 35년 후 1945년에 연합국에 의해 해방이 되고도 나라는 두 동강이 나고, 6·25라는 동족상잔의 전쟁을 거쳐 지금의 남북 대치 상황을 초래했습니다.”

　“앞으로도 우리나라가 대륙의 옛 땅을 회복할 수 있는 기회가 또 올 수 있을까요?”

　“나는 반드시 올 것이라고 생각합니다. 우리나라가 여러 면에서 경쟁력이 강해지면 강해질수록 그런 기회는 더욱더 자주 다가오게 될 것입니다. 우리나라는 지난 50년간 경이적인 발전을 거듭하여 지금은 세계의 선진국들과 당당히 수출품으로 경쟁력을 겨루는 세계 9위의 무역대국으로 성장했습니다.

재능과 능력이 있는 사람은 반드시 두각을 나타내게 마련입니다. 그런 사람은 기필코 공익을 위하여 큰 소임을 맡게 되는 것과 같이, 경쟁력이 강한 나라에게 하늘은 반드시 큰 소임을 맡겨 주게 되어 있습니다.

보도에 따르면 올해의 우리나라 무역 흑자가 드디어 일본을 능가하게 되었다고 합니다. IT, 전자, 자동차, 조선, 원전, 건설, 영화, 드라마, 스포츠 등 각 분야에서 이미 일본을 앞지른 한국은, 지금부터 25년 전에 대만 출신의 일본인 학자인 사세휘謝世輝 교수가 『일본이 미국을 추월하고 한국에 지게 되는 이유』라는 그의 저서에서 예언한 대로, 우리나라는 드디어 여러 분야에서 일본을 앞지르게 되었습니다. 동시에 원조를 받는 나라에서 주는 나라가 되었습니다.

2차 대전 이후 식민지의 멍에를 벗어 던지고 출발한 전 세계의 신생국 중에서 유독 한국만이 성취할 수 있었던 눈부신 성과입니다. 이러한 한국의 성공 신화를 하늘이 외면할 리가 없습니다. 앞으로 하늘은 우리에게 우리의 능력에 알맞은 소임을 맡겨 줄 것입니다.

힘이 없어서 발해가 거란에게 내주었던 국토를 회복할 날이 반드시 찾아올 것입니다. 안타깝게도 고려 조정이 세 번이나 찾아온 천재일우의 국토 회복의 기회를 멍청하게 놓쳐 버렸던 것과 같은 실수를 다시는 되풀이하지 말아야 할 것입니다."

이런 얘기가 오가는 사이에 어느덧 해는 완전히 서산에 지고 주위는 깜깜해졌다. 우리 일행은 하선우 씨의 인도로 경주에서 제일 유명하다는 쌈밥집을 찾아 들어가 저녁 식사를 마쳤다. 시간은 7시 10분, 우리는 곧바로 차에 올라 서울로 향하는 고속도로에 접어들었다.

오늘 일행 다섯 명의 관광, 식사 비용은 하선우 씨가 담당했고 교통편은 위재은 씨가 맡았다. 돌아오는 길에 위재은 씨가 말했다.

"지난밤에는 선생님을 위시한 일행을 모시고 모처럼 장거리 뛸 생각을 하니 다소 긴장이 되어 밤잠이 오지 않았습니다. 잠을 못 자면 안 되는데 어떻게 하지? 하고 궁리를 하다가 『선도체험기』를 베개 삼아 베고 또 일부는 가슴에 안고서야 신기하게도 푹 깊은 잠에 들 수 있었습니다."

이렇게 말하는 그의 얼굴에는 아직도 긴장이 서려 있었다. 앞으로도 천릿길을 달려야 할 소임이 그의 어깨를 눌렀을 것이다. 아무리 매일 택시 운전을 하는 직업을 가지고 있지만, 하루에 이렇게 장거리를 뛰어 보기는 처음이라고 했다.

오후 10시에는 연속방송극 '선덕여왕'까지 감상하면서 우리를 실은 차는 계속 서울을 향해 질주했다. 11시 10분 무사히 집 앞에 도착할 수 있었다. 차에서 내려 일행과 작별 인사를 나눌 때는 이미 선덕여왕과 미추왕의 영가도 말끔히 천도된 뒤였다.

초라한 신라 왕릉들의 자초지종

내 생애에 두 번째 경주 관광을 마치고 집에 돌아온 나에게는 좀처럼 뇌리에서 사라지지 않는 의문이 있었다. 그 초라한 선덕여왕릉도 그렇고 20여 기의 왕릉이 마치 공동묘지처럼 다닥다닥 붙어서 모여 있는 대릉원大陵苑 무덤들도 그랬다.

특히 15년 동안이나 신라를 다스리면서 삼국통일의 초석을 다졌다는 선덕여왕릉은 그녀의 업적과 권위에 걸맞은 호석과 상석은 물론이고 비석도 배향묘配享廟 하나 없이, 능묘 하나만 달랑 일반 서민들의 공동묘지 한 모서리에 서 있다는 것은 아무리 생각해도 이해가 되지 않았다.

『삼국사기』에는 분명 장지는 경주 낭산狼山 남쪽이라고 되어 있다. 그러나 경주 지방 지도를 아무리 찾아보아도 낭산은 찾을 수 없었다. 관광 지도에는 낭산 대신에 선덕여왕릉 뒷산에 '형제산'만 표시되어 있었다. 혹시 형제산을 삼국 시대에는 낭산이라고 불렀나 하고 아무리 검색해 보아도 그런 흔적은 어느 기록에서도 찾아낼 수 없었다.

그럼 도대체 낭산이라는 지명은 어디에서 연유된 것일까? 이러한 의문 역시 내 머리에서 내내 떠나지 않았다. 그러다가 우연히 허성정 지음, 도서출판 유림이 낸 『아! 고구려』(2권)와 함께 이중재 지음, 명문당 간행 『상고사의 새 발견』이란 책을 읽게 되었다. 이들 책을 읽다가 나는 선덕여왕릉이 지금의 중국 사천성과 호북성 경계 지역인 검강토가족묘족자치현黔江土家族苗族

33

自治縣에 있었다는 것을 알았다.

이곳이 바로 『삼국사기』에 기록된 낭산이었다. 이곳 숫 낭산 맞은편 암 낭산 아래 묘가 있었던 흔적이 있음을 1993년 6월에 이곳을 방문한 이중재 선생 일행의 한국상고사 탐사팀에 의해 사진 자료와 함께 실려 있었다.(이 중재 저, 『상고사의 새 발견』 946~947쪽) 허성정 씨는 이중재 지음 『상고사 의 재발견』에서 이 사실을 인용했는데, 이 책의 저자는 『세종실록지리지』를 참조했다는 것이다.

이들 상고사 탐사팀은 선덕여왕릉 터 외에도 고려를 창건한 왕건의 묘도 방문했다. 왕건 묘가 있는 곳은 사천성 성도시成都市 서교무금로西郊撫琴路였다. 이곳에서는 성도왕건박물관成都王建博物館도 운영되고 있었다.(이중재 저, 『상고 사의 새 발견』 948~951쪽)

왕건 묘가 중국 땅에서 이처럼 잘 보존되고 성도왕건박물관까지 운영되 는 것은 왕건이 전촉왕(前蜀王, 서기 907년) 당나라 혈통이었기 때문이라고 한다. 이 외에도 이들 탐사팀은 산동성 배미산陪尾山에 있는 신라 14대 헌강 왕의 무덤이 있던 자리와 강소성 소주에 있는 신라 초대 박혁거세 왕릉 자 리를 확인 답사했다.

『한단고기』, 『삼국사기』, 『고려사』, 『세종실록지리지』, 이십오사 등의 권 위 있는 기본 사료들을 근거로 하여 쓰여진 『아! 고구려』와 『상고사의 재발 견』에 따르면 원래 고구려는 하북성과 산서성, 백제는 하남성, 산동성 그리 고 신라는 강소성, 안휘성, 사천성, 감숙성, 호북성 그리고 절강성에서 건국 초기부터 멸망할 때까지 역사 시대를 겪은 것이었다.

다시 말해서 고구려, 백제, 신라는 결코 한반도와 만주에 있던 국가가 아 니고 엄연히 대륙 국가인 것이다. 이들 삼국이 대륙 국가라는 증거는 『삼국 사기』를 비롯한 각종 역사서들에 나오는 지진, 홍수, 황충蝗蟲의 피해, 일식 기록과 해당 지역의 특산품 등을 통해서도 입증이 되고 있다.

『삼국사기』에는 읽어 본 사람은 누구나 다 아는 일이지만, 황충의 피해가 자주 언급되고 있다. 노벨 문학상을 탄, 미국이 낳은 세계적인 여류 소설가 펄 벅이 쓴, 중국을 무대로 한 농민의 생활을 그린 『대지』라는 소설을 보면 황충이라는 일종의 메뚜기 종류인 누리 떼가 하늘을 새까맣게 가릴 정도로 엄습하면 농작물은 일시에 쭉정이로 변해 버린다.

그런데 이러한 메뚜기 떼 내습은 한반도에서는 발생하는 일이 없다. 중국, 중앙아시아, 유럽, 아프리카 등지에 창궐하는 해충이기 때문이다. 『삼국사기』에 등장하는 황충 피해 기록은 고구려, 백제, 신라가 모두 대륙 국가임을 입증해 준다.

『삼국사기』에는 또 경주 토함산에서 화산이 폭발하여 화산재로 3년 동안이나 해를 입었다는 기록이 나온다. 한반도의 경상남도 경주에 있는 토함산에서는 화산이 폭발한 흔적이 전연 없지만, 중국 대륙에 있는 안휘성 봉양현에 있는 경주 토함산에는 화산 폭발의 흔적이 지금도 분명히 남아 있다. 중국 대륙 중남부는 원래 지진 피해가 잦은 곳이지만 한국은 그렇지 않다. 이것 역시 고구려, 백제, 신라가 대륙 국가라는 것을 말해 준다.

또 『삼국사기』에는 신라에는 홍수 피해가 막심한데도 백제는 전연 피해를 입지 않은 실례들이 많다. 이것은 백제와 신라가 한반도에서처럼 같은 위도상에 좌우로 나란히 존재하지 않았다는 것을 말해 준다. 실제로 대륙 백제는 하남성과 산동성에 있었고 신라는 안휘성, 강소성, 절강성 등지에 있어서 그 위치상 위도가 달랐기 때문에 가능한 일이었다.

또 『삼국사기』에 등장하는 일식 기록을 서울대 박창범 천문학 교수팀이 컴퓨터로 역추적해 본 결과 『삼국사기』의 기록과 일치했고, 일식 관측지역 역시 『삼국사기』에 기록된 고구려, 백제, 신라의 대륙 위치와 똑같았다.

이 밖에는 신라가 당에 보낸 공물들 중에는 나전칠기, 나침반, 견직물, 면직물, 노ᇡ 등이 있는데 이것은 하나같이 대륙의 신라 땅에서만 생산되는 특산품이었다. 이것만 보더라도 고구려, 백제, 신라가 대륙 국가라는 것이 틀림없다. 더구나 안휘성, 절강성, 강소성과 기타 성들에는 아직도 24기의 신라 왕릉이 남아 있다. 토함산, 경주와 같은 중요한 신라 시대의 지명들 역시 지금도 그대로 대륙에 남아 있다.

더구나 삼국 시대에 한반도의 땅 이름은 순 우리말뿐이었다. 한반도의 땅 이름이 한자화된 것은 경상도 연혁지沿革志에 따르면 1314년 고려 27대 충숙왕 때부터다. 『동국여지승람東國輿地勝覽』 지리지地理誌에도 고려 때 처음으로 한반도에서 한자로 된 땅 이름이 기록되기 시작했다고 나와 있다.

고려 이전 삼국 시대의 한반도 땅 이름은 대체로 다음과 같은 것들이었다.

배오개, 서라벌, 빛고을, 한밭, 모래내, 진고개, 용머리, 무너미고개, 삼거리, 사거리, 감골, 복숭아골, 할미고개, 되너미고개, 솔섬, 새섬, 쑥섬, 뚝섬, 방골, 대골 등등이었다.

그런데 『삼국사기』를 비롯한 고구려, 백제, 신라의 삼국 시대 역사 기록에는 한결같이 한자로 된 지명만 등장하고 있다. 이것 역시 삼국이 모두 대륙에 있었다는 것을 입증해 주는 증거들이다.

그럼 그때 한반도 상황은 어떠하였을까? 한반도는 일찍이 부여조선 때부터 대륙과 교류했는데 그때부터 탁라乇羅라고 불렸다. 한반도는 서기 5세기에는 고구려의 지배하에 있었고 6세기 중반에는 백제의 영향권이었는데, 이 무렵 공주에 사마왕릉이 조성된 것으로 추정된다. 그 후 7세기 후반에는 신라의 영향권으로 편입되었다.

광개토대왕 훈적비에 따르면 한반도의 신라 땅에는 매금寐錦 신라가 있었고 절강성, 안휘성, 강소성에는 사로斯盧 신라가 있었던 것이다. 그러니까 매금 신라는 사로 신라의 제후국 또는 위급 시의 피난처에 지나지 않았던 것이다. 신라가 고려에 항복하자 고려의 영역이 되었는데 그때까지도 한반도는 탁라라고 기록에는 나와 있다.

그래서 경주나 토함산 같은 지명조차도 그대로 대륙 신라에서 고려 충숙왕 때부터 한반도로 옮겨온 것이다. 그러니까 진짜 신라의 역사 시대는 거의 다 사로 신라 즉 대륙 신라에서 벌어진 것이다.

그렇다면 통일신라 시기, 장보고가 활약할 때 중국에 신라인 거류지인 신라방新羅坊이 있었다는 현행 교과서의 내용은 어떻게 된 것일까? 그것이야말로 이씨조선 시대의 사대주의 유생들과 한국인을 영원히 일본의 노예로 길들이려는 한반도 침략 세력인 일본 제국주의자들의 반도식민사관이 날조해 낸 것이다.

매국 사학자들의 문제

그럼 반도식민사관이란 무엇인가? 그것은 우리나라 역사를 한반도 안에서만 벌어진 것으로 억지로 왜곡, 축소, 날조하여 일본이 한국을 식민지 통치하는 데 유리하게 만들어 놓은 가짜 엉터리 사관史觀을 말한다.

그리고 이러한 사관을 아직도 신주단지 모시듯 하면서, 대한민국 대학들에서 한국사를 강의하고 초·중·고등학교 역사 교과서를 집필하는 제도권 한국 사학자들을 일컬어 '반도식민 사학자', '매국 사학자賣國史學者' 또는 '자발 왜인自發倭人' 또는 '조선왜인'이라고 재야 사학자들은 부르고 있다. 이들 사학자들이 문제가 되는 것은 무엇 때문인가?

가령 한국의 철학자, 윤리학자, 물리학자, 화학자, 의학자 등은 그들의 학문이 국가와 일반 국민들에게 직접적으로 부정적인 영향을 끼치는 일은 거의 없다. 그러나 한국사학을 전공한다는 반도식민 사학자들만은 다른 학문을 하는 사람들하고는 근본적으로 다른 데가 있다.

그 다른 것이 무엇일까? 실례를 들어 그들은 한나라가 만들었다고 자신들이 주장하는 한사군漢四郡이 한반도의 북한 전역과 중부 지방 일대라고 주장한다. 그러나 이것은 반도식민사관에 강압적으로 꿰어 맞춘 순전한 억지요 거짓말이다. 이 사실을 재야 사학자들은 식민 사학자들도 그 권위를 인정하는 『삼국사기』, 『삼국유사』, 중국의 이십오사를 위시한 각종 전적들을 근거로 정부 관계 기관들에 호소하고 있다.

그런데도 불구하고 이 나라의 사권史權을 독점하고 있는 반도식민 사학자들은 들은 체도 하지 않을 뿐 아니라, 그들이 식민사관을 토대로 하여 쓴 각급 학교 역사 교과서들은 여전히 학생들의 머릿속에 계속 주입되고 있다.

이러한 한국의 반도식민 사학자들의 주장을 근거로 중국은 고구려를 중국의 지방 정권으로 둔갑시키는가 하면, 북한 땅은 말할 것도 없고 한반도 전역을 모조리 중국 영토로 만들려는 동북공정을 밀어붙이고 있다. 그리하여 만리장성의 출발점이 하북성에 있는 갈석산碣石山이 아니라 황해도 수안이라고 우기고 있다.

까딱하면 북한이 경제난으로 붕괴될 경우 중국이 우리보다 한발 먼저 북한을 자기네 영토로 편입할 빌미를 반도식민 사학자들은 중국에 제공하고 있는 것이다. 이것이 국익에 반하는 가장 큰 현실적인 문제인 것이다. 거듭 말하지만 바로 이 때문에 그들은 재야 사학자들로부터 '반도식민 사학자, 매국 사학자, 자발왜인, 조선왜인'이라는 결코 명예롭지 못한 별명을 듣고 있는 것이다.

그러나 역사의 실상은 반도식민 사학자들의 주장과는 정반대다. 중국이 한반도를 지배한 것이 아니라 우리가 중국 대륙을 무려 9천1백 년 동안이나 지배하고 통치한 것이다. 원나라가 1백 년 미만, 청나라가 3백 년 미만 중국 대륙을 통치한 것과는 비교도 안 된다.

매국 사학자들은 재야 사학자들이 그들 자신도 그 권위를 인정하는 『삼국사기』, 『삼국유사』, 이십오사 등을 근거로 우리 상고사의 진실을 주장하면 이들 전적들을 부정할 수는 없으니까 한반도에서 고구려, 백제, 신라 시대의 유물이 출토되는데 어떻게 이들 세 나라가 한반도에 없었다고 말할 수 있느냐고 항의한다.

그러나 사학의 기본 자료는 어디까지나 역사적 사건이 일어났던 그 당시의 기록이지 유물은 아니다. 기록이란 『삼국사기』, 『삼국유사』, 『조선왕조실록』이나 각종 사기史記이다. 현대로 말하면 신문이나 출판물, 각종 공문서와 같은 문서들을 토대로 쓰여진 역사 기록이다.

한 번 쓰인 기록은 변할 수 없지만 유물은 항상 변할 수 있다. 사람이 옮기거나 조작할 수도 있고 천재지변으로 변형이 되거나 실종될 수도 있기 때문이다. 유물은 기록과 일치할 때 기록의 정확성을 입증하는 보조 수단으로 유용할 뿐이지 그것 자체가 역사의 기본 자료가 될 수는 없다. 따라서 거듭 말하지만 고고학적 유물은 어디까지나 기록의 보조 역할을 할 뿐, 역사학의 기본 자료는 될 수 없다. 기록은 있는데 유물은 없다고 해서 기록을 부인할 수는 없는 것이다.

상고 시대의 한반도에는 고구려, 백제, 신라의 제후국이나 분국分國이 있었던 것은 사실이므로 세 나라의 유물은 얼마든지 나올 수 있는 것이다. 그러나 유물이 나온다고 해서 뚜렷한 기록을 무시하고 한반도에 고구려, 백제, 신라, 고려의 지배 세력의 도읍지가 존재했었다고 말할 수는 없는 것이다.

그러나 고구려, 백제, 신라의 통치 체제의 본고장은 어디까지나 중국 대륙 동남쪽에 두텁고 긴 띠를 형성하고 있었다. 그럼 각종 기록에 따라 언제부터 우리가 중국 대륙을 지배하고 경영했는지 알아보기로 하자.

일곱 분의 한인천제가 다스린 한(환)국연방 시대 3301년, 18대의 한웅천황이 통치한 배달국 및 청구국 시대 1565년 그리고 47대의 단군이 다스린 2096년 단군조선, 그리고 고구려, 백제, 신라, 발해 시대 1164년, 고려 시대 474년 도합 8600년간 우리나라는 대륙의 감숙성, 섬서성, 하북성, 산동성, 하남성, 호북성에서 강소성, 안휘성, 절강성에 이르는 중원의 중동부 지역과 만주, 한반도, 일본을 근거로 활동을 전개한 것이 역사적 사실이었다. 그리고 이들 지역을 관리하고 통치한 지배 세력의 도읍지는 모두가 대륙에 있었던 것이다.

가령, 경주는 안휘성 봉양현에, 개경은 산동성 임치구에, 송도는 산동성 치박시에, 평양은 섬서성 서안에, 웅진은 산동성 곡부시에, 금성은 섬서성 자양현에 있었고 그곳들에는 한반도에서는 발견되지 않는 궁전과 사찰과 귀족들의 저택과 그 유적들이, 중국인들에 의해 일부는 변형, 파괴되었지만 아직도 그대로 널려 있는 것이다.

이 모든 사실들은 우리의 『한단고기』, 『삼국사기』, 『고려사』, 『세종실록지리지』는 말할 것도 없고 중국의 이십오사의 동이지東夷志와 중국의 역대 지리지와 같은 기본 사료들이 입증해 주고 있다. 이 사료들은 반도식민지 사학자들도 그 권위를 인정하는 귀중한 기본 사료들이다.

이러한 역사적 사실들은 한국의 재야 사학자들뿐만 아니라 중국의 양심적인 인사들도 시인하고 있다. 실례를 들면 중국의 주은래 수상은 중국 국수주의자들의 역사 왜곡을 못마땅해하면서 "중국 동북 지역(만주 지방)의 역사는 조선에 귀속되어야 한다"고 말한 일이 있다.

또 하나의 실례가 있다. 일본군의 대륙 침략으로 중경重慶으로 피난한 장개석 총통이 같이 피난 온 대한민국 임시정부 김구 주석 일행을 만찬에 초대한 일이 있었다. 이때 장 총통은 느닷없이 자신의 고향인 절강성이 옛날 신라 땅이었다는 사실을 밝히면서 일제 침략에 대한 공동 투쟁의 우의를 다졌다고 한다.

절강성에는 지금도 신라 시대의 유적들이 사방 곳곳에 널려 있다. 어쩌면 장 총통은 그때 살았던 신라인의 후손인지도 모를 일이다. 하북성, 산서성, 요녕성은 고구려, 산동성, 하남성, 섬서성은 백제, 강소성, 안휘성, 절강성은 신라의 본고장이었다는 것을 중국 주민들은 누구보다도 잘 알고 있다. 그리고 이곳에 가 본 사람들은 그곳 주민들의 풍습과 정서가 한국인과 흡사하다는 것을 피부로 느낄 수 있다고 한다.

그런데도 불구하고 지금 한국사 교과서 어디에도 이러한 사실은 일언반구도 언급되어 있지 않다. 왜 그렇게 되었을까? 한국의 제도권 한국 사학자인 이른바 반도식민 사학자들이 해방된 지 벌써 65년이 넘었건만 아직도 일제가 가르쳐 준 노선에서 한 치도 벗어나지 않고, 일제가 고안한 식민사관을 지금도 그대로 달달 외우기만 할 뿐 『삼국사기』, 『삼국유사』, 중국의 이십오사를 비롯한 각종 원서를 공부하고 연구하는 일을 일체 외면만 해 왔기 때문이다.

반도식민지 사학자란 누구를 말하는 것인가? 바로 대한민국의 대학 강단에서 한국사를 가르치고 초·중·고등학교 역사 교과서를 집필하는 사학자들을 말한다. 이들 반도식민지 사학자 집단은 일제 강점기에 일제가 한국인들을 일본의 영원한 노예로 길들이기 위해서 일본 제국주의자들이 왜곡 날조한 『조선사』 35권을 지금도 신주단지 모시듯 하고 있다.

물론 이들 반도식민 사학자들은 일제 강점기에 일본이 한국인들을 노예로 부려먹기 위해서 정책적으로 양성한 자들인데, 그들의 제1세대는 해방 후 65년의 세월이 흐르는 동안 거의 다 늙어서 사망했고, 지금은 그들 1세대가 길러낸 제2, 제3세대들이 현역으로 대학의 한국사 분야 강의를 모조리 독점하고 한국의 초·중·고등학교 역사 교과서를 전문적으로 집필하고 있다.

이들은 반도식민지 사학자가 아닌, 대한제국 때부터의 정통 사학을 그대로 계승한, 주체 사학자인 백암白巖 박은식朴殷植, 단재丹齋 신채호申采浩, 위당爲堂 정인보鄭寅普, 백당柏堂 문정창文定昌 선생 등의 학맥을 잇고 있는 대한민국의 재야 사학자들을 비전문가라고 무시하거나 깔보고 있다.

그뿐 아니라 이분들을 정신없는 국수주의자요 구제불능의 미치광이라고 몰아세우고 있다. 도둑이 자신을 고발한 선량한 시민에게 도리어 몽둥이질을 하고 도둑 누명을 덮어씌우는 격이다. 문정창 선생은 자신의 재산을 통틀어 식민사관을 타파하기 위한 역사책들을 발간하자, 식민 사학자들로부터 미치광이 대우를 받으면서 한 많은 생애를 마쳤다. 지금은 이중재 선생을 비롯한 재야 사학자들이 그런 누명을 뒤집어쓰고 있다.

과연 그렇다면 허성정 씨가 쓴 『아! 고구려』 1, 2권에서 반도식민지 사학자들에게 제기한 질문들에 대하여 당연히 납득할 만한 반론을 제기했어야 할 것이다. 그래야만이 재야 사학자들을 무시할 수 있는 자격이 있는 것이다. 그렇게 할 수 있다면 일반 국민들도 그들을 정당한 사학자로 대접해 줄 수 있을 것이다.

그러나 그들은 이미 이 책이 나간 지 5년이 지났건만 일체 침묵을 지키고 있을 뿐이다. 그러고도 후안무치하고 뻔뻔스럽게도 반도식민사관에 입각한 한국사를 여전히 대학에서 강의하는가 하면 초·중·고등학교 교과서만은 계속 써대고 있는 것이다.

놀라운 일은 한국의 역대 대통령을 비롯한 그 많은 국회의원들, 그리고 국사편찬위원회 위원들 중 그 누구도, 그리고 일본 제국주의 잔재를 청산한다고 『친일인명사전』을 만든다고 설쳐댄 노무현 정권 당사자의 그 누구도 이들 반도식민지 사학자들의 천인공노할 친일 매국 행위에 대해서는 일체 무관심으로 시종일관하고 있다는 것이다. 그들 정치인들은 친일분자 색출을 구실로 현재 살아 있는 정적을 타도하는 데만 열의와 관심을 보였을 뿐이다.

이들 반도식민지 사학의 실상은 필자가 이미 장편소설 『다물』, 『소설 한단고기』, 『소설 단군』을 통해서 상세하게 밝혔지만, 허성정의 『아! 고구려』는 필자가 미처 말하지 못했던 사실들을 다루고 있다. 그것은 우리 민족이 고구려, 백제, 신라는 말할 것도 없고, 고려 말과 이씨조선 초기까지도 중원의 동부 지역을 여전히 지배하고 있었다는 엄연한 사실이다.

그렇다면 신라의 왕릉들은 언제 대륙에서 경주로 이장되었을까? 신라가 망한 후 신라 왕실 후손들이 몰래 경주로 이장했을지도 모른다. 아니면 이성계가 위화도 회군이라는 군사 쿠데타로 정권을 찬탈하여 고려가 망한 후, 국내에서 잃은 신임을 외부에서라도 만회하려는 노력의 일환으로 신생 명나라의 지지라도 얻으려고, 명에 대하여 과도하게 모화사대 외교 정책을 펴면서 대륙의 영토를 명에 양도하고 한반도로 옮겨오면서부터 그 이장 작업은 극비리에 시작된 것으로 보인다.

무엇을 근거로 그런 말을 하느냐고 묻는 사람이 있을 것이다. 나는 그런 사람에게 다음과 같이 대답할 것이다.

이병화 지음, 한국방송출판 간행 『대륙에서 8600년 반도에서 600년』이란 저서에 따르면, 서기 1392년 대륙에서 건국한 근세조선은 1394년부터 1405년에 걸쳐 한반도의 한양으로 도읍지를 옮긴 것이다.

이 책의 저자는 위에 언급한 각종 국내외의 기록들을 근거로 현지를 수없이 방문하여 우리나라 상고 시대의 유적들을 면밀하게 확인한 끝에 이 책을 저술한 것이다. 특히 『조선왕조실록』 중에서 세조, 예종, 성종조에 보면 '고조선비사古朝鮮秘詞, 대변설大變說, 조대기朝代記, 지공기志公記, 표훈삼성밀기表訓三聖密記, 도증기道證記, 삼성비기三聖秘記, 삼성기三聖記, 도증기道證記, 동천록動天錄, 통천록通天錄, 지화록地華錄' 같은 민족 주체사상으로 쓰여진 상고사 전적들을 숨기고 있는 자들은 자진 신고하도록 하고, 이에 불응한 자들은 본인뿐만 아니라 그 가문을 사문난적斯文亂賊으로 몰아 멸문지화滅門之禍를 당하게 했던 것이다.

도대체 자기 나라 상고사의 진실을 밝히는 역사책을 가지고 있다고 해서 본인은 물론이고 가족까지 몰살하는 이씨조선 왕조가 국민을 위하고 대표하는 제대로 된 정권이라고 말할 수 있겠는가? 이조선李朝鮮이 명나라와 가공할 만한 음모나 밀약이 없는 한 이런 참혹한 짓을 저지를 수 없었을 것이다. 그들은 도대체 무엇 때문에 이러한 역사 은폐 및 왜곡 날조 행위를 저질렀을까?

첫째, 군사 쿠데타로 잃은 민심을 명나라의 신임을 받음으로써 외부에서 보상받기 위하여 명에 대한 사대 정책을 추구하기 위해서였다.

둘째가 명의 요구대로 대륙을 떠나 한반도로 지배 세력이 이동함으로써 대륙의 근거지를 상실한 책임을 모면하려는 것이었다.

셋째가 명나라에 사대하고 있던 이조선으로서는 명의 역사보다 찬란했던 우리 민족의 대륙에서의 역사를 밝히게 되면 그들과의 마찰이 불가피할 것을 감안하여 자발적으로 대륙에서의 우리의 역사를 감추려 했던 것이다.

고려로부터 정권을 탈취한 후 곧바로 대륙에서 반도로 옮겨온 근세조선 왕조와 그 추종 세력들은 기존 한반도의 역사를 없애 버리고, 대륙에서 이루어진 우리 역사를 한반도에서 일어난 것처럼 은폐, 조작, 날조하는 작업을 실시했던 것이다.

이 작업은 단종에게서 왕권을 찬탈한 세조 때부터 본격적으로 시작, 예종을 거쳐 성종 때 근간을 갖추게 된다. 이때 민간인들이 보유하고 있던 우리 역사서를 모조리 거둬들여 없애 버렸고, 민간인들이 고사서古史書를 소장하는 것을 금지시키고 위반자들을 사문난적으로 참혹하게 그리고 가차없이 처단했다.

그 당시 정권 유지를 위한 역사 왜곡은 반도나 대륙에서나 같았다. 대륙에서도 반도로 이동한 근세조선의 옛 땅을 차지한 명나라도 그곳을 한족漢族의 역사 강역으로 둔갑시켰다.(『대륙에서 8600년 반도에서 600년』 57쪽)

이처럼 명에 대한 사대 외교가 극성을 부린 것은 이조선 초기 이성계 때부터였다. 그렇기 때문에 심지어 성군으로 이름난 세종대왕까지도 명나라의 문황文皇이 죽자 그와 자기 사이는 군신 관계라면서 신하들에게는 사흘간 상복을 입게 하면서도 그 자신은, 좌의정을 지낸 유정현柳廷顯의 만류까지 뿌리치고, 굳이 삼칠일(21일간) 동안이나 흰옷을 입었던 것이다.(『연려실기술』 별집 사대전고)

이러한 모화사대사상은 전국의 유생들에게도 대대로 골고루 철두철미하게 침투되어 병자호란 때 유생인 윤집尹集은 인조에게 다음과 같은 상소를 올리기까지 했다.

"천조(天朝, 명나라를 말함)는 우리나라의 부모입니다. 청나라는 우리 부모의 원수입니다. 우리나라 사람은 명나라의 자식입니다. 청나라가 우리 부모인 명나라를 침략하는데 명나라의 자식 된 우리가 청나라와 화친함은 우리 부모인 명나라를 잊어버리는 일이니 수치스러운 일이 아닐 수 없습니다."

　윤집의 사상은 그 개인뿐만 아니라 이조선 시대 유생들 전체의 사고방식이기도 했다. 게다가 모든 사대부들의 묘비에는 예외 없이 그 첫머리에 유명조선有明朝鮮이란 문구가 들어가게 했던 것이다.

유명조선

유명조선이란 무슨 뜻인가? 명나라가 있은 다음에 조선이 있다는 의미로 조선은 명의 속국임을 자처한 것이다. 이조선의 사대사상은 한 국가의 국민으로서는 쓸개를 다 빼 버리다 못해 거의 광적인 수준이었다.

단재 신채호 선생의 말대로 결국 "정신없는 역사는 정신없는 민족을 낳고"야 말았다. 그 업보는 한 치의 오차도 없었다. 결국 1910년 8월 29일에 우리는 나라를 송두리째 일본에게 빼앗기는 치욕을 당했을 뿐만 아니라, 해방이 되고도 국토는 분단되었고 게다가 강대국을 대신하여 동족이 서로 물고 뜯고 싸운 육이오라는 대리전까지 치렀고, 그것도 모자라 그동안 65년의 세월이 흘렀건만 아직도 남북으로 갈라진 이산가족이 뜻대로 만날 수도 없는 참극을 겪고 있다. 정신없는 정권의 사대주의가 빚은 인과응보이다.

그럼 신라 왕릉의 이장 작업은 어떻게 진행되었을까? 이조선 초기에는 고구려와 백제 왕가의 후손들은 이미 영락할 대로 영락하여 힘을 쓸 수 없었지만, 고려 말까지는 아직도 신라파로 알려진 정치 세력이 남아 있었는데 이들이 주동이 되어 이장 작업은 허겁지겁 그러나 신속하게 진행되었을 것이다.

그러나 고구려와 백제 왕가의 후손들은 그렇지 못했다. 고구려의 경우 서기 668년에 나당 연합군에 의해 멸망하고 그 지배 세력의 일부는 신라에 남기도 했지만, 다른 일부는 일본으로 피난하고 그 나머지는 발해 건국에 합류했다. 서기 926년에 발해가 거란에게 망하자 발해의 지배 세력 10만여 명은 고려에 귀의했지만, 고려 안에서 신라파처럼 대를 이어 이렇다 할 정치 세력을 형성하지는 못했다.

그리고 백제는 서기 660년에 나당 연합군에게 망한 뒤에 그 지배 세력의 대부분이 일본으로 건너가 주도적인 정치 세력이 되어 일본의 소위 천황가 天皇家를 이루게 되었다. 이처럼 고구려와 백제의 지배 세력은 이조선이 한반도로 옮겨온 이후에 정치 세력화하여 대를 잇는 데는 실패했다. 그러나 신라의 경우는 달랐다.

경순왕이 신하와 백성들을 이끌고 고려의 왕건에게 항복한 후 고려의 중추 세력의 하나로 대를 이었던 것이다. 또한 신라의 제도, 언어, 관례와 풍습 등은 고려에 그대로 고스란히 정착하게 되었다. 고려가 망하자 이번에는 이조선의 중요한 정치 세력인 영남파로 활약하게 되었고, 대한민국에서도 그 정치 세력의 맥은 그대로 이어지고 있다.

실례를 들면 대한민국의 역대 대통령 10명 중 박정희, 전두환, 노태우, 김영삼, 노무현 5명이 경상도 출신이다. 그들은 비록 신라 왕족의 직계 후손은 아니라고 해도 신라 세력의 입김이 강하게 남아 있는 영남을 기반으로 정계에 입문했다. 신라의 고급 인력들이 해외로 빠져나가지 않고 한반도 안에 고스란히 남아 있었기에 가능한 일이었다.

그건 그렇고 지금 우리가 볼 수 있는 경상북도 경주는 아무리 생각해 보아도 천년 왕국 신라의 수도답지 않다. 『삼국유사』에 나오는 최치원의 말에 따르면, 전성시대에 신라의 도성이자 왕도인 금성에는 17만 8936호에 1360개의 동네가 있었고, 금성 주위가 55리나 되고, 큰 저택이 김유신 장군의 조상 저택을 비롯하여 35채나 있었고, 귀족들이 사시사철 놀던 어마어마한 별장이 동서남북 네 군데나 있었다.

제49대 헌강왕(서기 875~886) 때는 성안에 초가가 없었으며 처마가 서로 맞붙고 담장이 서로 이어져 있었다고 한다. 성 둘레는 천자국인 당나라의 장안보다는 작았지만 제후국으로서는 상당한 규모와 위엄이 있었던 것이다. 그리고 각 가정에서는 공기가 오염되지 못하게 숯만 썼다고 한다. 그러나 지금의 경주는 아무리 살펴보아도 17만 8936호의 고정 인구와 수많은 유동 인구가 북적거리던, 100만 명 정도가 숨쉬던 신라의 천년 고도답지 않다.

이조선 세종 때 경주 인구가 겨우 6천 명이었다. 이러한 한반도의 경주에는 아무리 몽고 침입과 임진왜란 때 다 불타 버렸다고 해도, 지금 아무리 눈을 씻고 찾아보아도 궁전의 주춧돌도 귀족의 대저택의 흔적도 찾아볼 수 없다. 더구나 요즘 인기리에 방영 중인 드라마 '선덕여왕'에 등장하는 비담毗曇이 진을 쳤다는, 『삼국사기』「지리지」에 나오는 명활성明活城도, 선덕여왕이 주재했던 월성月城이나 금성金城의 흔적도 찾아볼 수 없다.

그런데 『삼국사기』와 『삼국유사』에 나오는 신라의 도읍인 경주의 모든 유적은 지금도 중국 대륙의 안휘성 봉양현에 고스란히 남아 있다. 신라 왕릉이 많은 낭산 역시 사천성과 호북성 경계에 그대로 남아 있다. 강서성, 안휘성, 절강성, 호북성, 사천성은 대륙 신라의 본고장이었기 때문이다.

그리고 『사기』에 따르면 신라는 다섯 번이나 도읍을 옮긴 것으로 되어 있다. 아무리 보아도 지금의 경상북도 경주는 그 당시 한 개의 보잘것없는 시골 읍 정도의 규모로밖에는 보이지 않는다. 이 좁은 땅에 대륙에서 경주와 그 부근의 지명만 옮겨다 놓고 대륙 경주의 시늉만 어설프게 낸 것이다.

바로 이씨조선 세종 때 인구 6천 명밖에 안 되었던 한적한 시골 읍이었던 이곳에 신라 왕손들이 힘을 합쳐서 절강성, 안휘성, 호북성, 강서성 등지에 흩어져 있던 신라 왕릉들을 황급히 이장한 것으로 보인다. 바로 이 때문에 경주에는 신라 왕릉들은 남아 있지만 고구려와 백제, 고려의 왕릉들은 거의 남아 있지 않게 된 것이다.

이씨조선이 대륙에서 철수한 후 고려의 왕건릉을 비롯한 소수의 왕릉들만 아직도 중원에 남아 있을 뿐, 대부분의 왕릉들은 1960년대에 문화대혁명 때 홍위병들에 난동으로 고의적으로 파괴되었거나 실전된 것으로 보인다.

대륙에서 신라가 망할 때 아니면 이씨조선 초기에 비밀리에 허겁지겁 신라 왕손들에 의해 비밀리에 이장되었기 때문에, 지금 경주에 남아 있는 왕릉들은 아무리 왕릉이라고 해도 기존 능묘의 형식과 풍수를 따지고 말고 할 여유가 없었을 것이다.

그렇다면 신라의 왕릉들은 그렇게 이장을 했다고 해도 고려 왕릉들은 어떻게 되었을까? 이성계가 위화도 회군이라는 군사 쿠데타로 정권을 잡은 뒤에는, 민심을 잃은 이씨조선 정권이 치열한 고려 부흥 운동으로 언제 뒤집어질지 모르는 상황이었다. 고려 왕조의 재집권을 근원적으로 봉쇄하려고 이씨조선은 고려 왕족들을 조직적으로 학살하여 아예 씨를 말려 버렸다는 것은 널리 알려진 일이다.

따라서 고려 왕실의 후손들은 언제 죽을지 모르는 상황 속에서, 신라 왕실의 후손들처럼 대륙의 왕릉들을 이장하고 말고 할 엄두도 내지 못했을 것이다. 고구려, 백제의 경우도 사정은 같았을 것이다. 이것이 고구려, 백제, 고려 왕릉이 한반도 안에서는 찾아보기 어려운 이유이다.

그러나 이것은 어디까지나 필자의 추측에 불과하다. 부디 나와 같은 의문을 품은 고고학자나, 반도식민지 사학자들이 아닌 역사의 진실을 제대로 추구하려는 진정한 열의가 있는, 선조들의 민족혼을 제대로 이어받은 사학자들의 분발을 촉구하는 바이다.

재야 사학자들의 분투

필자의 해석에 미진한 점이 있는 독자 여러분은 허성정 지음, 도서출판 유림 간행『아! 고구려』1, 2권을 읽어 보기 바란다. 틀림없이 지금까지 몰랐던 많은 역사적 진실과 접하게 될 것이다.

그리고 이병화 저,『대륙에서 8600년 반도에서 600년』이라는 저서를 권하고 싶지만, 2002년도에 발간된 책인데 벌써 절판이 되었다고 하니 헌책방이나 도서관에서라도 구해 보기 바란다. 이 책은 저자가 상고 시대 우리나라 도읍지들을 수없이 방문하여 유적과 유물들을 일일이 확인하고 쓴, 그야말로 우리 민족의 혼이 그대로 살아 있는 역작이다.

그러나 정용석 지음, 동신출판사 간행『고구려, 신라, 백제는 한반도에 없었다』와 이중재 지음, 명문당 간행『상고사의 새 발견』그리고 오재성 지음『밝혀질 우리 역사』와『숨겨진 역사를 찾아서』는 지금 시중 서점에 나와 있으니 누구나 구입할 수 있을 것이다.

이중재, 허성정, 이병화, 오재성, 정용석 씨와 같은 재야 사학자들이 존재하는 한 대한민국의 앞날은 결코 어둡지 않다. 이분들은 누가 역사 공부를 하라고 해서 재야 사학자가 된 것이 아니고, 이 나라의 사권史權을 잡고 있는 반도식민 사학자들의 잘못된 사관史觀으로 인하여 나라를 팔아먹고 있는 데에 분개했고, 도저히 참고만 있을 수 없어서 자신들의 생업을 포기하면서까지 역사 찾기 운동에 뛰어든 분들이다. 개중에는 증권회사 회사원도 있고 기상청에 근무하던 기상학자도 있다.

역사 찾기를 위해 생업을 던져 버린 허성정 씨 같은 분은 지금 마산에서 김치 도소매업을 하면서도 계속 집필을 하고 있다. 사도 바울이 천막 만드는 생업에 종사하면서도 틈틈이 기독교를 전파했듯이 그는 생업과 역사 찾기 집필을 겸하고 있다.

모두가 일당백의 애국 투사들이다. 나라에서 봉급을 타 먹으면서도 매국 행위를 끈질기게 계속하고 있는 반도식민 사학자들과는 질적으로 완전히 다른 사람들이다. 이들은 일제 강점기에 일제의 식민사학과 싸운 박은식, 신채호, 정인보 그리고 해방 후의 문정창과 같은 한국의 정통 사학자들의 후예들이다. 하늘이 장차 누구의 손을 들어 줄지 두고 볼 일이다.

나는 이들 재야 사학자들에게 희망을 건다. 어차피 이 세상은 나라 전체 인구의 0.001%밖에 안 되는 특출한 고급 인재들로 구성된 핵심 세력에 의해 움직이게 되어 있기 때문이다. 나는 그들이 우리 국민과 전체 인류를 위해 바른 일을 한다고 본다. 그들이 올바른 일을 하는 이상 장차 많은 국민들이 그들을 지지해 줄 것을 조금도 의심치 않는다.

그렇게 될 때 반도식민 사학자들은 그들의 매국 행위를 깨달은 국민들의 성난 바다에 침몰하는 운명을 걷게 될 것이다. 그들이 그렇게 되기 전에 스스로 잘못을 깨닫고 진로를 바꾸는 것이야말로 이완용과 박용구보다 몇천 배 몇만 배 되는, 가공할 만한 매국 행위에서 벗어나는 유일한 탈출구가 될 수 있을 것이다.

왜냐하면 이완용, 박용구는 사욕을 만족시키기 위해서 단순히 나라를 팔아먹었지만, 반도식민지 사학자들은 우리 민족의 역사 강역을 경쟁국에 팔아먹음으로써 우리의 민족혼을 팔아먹고 있기 때문이다. 단순한 매국은 우리가 힘을 회복했을 때 잃은 나라를 되찾을 수 있는 여지라도 있지만, 민족혼을 팔아 버리면 우리 민족 자체가 만주족이나 거란족처럼 와해되어 없어져 버리니까 다시 일어설 수 있는 기회조차 잡을 수 없게 된다.

이런 것을 생각하면 우리가 지금 세종시 문제 따위로 국회 운영을 마비시키고 국회 폭력을 휘두를 때가 아니라는 걸 알아야 할 것이다. 북한이 경제난으로 붕괴될 때 중국이 동북공정의 노선에 따라 북한은 말할 것도 없고 한반도 전체를 삼켜 버릴 수도 있는 위기 상황이 언제 닥칠지 모르는 일이다.

우리 국회가 세종시 문제에 매달려 여야 간에 드잡이를 하고 주먹다짐을 하기보다는 미국과 중국과 일본 사이의 빅딜에 의해 대한민국과 '조선민주주의인민공화국'이 통째로 중국으로 넘어갈 수도 있는 위기를 사전에 막아야 한다.

설마 미국이 그런 일을 할까 하고 의문을 갖는 사람들이 있을 것이다. 그러나 국가와 국가 사이에는 영원한 적도 변함없는 우방도 있을 수 없고, 있는 것이란 오직 국가의 이익밖에는 없다는 냉혹한 국제 현실을 직시해야 한다.

그렇지 않아도 지금부터 꼭 105년 전인 1905년에 미국과 일본 사이의 가쓰라·태프트 협정이라는 빅딜에 의해 대한제국이 1910년에 통째로 일본에 넘어간 치욕의 역사를 우리는 갖고 있다. 그러한 역사를 갖고 있으면서도 또 그런 역사를 다시금 되풀이한다면 우리는 지구상에 생존할 자격이 없는 것이다.

그런 과거의 잘못을 반복하지 않기 위해서는 우리의 과거사를 이웃 경쟁국에 팔아먹는 매국 행위를 하지 말아야 한다. 동시에 아직도 일본의 이익을 위해 충실히 봉사하는 제도권 식민 사학자들을 과감하게 제거해야 한다. 그러기 위해서는 역사 찾기 대업에 여야는 물론이고 국민 전체가 발 벗고 나서서 온갖 지혜를 다 짜내야 한다. 백주 대낮에 저질러지는 불의를 보고도 계속 팔짱만 끼고 있을 수 없는 것이다.

가장 빠르고 쉬운 길은 제도권의 반도식민지 사학자들이 지금이라도 민족적 양심을 되찾아 개과천선하는 것이다. 그러나 그들은 재야 사학자들이 아무리 날카롭게 그들의 잘못을 지적해도 못 들은 체 말없이 엎드려서, 일제가 가르쳐 준 식민사관을 강단에서 달달 외우기만 해도 학교에서 봉급이 나오고, 그들의 저서에서 오는 인세 역시 계속 축적될 것이다.

그러한 그들이 스스로 반성하기를 바라는 것은 오뉴월에 축 늘어진 소불알이 떨어지기만을 기다리는 것과 같다. 이럴 때는 매국 사학자들이 민족에게 끼친 폐해를 깨달은 국민들이 역사 찾기 시민 연대를 만들어 구국의 길에 나서는 길밖에는 없다. 우리의 과거사는 우리의 정신 자원의 핵심이다. 그 정신 자원이 바로 민족정기요 민족혼이다. 민족정기가 살아 있어야 선진국에 진입할 수도 있고 강대국으로 부상할 수도 있다.

대륙사관이란 무엇인가?

『삼국사기』, 『삼국유사』, 『고려사』, 『세종실록지리지』, 『한단고기』, 중국의 이십오사 동이전과 각종 지리지, 『중국고금지명대사전中國古今地名大辭典』을 비롯한 온갖 전적들은 우리 민족의 역사가 애초부터 아시아 대륙에서 시작되었고, 지난 9천1백 년 이상 내내 대륙의 주인이었고 중요한 역사는 중국 대륙에서 진행되었음을 말해 주고 있다.

그럼 한반도에서는 언제부터 역사가 시작되었을까? 우리나라 국가 통치의 중심이 한반도에 들어온 것은 이씨조선 말기부터이다. 그런데도 불구하고 일본이 왜곡 날조한 사관에 따르면 한국의 역사는 한나라가 만든 한사군漢四郡이라는, 한나라 식민지가 평양에서 시작되어 처음부터 끝까지 한반도 안에서만 모든 역사가 이루어졌다는 것이다.

그래야 한국을 먹기 좋게 요리할 수 있으니까 그렇게 한국사를 자기네 구미에 맞게 제멋대로 왜곡 날조해 버린 것이다. 한국 제도권 한국사 전공 사학자들은 지금도 일제가 만든 바로 그 알량한 엉터리 사관을 옹골차고도 끈질기게 고집하고 있다. 우리나라 각급 학교에서 학생들이 배우는 한국 역사도 바로 이러한 사관으로 쓰인 것이다. 바로 이러한 사관을 가리켜 반도식 민사관半島植民史觀이라고 한다.

그런가 하면 일부 한국의 재야 사학자들 중에는 아직도 중국의 만리장성 이북의 북중국, 만주, 한반도가 본래 한국 역사의 본고장이라고 보는 사관을 갖고 있는 사람들이 있다. 그리하여, 만주와 북한 지역은 고구려, 충청도와 전라도는 백제, 경상도는 신라의 본고장이고 이곳을 바탕으로 중국 대륙에 일시 진출했던 것으로 본다. 이것을 만주반도사관滿州半島史觀이라고 한다.

그러나 이것 역시 대단히 잘못된 역사관이다. 왜냐하면 각종 전적과 역사 기록들은 그렇게 말하고 있지 않기 때문이다. 따라서 그것은 역사의 진실이 아니다. 그럼 역사의 진실은 무엇인가? 한민족의 대부분의 역사는 처음부터 중국 대륙에서 시작되어 이씨조선 초기까지 계속되어 오다가 고종 연간에 비로소 한반도로 통치기관의 중심이 이동해 온 것이다.

다시 말해서 1392년 대륙에서 건국한 이씨조선이 일본과의 강화조약이 체결된 1876년 이후부터 한반도의 한양으로 도읍지를 옮긴 것이다. 이것은 그 당시의 모든 역사서와 기록으로 알 수 있다. 한국 역사를 이처럼 기록과 유적을 중심으로 한 과학적인 관점으로 보는 사관을 일컬어 대륙사관大陸史觀이라고 한다.

이 대륙사관이야말로 역사의 진실임과 동시에 우리의 침체되었던 민족정기를 되살리는 무엇보다도 강력한 촉매제가 될 것이다. 이러한 대륙사관으로 무장하고 『삼국사기』와 『삼국유사』를 읽을 때 비로소 우리 역사의 모든 의문점들과 수수께끼들은 눈 녹듯이 술술 풀려 나가게 될 것이다.

이러한 대륙사관이야말로 중국의 동북공정에 가장 효과적으로 대처할 수 있는 우리의 정신 자원이 될 수 있다. 우리가 옷을 입을 때 첫 단추를 잘못 끼우면 그다음 단추들은 전부 다 잘못 끼우게 되어 있다. 한 민족의 역사도 이와 같다. 상고사가 잘못되면 그 이후의 역사는 물론이고 현대사와 미래사 까지도 어쩔 수 잘못되게 되어 있다.

그러나 상고사가 제 모습을 갖추게 되면 그동안 일그러지고 은폐되고 구겨졌던 역사의 진실이 대번에 환히 백일하에 드러나 바로잡히게 되어 있다. 동시에 우리 민족의 앞날은 탄탄대로를 달리듯이 만사형통하게 될 것이다.

하늘은 바로 이러한 사관을 갖고 정의를 위해 시종일관 노력하고 분투하는 사람들의 손을 틀림없이 들어 주게 되어 있다. 파사현정破邪顯正, 사필귀정事必歸正은 우주가 운행되는 원리이니까.

진실은 비록 권력에 의해서 일시적으로 가릴 수는 있어도 영원히 가릴 수 없는 것은 구름이 해를 일시적으로 가릴 수는 있어도 영원히 가릴 수는 없는 것과 같다. 잘못된 것을 바로잡는 것은 세상을 바로잡는 기초 조건이다.

제 2 부

대륙삼국설의 오류(1)

존경하올 김태영 선생님께.

『아! 고구려』, 『아! 대륙백제 만주신라』의 저자 허성정입니다. 선생님의 염려지덕으로 저는 늘 평안하고 건강한 하루하루를 살고 있습니다. 선생님, 참으로 반갑습니다. 선생님을 이생에서 뵌 지는 두 번에 불과하지만, 숙세에서는 많은 인연이 있었을 것이라고 생각됩니다.

선생님을 직접 뵙고 느낀 것은, 산술적으로 선생님의 연세가 적지 않으신데 매우 건강하시다는 것과, 너무도 맑고 깨끗한 인상을 지니셨다는 것입니다. 과연 선생님의 풍모에서 도인의 기운이 넘쳐나는 것을 느낄 수가 있었고 그 기운이 저를 행복하게 하였습니다.

이 글을 쓰면서 먼저 '만남'이란 단어가 생각납니다. 제가 이 대한민국에 '허성정'이란 간판을 걸고 태어나서 선생님을 만난 것은 참으로 행운이 아닐 수 없습니다. 벌써 선생님을 생각하면서 이 글을 쓰는 순간, 머리의 정수리 백회에서 맑고 시원한 기운이 쏟아지고 있습니다. 선생님의 도력이 얼마나 대단하신지를 단박에 알 수 있는 대목입니다.

『선도체험기』 70권 이후 97권까지를 다시 읽기 시작한 후, 두 달 전부터 정수리 부분에 시원한 청량감을 느껴 왔었는데 오늘은 유난히 머리가 시원합니다. 『선도체험기』에서 선생님이 말씀하신 바로는 먼저 '하단전'에서 기운을 느끼고 그다음에 '소주천', '대주천'이 되면서 백회가 열린다고 하셨는데, 저는 어찌된 일인지 백회에서 제일 먼저 소식이 있어서 이상합니다.

백회가 시원한 이 부분은 『선도체험기』 95권, 신지현의 친구 박순미든가요, 그분의 경우와 같습니다. 그분도 백회에서부터 제일 먼저 기운을 느꼈다고 했으니까요. 며칠 전부터는 백회 부분이 약간 뻑뻑해서 불편할 정도였는데 어제 선생님을 만나고 온 이후는 다시 시원해지기 시작했습니다. 아마선생님의 맑은 기운이 저의 사기를 정화시킨 덕분이겠지요.

그리고 한 달 전부터는 정수리 부분의 백회 외 발바닥 용천에서도 시원한 바람이 계속 일고 있습니다. 또 임맥이 있는 중단전에서 열감을 느낀 바도 있었고, 등짝 독맥 쪽에서도 강한 열감을 몇 번 느낀 바도 있습니다. 그러나 어찌된 일인지 가장 중요한 단전 자리 하단전에 소식이 없어 답답합니다. 이 부분에 대해서는 선생님 말씀대로 계속 '염념불망의수단전' 하고 있습니다.

'만남'에 관한 얘기를 하다가 저의 수련 상황을 말씀드리는 쪽으로 갔습니다. 어쨌든 선생님을 만난 것은 제 일생일대에 중요한 사건이 아닐 수 없습니다. 제가 『아! 고구려』를 쓰게 되었던 계기도 선생님의 『다물』, 『소설 한단고기』, 『선도체험기』가 최초의 바탕이 되었습니다. 또한 '유림출판사' 배호영 사장님을 알게 된 계기도 『선도체험기』였습니다.

저는 선생님으로 인해 이리저리 좋은 분들을 만나게 되었습니다. 바꿔 말하면 선생님께 이리저리 빚을 지고 있는 셈입니다. 선생님은 제 인생에서 생사일여生死一如라는 형이상학적 철학 문제에 대해서 해답을 제시하신 것뿐만 아니라 제 역사관에도 결정적 영향을 미치신 분입니다. 『한단고기』를 중심으로 한 선생님의 만주사관은 저에게 많은 영향을 주었습니다.

즉 왜인들이 저질러 놓은 이 땅의 식민 사학과 서토인들이 퍼질러 놓은 중화 사학의 덫에 경도되어 있던 저에게 선생님의 저서 『다물』, 『선도체험기』 시리즈와 『소설 한단고기』, 『소설 단군』 등은 참으로 중요한 역사적 이정표를 제시해 주었습니다. 저는 물을 만난 고기처럼, 사막의 오아시스처럼 선생님의 저서를 한줄기 빛으로 삼아 제 역사관의 지평을 넓힐 수 있었습니다.

만주와 한반도를 중심으로 펼쳐진 장대한 역사물 시리즈! 그것이 『다물』, 『소설 한단고기』, 『소설 단군』, 『선도체험기』였습니다. 과연 만주와 한반도는 동이족의 중심 무대였고 그곳을 바탕으로 배달국, 단군조선, 부여조선, 삼한삼국, 발해, 고려, 조선의 강역이었습니다. 그리고 우리의 방계 혈족이거나 방계 역사인 요, 금, 원, 청의 역사 역시 그곳에서 펼쳐진 우리 역사의 일부분입니다.

오늘 제가 글을 적는 목적은 『선도체험기』 97권에서 본인의 졸저 『아! 고구려』가 언급되고, 선생님이 펼치시는 역사 강역이 지금까지와는 달리 만주에서 중국 대륙 안쪽으로 향하고 있기 때문입니다. 먼저 『선도체험기』라는 이 위대한 책에 저의 저서가 언급되고 있다는 것은 너무나 영광스럽습니다. 그러나 거기에서 새롭게 주장되는 대륙삼국은 걱정되지 않을 수 없습니다.

『선도체험기』는 전 세계의 도학 서적 중 어느 곳에 놓아도 제1번을 차지할 정도로 위대한 책이라고 생각합니다. 이렇게 위대한 책에 언급되는 역사 강역이 최근에 와서 대륙고구려, 대륙백제, 대륙신라를 말한다면 이 책의 권위는 하루아침에 거품처럼 가라앉고 말 것입니다. 결론부터 말하면 대륙고구려, 대륙백제, 대륙신라는 허구이고 망상입니다.

『아! 고구려』는 2004년 서토가 동북공정을 일으키는 과정에서 발간되는 바람에 유명세를 타고 일정한 역할을 하였음에 자부심을 느낍니다. 그러나 역사 강역을 비정하는 데서는 부분적으로 실패한 책입니다. 먼저 고구려의 출발점을 『삼국사기』가 말한 대로 지금의 요하 내지 대릉하 근처인 북진 의무려산으로 보고 단군조선과 고구려 평양성의 위치를 추정한 것은 맞았습니다.

그러나 한반도에 존재하는 백제를 인정하면서도 본류 백제의 위치를 지금의 산동반도와 하남성으로 본 것은 명백한 오류입니다. 물론 백제의 전성기 때 백제가 지금의 중국 동해안을 차지한 것은 서토 25사인 『송서』, 『남제서』,『당서』등에서도 자세히 나와 있는 바이기 때문에 오류가 있을 것은 없지만, 백제의 본류가 대륙에 있었다고 하는 것은 잘못된 학설입니다.

또한 오재성 선생의『밝혀질 우리 역사』에 나오는 동신라(한반도) 서신라(중국 대륙) 학설과 박창범 교수의『하늘에 새긴 우리 역사』에 나오는 천문 관측을 통한 초기 신라 양자강 이남설 및 후기 신라 한반도설은 잘못된 학설입니다. 그리고 정용석 선생의『고구려 백제 신라는 한반도에 없었다』에 나오는 기상학적 자료 분석을 통한 대륙삼국설 또한 명백한 오류입니다.

저는 이와 같은『아! 고구려』의 오류를 인정하고 2005년『아! 대륙백제 만주신라』를 발간하여 저의 잘못된 학설을 고쳤습니다. 그런데 느닷없이 2010년 김태영 선생님의『선도체험기』가『아! 고구려』의 잘못된 학설을 인용하여 대륙고구려, 대륙백제, 대륙신라를 일부 언급하고 있습니다. 이것은 매우 놀라운 일로서 저의 입장을 밝히지 않을 수가 없습니다.

존경하올 김태영 선생님.

『선도체험기』는 세계의 선도 역사상 유일무이한 위대한 책입니다. 이 책은 '생명의 실상'을 다루는 책이긴 하지만 시사 문제나 역사 문제를 주요 이슈로 다루고 있는 책입니다. 지금까지 큰 오류나 문제점 없이 스테디셀러로 꾸준한 독자층을 가지고 있는 책입니다. 그런데 이 책에서 최근 경천동지할 역사적 사실을 다루고 있는 것은 큰 문제입니다.

즉『선도체험기』가 대륙고구려, 대륙백제, 대륙신라를 다루고 있다는 것은 보통 문제가 아닙니다. 현재 서토인들은 동북공정(사실은 동북공작)을 한창 진행 중인 상황이고 왜토인들은 독도를 자기네 땅이라고 우기는 전대미문의 위기에 몰려 있는 시기입니다. 한편 한국의 강단 사학자들은 식민 사학과 중화 사학에 정신이 팔려 나라의 역사가 백척간두의 위기에 처한 상황입니다.

지금 현재 이른바 재야 사학자들만이 겨우 우리 역사의 실상을 일부 바르게 세우고 있는 실정이고 그 중심에 자의든 타의든 김태영 선생님과 『다물』, 『선도체험기』, 『소설 단군』, 『소설 한단고기』 등이 서 있습니다. 그런데 『선도체험기』에서 이른바 대륙고구려, 대륙백제, 대륙신라를 다루니 이 일을 어찌해야 합니까? 저로서는 기가 막혀 말이 나오지 않습니다.

지금까지 선생님은 『한단고기』, 『만주원류고』, 『요사』 「지리지」, 『원사』 「지리지」 등 만주 사람들이 만주를 중심으로 쓴 우리 역사의 줄기를 제대로 잡고 계셨습니다. 그리고 그 줄기와 열매가 서지학적으로, 고고학적으로 제대로 자리를 잡아가고 있는 상황입니다. 그런데 이제 와서 이중재 씨의 『상고사의 새 발견』과 이병화 씨의 『대륙에서 8600년 반도에서 600년』이란 학설에 경도되고 있다니! 이 얼마나 안타까운 일입니까?

선생님이 그간 쌓아 놓으신 공적을 이렇게 한꺼번에 무너뜨려 버릴 수 있습니까? 대륙고구려, 대륙백제, 대륙신라가 절대로 성립할 수 없는 이유를 나름대로 정리해서 보내니 참고하시기 바랍니다. 이번 지면에서는 만주에서 벌어지고 있는 고고학적 성과를 중심으로 해서 보내고 다음번에는 서토 25사를 인용해서 보내겠습니다.

(아래의 글은 경향신문 이기환 선임기자가 국내의 대표적 고고학자 6여 명과 만주 현지에서 〈코리안 루트를 찾아서〉라는 시리즈물로 편찬한 것을 필자 허성정의 입장에서 다시 정리한 글입니다.)

동이족의 중심 무대였던 만주와 한반도에서는 세계 4대 문명이라는 황하 문명을 1000년 이상이나 앞서는 문화층이 고고학적으로 발굴되어 세계를 놀라게 하고 있습니다. 지금 한강을 건너 대동강을 건너 압록강을 건너 요하를 건너면 대릉하를 만나게 되는데, 이곳 주변에서는 세계를 깜짝 놀라게 하는 문화층이 나타납니다. 이것이 이른바 요하 문명(배달국 / 단군조선 문명)입니다!

요하와 대릉하에서 발굴되는 고고학적 유물을 통해 우리가 알 수 있는 것은 배달국과 단군조선의 실체입니다. 『한단고기』에서 말하는 BC 3898년의 배달국과 BC 2333년의 단군조선은 고고학적으로 역사적 사실이었습니다. 과연 『한단고기』가 기록한 1565년의 배달국과 2096년의 단군조선은 고고학적 유물을 통해 사실로 확인되고 있는 것입니다.

1980년을 전후로 중국 고고학계는 그들의 표현處럼 충격의 상황으로 빠져들었다고 합니다. '중국 문명 = 황하 문명'이라는 중화주의를 고수했지만, 더는 그런 주장을 할 수 없게 되었기 때문입니다. 한낱 오랑캐(동이東夷)의 영역으로 폄훼했던 발해만 일대에서 황하 문명보다 1000년이나 앞서는 문명이 존재했다는 사실이 속속 밝혀졌으니 말입니다.

서토인들의 '용 신앙'이 중원이 아닌 만주 대릉하 상류의 동이족 본거지에서, 그것도 BC 5600년의 사해査海 유적에서 '용 형상의 돌무더기' 형태로 확인된 것은 충격입니다. 또한 사해 유적과 동시대인 흥륭와興隆窪 유적에서는 요즘의 전원주택단지와 같은 주거 유적이 발견되었습니다. 서토인들은 만주의 사해 유적과 흥륭와 유적의 이름을 각각 '중화 제1촌', '중화 시조의 취락'이라고 하는 엉뚱한 역사 갈취 행위를 하고 있는 형편입니다.

만주의 사해 유적과 흥륭와 유적은 『한단고기』의 배달국에 해당하는 홍산 문화紅山文化(BC 4500~BC 3000년)의 원형입니다. 요녕성 조양시의 건평과 능원에 있는 우하량牛河梁 유적은 무덤, 제단, 신전 등 고대 사회의 3요소를 두루 갖추고 있습니다. 단군조선 문화에 해당하는 하가점 하층 문화(BC 2000~BC 1200년)인 적봉赤峰의 삼좌점三座店과 성자산城子山에서는 엄청난 규모의 석성, 돌무덤 떼, 제단, 주거지 등이 발굴되었는데 이것은 이 당시 이미 고대 국가가 형성되었다는 것을 의미합니다.

사해 문화와 홍륭와 유적에서 확인된 '갈지之 자와 사람인人 자 빗살무늬 토기'는 우리 신석기 문화의 전형적인 유물입니다. 또한 영생불멸의 상징인 옥결玉珠(옥귀고리)은 사해 문화와 홍륭와 유적부터 배달국의 홍산 문화까지 도배하다시피 되어 있습니다. 옥결은 최근 한반도 동해안 고성 문암리(BC 6000년)에서도 나왔습니다. 엄청난 규모의 돌무덤과 제단 및 신전 가운데 석관묘, 석실분, 적석총 등 돌무덤은 고구려, 백제, 신라 등 우리 민족의 고유 묘제입니다.

배달국의 문화가 확실한 홍산 문화의 대표 유적인 '우하량牛河梁'에서는 수장酋將의 것으로 보이는 큰 적석총과 27개의 석관묘가 확인되었습니다. 우하량 유적 바로 곁에 있는 직경이 100m가 넘는, 돌로 쌓은 대형 피라미드(금자탑)는 바로 압록강 집안의 12,000기에 달하는 고구려 적석총의 원형임을 말할 필요도 없습니다. 또한 요동반도와 황해도 및 대동강 평양에서 발굴되고 있는 수천 기의 낙랑식 백제 고분과 맥을 같이합니다.

또한 우하량 유적에는 조상신과 하늘에 제사 지낸 원형 제단이 발견되었습니다. 우하량 인근 구릉에서는 지모신 신앙의 상징인 여신묘와 여신상이 각각 확인되었습니다. 이런 여신상은 요하를 거쳐 요동반도와 한반도에서도 두루 보이는 유물 유적입니다. 또한 적봉의 삼좌점三座店과 성자산城子山에서 확인한 석성과 제사유구 주거지 등은 우리 고유의 축성술과 같은 것입니다.

하가점 하층 문화(단군조선 문화)인 삼좌점 석성은 확인된 치雉만 13개나 되는 견고한 석성입니다. 치는 고구려 석성에서 전형적으로 나타나는 축성술입니다. 성자산 역시 '고국古國'이 존재했던 곳이라는 평가를 들을 정도로 엄청난 규모를 자랑합니다. 이 유적들은 전제 권력을 갖춘 국가였음을 나타내는 것으로서 『한단고기』에서 말하는 단군조선의 존재를 고고학적으로 증명하는 것입니다.

즉 확인된 치만 13개나 되는 어마어마한 적봉의 삼좌점 석성은 BC 2000

~ BC 1200년의 것으로『한단고기』의 단군조선과 연대가 일치합니다. 『한단고기』위서론이 회자되는 시점에서 대단한 일이 아닐 수 없습니다. 그 단군조선이 고구려와 백제라는 쌍둥이 국가를 낳았고 그것을 계승한 유적 유물들이 현재 압록강에 12,000기의 고구려 유물로 남아 있습니다. 또 대동강, 평양과 황해도에 수천 기에 달하는 낙랑 유물(백제)로 남아 있습니다.

서토인 소병기는 이렇게 말했습니다. 그는 "홍산紅山 문화와 하가점夏家店 문화는 고국古國 → 방국邦國 → 제국帝國으로 발전하는 전형적인 모습을 보여 주고 있다"면서 "이것은 중국 문명과 국가 형성의 기원 형태를 단적으로 알려 주고 있다"고 말하고 있습니다. 황하 문명보다 1000년이나 앞서는 요하 문명이 서토 문명의 기원인 이상 서토의 목표는 확실합니다. 그들의 이른바 동북공작을 계속 강도 높게 진행해 갈 것이 확실합니다.

서토는 1990년대 이후 '하상주夏商周 단대공정'을 실시, 전설상의 왕조였던 하, 은, 주를 역사 시대로 끌어올려 하나라의 건국 연대를 BC 2070년으로 확정해 버립니다. 하지만 세계 4대 인류 문명의 발상지에 속하는 황하 문명은 BC 3000년의 이집트나 메소포타미아 문명에 비해 여전히 1000년가량 뒤처진 상태라 '5000년 중국 역사'라고 하기에는 미흡했습니다.

서토는 이제 '전설상의 5제 시대'를 배달국과 단군조선의 문명인 만주의 이른바 '요하 문명'을 가지고 역사 시대로 끌어올리려고 하는 것입니다. 그들은 배달국과 단군조선의 문명이 확실한 요하 문명을 서토의 황제나 고양 씨의 역사로 갖다붙여 역사로 조작하고 있는 것입니다. 그러나 이 지역은 고조선과 고구려, 부여 등 우리 민족은 물론 선비, 거란, 말갈 등 서로 피를 나눴거나 이웃으로 지냈던 이른바 동이족의 역사 무대인 것입니다.

배달국과 단군조선의 요하 문명보다 1000년이나 뒤지는 황하 유역에 고구려의 평양성이 있었고 그 아래로 백제와 신라가 있었다는 주장은 참으로 황당한 주장입니다. 세계 4대 문명의 하나인 황하 문명이 배달국과 단군조선의 옛터인 만주의 요하 문명에서 꽃피워졌고, 그 유적 유물이 만주와 발해만과 한반도에서 어마어마한 규모로 발굴이 되고 있는 상황입니다.

이러한 시점에서 고구려, 백제, 신라가 황하와 양자강에 있었다는 주장은 참으로 어처구니없는 주장이 아닐 수 없습니다. 서토학계의 곽대순도 "상(은)나라 이전의 문화는 발해만에 있다(先商文化在渤海灣)"고 말함으로써 배달국과 단군조선의 문화가 발해만을 중심으로 만주와 한반도에 있었다는 것을 말하고 있습니다. 그러므로 삼한삼국의 위치는 결코 대륙이 될 수 없습니다.

다시 한 번 말씀드리지만 압록강 집안의 12,000기에 달하는 고구려의 적석총 돌무지 무덤은 요하 유역의 사해, 흥륭와, 적봉, 홍산, 우하량, 하가점, 삼좌점, 성자산 유적 등의 배달국 및 단군조선의 무덤을 직접적으로 계승한 피라미드식 적석총(돌무지) 무덤입니다. 이것은 고구려의 것이 확실합니다. 이 위대한 고구려의 유산은 세계문화유산으로 등재되어 있습니다.

그리고 요동반도와 대동강 평양 및 황해도에 흩어져 있는 수천 기에 달하는 낙랑 무덤과 유물 역시 배달국과 단군조선의 무덤 양식을 그대로 계승한 돌방무덤입니다. 이것은 400년 광개토대왕이 백제를 침탈하기 전까지의 전형적 백제 무덤 양식입니다. 이 아치형의 돌방무덤은 백제가 부여로 천도하여 세운 무령왕릉에 그대로 계승됩니다.

무엇보다도 경주를 보십시오. 불국사, 석굴암, 첨성대, 대왕암, 성덕대왕신종(에밀레종)... 무엇보다도 경주의 하고 많은 대릉들... 이 위대한 걸작품을 이름도 성도 들어 보지 못한 '탁라인'들이 세운 것이라고 주장한다는 것이 말이 되겠습니까. 혹은 대륙에 터 잡았던 신라인들이 유물과 유적을 가지고 한반도로 이동해 와서 가묘를 만들고 새로 세운 도시가 현재의 경주라는군요. 참으로 딱한 일이 아닙니까?

저 위대한 신라의 석굴암, 불국사, 첨성대, 대왕암을 어떻게 대륙에서 이동해 옵니까? 경주의 왕릉들에서 발견된 유물들과 왕관들을 보면 그 아름다

움과 예술성이 극치에 이릅니다. 그런데 그런 세계적인 명품들이 이름도 성도 들어 보지 못한 일개 제후국인 '탁라인'들이 만들었다는 것은 동서고금 있을 수 없는 일입니다. 역사 기록도 없고 상식에도 맞지 않습니다.

100만 명이 살았다는 경주의 집들이 어디 있느냐구요? 대리석으로 지은 집들이라 불에 강한 로마도 한때 네로 황제에 의해 불탔습니다. 목재 건물에 불과한 동양의 건물들은 한 방의 불에 모든 것이 끝장납니다. 한편 KBS 〈역사 스페셜〉에서 불타 버린 황룡사, 분황사, 반월성 터를 『삼국사기』, 『삼국유사』에 적힌 대로 찾아 3D영상으로 복원해서 방영한 것을 보지 못했습니까?

KBS 〈역사 스페셜〉에 나온 바에 따르면 선덕여왕이 반월성에서 첨성대를 내려다보는 각도까지 맞춰서 황룡사 및 분황사를 고증하는 것을 보았습니다. '탁라'라는 고구려 소속인지 백제 소속인지 신라 소속인지도 모르는 일개 제후국이 압록강 집안의 1만 2천 기에 달하는 피라미드식 적석총을 쌓고 대동강, 평양과 황해도에 수천 기에 달하는 돌방무덤을 건설하였다는 것이 말이 됩니까? 당대의 시기에 세계 5대 도시에 해당하는 불멸의 경주와 고래등 같은 대왕릉 및 수천 기에 달하는 석실고분을 건설하였다는 것이 말이 됩니까?

대왕암이나 석굴암 하나만 보더라도 그것은 국가적 재정을 투입하지 않고는 만들어 낼 수 없는 작품입니다. 선덕여왕 때 건설한 첨성대를 대륙에서 이동해 온 모조품이라니요! 그것을 모조해서 만들 수 없는 것이 과학의 상식입니다.

'한반도에 궁궐터라도 남아 있어야 한다. 대륙에는 고구려, 백제, 신라 것으로 보이는 궁궐터가 남아 있다.' 이것이 이병화 씨의 주장입니다. 경주에는 반월성터(신라)가 있고, 서울에는 풍납토성(백제)이 있고, 평양에는 안학궁터(백제, 고구려)가 있고, 개성에는 만월대터(고려)가 있습니다. 또 만주에

는 평양성으로 추정되는 궁궐터가 많이 남아 있습니다.(요양, 심양, 개원, 합이빈)

뭐가 없다는 말입니까? 우리나라에 2000년 동안 5개의 왕조사가 있었다면 서토에는 25개의 왕조사가 있었습니다. 그렇다면 서토의 25개 왕조가 자리잡은 곳에 줄잡아 수천 명의 왕들과 처첩비빈들이 있었을 것인데 그 왕릉들이 모두 어디 있습니까? 25개 왕조들이 건설한 왕궁들은 모두 남아 있습니까? 어림도 없는 얘기지요.

이병화 씨가 대륙에서 본 궁궐터는 서토 25개 왕조들이 건설한 것일 뿐입니다. 오재성 씨가 지명을 가지고 대륙신라와 대륙백제를 말하고 있는데 그것이 말이 됩니까? 그것은 마치 서토의 북경이 대한민국의 서울 북쪽에 있어서 현재의 베이징(북경)이 되었고, 왜토의 동경이 대한민국 서울의 동쪽에 붙어 있어서 도쿄(동경)가 되었다는 말과 같은 황당한 얘기일 뿐입니다!

서울에는 마산 아구찜이 수백 군데 있습니다. 그런다고 서울이 마산(경상남도)이 될 수 있습니까? 서울에는 파리바게트라는 빵집이 수백 군데 있습니다. 그런다고 서울이 파리(프랑스)가 될 수 있습니까? 마찬가지로 『삼국사기』, 『삼국유사』에서 서토와 같은 대륙 지명이 많이 나온다고 해서 고구려, 백제, 신라가 대륙에 있었다는 것은 말이 될 수 없습니다.

이것은 마치 대한민국 거리에 걸려 있는 간판 70% 가까이가 외국 이름이라는 것에서도 그 설명이 가능합니다. 우리는 대한민국에 살고 있는데 간판은 대부분 외국 이름으로 짓습니다. 일종의 유행이지요. 특히 상류 사회로 갈수록, 소득 수준이 높을수록, 심지어 관공서의 프로젝트 이름까지도 외국어로 짓는 경우가 많습니다. 현대자동차 차종 이름에 한국어는 하나도 없습니다.

『삼국사기』, 『삼국유사』에 대륙 지명들이 많이 나온다 하여 그것이 고구려, 백제, 신라가 대륙에 존재했을 것이라는 가정을 하는 것은 참으로 어리석은 짓이라는 것을 알아야 합니다. 한편 박창범 교수가 『하늘에 새긴 우리 역사』라는 책에서 백제, 신라의 일식 관측지가 산동반도와 양자강 이남이라 했는데, 그것도 얼마든지 서토의 천문기록을 베껴 올 수 있는 것입니다.

마지막으로 한말씀드립니다. 고궁에 제대로 가 보지 못한 저는 상상으로 생각한 조선왕조 500년의 궁궐이 참으로 어마어마한 것이라고 생각했습니다. 그리고 얼마 후 우연히 창경궁을 갔는데요. 당시 TV에서는 조선 숙종과 인현왕후와 장희빈을 소재로 한 드라마가 전개되고 있었습니다. 창경궁 뒤뜰을 지나다가 아담한 정자 하나를 발견하였지요.

가만히 내용을 읽어 보니 그 정자는 소위 숙종과 장희빈이 인현왕후를 젖혀 놓고 러브 스토리가 전개되었던 곳이었습니다. 그 글을 읽고 정자를 의미 있게 살펴보았는데 한마디로 아니더군요. 대조선의 숙종과 장희빈의 세기적 로망스가 전개된 장소가 요즘으로 말하면 10평짜리 아파트만도 되지 않더군요. 그 정자가 작기도 하거니와 정자를 둘러싼 난간 높이는 불과 30cm 정도밖에 되지 않았습니다. 현대인의 시각으로 보니 정말 유치하더군요.

거기서 저는 생각했습니다. 고대인들은 아무리 스케일이 커 봐야 우리 현대인들의 시각과는 비교가 되지 않는다는 것을 알았습니다. 고대인들이 제아무리 날고 기어 봐야 물산物産이 현대와 비교가 되지 않기 때문일 것입니다. 중국 청나라 서태후가 19세기 말에 지은 '이화원' 같은 곳의 인공산과 인공호수도 마찬가지입니다.

인공산과 인공호수를 만들기 위해 연인원 수백만 명이 동원되었지만 그런 정도의 인공산과 인공호수를 현재 시점에서 만들려면 포크레인 몇 대가 1년 정도 만 작업을 해도 그런 작품을 만들 수 있는 정도더군요. 그것이 고대인들의 궁궐터요 고대인들의 물산입니다. 이병화 선생이 한반도에서 고구려, 백제, 신라의 고궁 주춧돌도 못 찾는다는 말은 분명 어폐가 있는 낭설입니다.

여하튼 『선도체험기』가 허성정의 『아! 고구려』에 나오는 인용 서적을 모두 참조하여 대륙고구려, 대륙백제, 대륙신라를 주장하는 것은 참으로 오류라는 것을 다시 한 번 말씀드리는 바입니다. 다음 호에는 서토 25사에 나오는 기록들을 중심으로 대륙고구려, 대륙백제, 대륙신라의 부당성을 지적하도록 하겠습니다. 감사합니다.

2010년 4월 27일
허성정 올림

〈필자의 회답〉

"대륙삼국설은 오류입니다" 했는데 분명히 말하거니와 오류가 아니고 내가 보기에는 문헌 사학이 말하는 역사적 진실일 뿐입니다. 하긴 60년 동안 김일성 집단에게 세뇌를 당한 북한 주민들이 김일성을 하느님으로 받들고 북한을 지상 천국으로 맹신하는 것을 보면, 140년 동안이나 반도사관으로 세뇌를 받아 온 이 땅의 식자로서 반도사관에서 벗어나기가 그렇게 쉽지는 않을 것이라는 것은 이해가 갑니다.

나 역시 『다물』, 『소설 한단고기』, 『소설 단군』을 집필할 때까지만 해도 고구려, 백제, 신라, 고려의 대륙 경영 사실을 믿지 않았습니다. 단재 신채호, 위당 정인보, 백당 문정창, 임승국 선생 등 재야 사학자들이 주장하는 만주반도사관을 믿었습니다. 그래서 소설 『다물』의 무대가 겨우 북경과 만리장성 이북의 만주와 한반도, 연해주로 국한되어 있었습니다.

그러던 것이 최근에 경주에 가서 본 선덕여왕릉이 공동묘지 한구석에 아무렇게나 처박혀 있는 것을 보고 충격을 받고 이 책 저 책 뒤지다가 끝내 진실을 알게 되었습니다. 그 과정을 『선도체험기』 97권에 자세히 언급해 놓앉으니 새삼 이 자리에서 똑같은 말을 중언부언하지 않겠습니다.

그리고 허성정 씨는 삼공재에 두 번 찾아와서도 만주반도사관을 역설하시기에 내 나름으로는 입이 아플 정도로 알아듣게 설명을 했는데도 받아들이시지 않고, 이번에 이메일을 통해서 똑같은 주장을 되풀이하고 계시군요.

일제가 반도사관을 합리화하기 위해서『삼국사기』, 『삼국유사』, 『고려사』의 일부 지명들을 반도사관에 맞도록 고친 것을 빼놓으면 이들 세 가지 사서에서 한반도의 지명은 나오지 않습니다. 그것도 그럴 것이 이씨조선의 한양 천도 이전에 기록된 이들 사서들은 모두가 대륙에 살던 배달인들에 의해 대륙에서 써졌기 때문입니다.

그리고 최근 만주 지역에서 발굴되는 고고학적 유물에 대하여 많이 언급하고 계시는데 역사 기술에 있어서 고고학은 문헌 사학의 보조 역할을 할 뿐이라는 것을 명심하시기 바랍니다. 조선왕조 이전 역사 기록에는 만주 지역이 역사의 정면에 등장하지 않습니다. 그러니까 아무리 희한한 고고학적 유물이 발굴되어도 만주와 한반도는 단군조선, 고구려, 백제, 신라, 발해의 지방 제후들의 역사에 지나지 않습니다.

이조 말엽까지만 해도 한반도의 지명들은 한자화되지 않았습니다. 만주의 지명들은 명의 주원장에 의해 중국이 통일된 이후 그들이 살던 서토의 지명들을 옮겨온 것입니다. 광개토호태왕비도 일제의 조직적인 역사 날조 작업의 일환으로 대륙에서 옮겨 놓은 것으로 보입니다.

『삼국지』, 『수호지』, 『열국지』 같은 소설들은 명나라의 역사 날조 작업의 일환으로 제작된 것입니다. 부디 중국인의 구판 동북공정에 속지 마시기 바랍니다. 허성정 씨의 설득 정도로 대륙사관에 대한 내 생각은 바뀌지 않을 것입니다. 혹시 앞으로 이병화 씨 등의 논리를 뛰어넘는 학설이 나오면 어떻게 될지 모르지만, 지금은 아닙니다. 아직은 허성정 씨의 설득력이 턱없이 약하다는 것을 말씀드립니다.

그러니 앞으로 더이상 똑같은 말로 그 문제에 대하여 왈가왈부하지 않았으면 합니다. 이에 대하여 더 토론하고 싶으시면 이병화, 정용석, 이중재, 박창범, 오재성, 이일봉 같은 상고사 전공자들과 하시기 바랍니다.

대륙삼국설의 오류(2)
『사기』 '조선열전'을 중심으로

존경하올 스승님.

보내 주신 편지 잘 받아 보았습니다. 선생님의 글을 읽고 제 심정은 참으로 비통함에 잠겨 있습니다. '비통하다'는 말의 뜻을 이렇게 실감해 보기는 처음입니다. 제가 이 세상에서 가장 존경하고 이 나라와 이 지구촌에게 가장 존경받아야 할 김태영 선생님과 『선도체험기』가 어떻게 이렇게까지 추락할 수 있는가 하는 생각에 머리가 어지럽습니다.

선생님의 의식 세계는 지구촌과 우주를 향해 개방되어 있습니다. 생명의 실상에 관한 선생님의 구도정신과 선생님께서 개척해 놓으신 열린 세계에 관한 진리파지는 영원히 우리 지구인의 정신에 생명력을 불러일으킬 것입니다. 그런 선생님께서 허성정의 『아! 고구려』를 만난 이후 역사 문제에 관해 그렇게 급작스런 태도 변화를 하신 것은 도저히 이해할 수 없습니다.

모르긴 해도 허성정의 『아! 고구려』가 없었다면 선생님께서 이병화, 이중재, 정용석, 오재성, 박창범 같은 분들의 저서를 만날 확률은 적었을 것입니다. 저는 민족과 역사 앞에서 죄를 지은 심정입니다. 파사현정破邪顯正이란 정의감 넘치는 역사대의歷史大義 때문에 책을 냈다 하더라도 결국은 민족사를 오도하는 망필이 되고 만 저의 저서 『아! 고구려』. 2004년 『아! 고구려』를 내고서 얼마나 많은 사람들이 제 책을 읽고 방황해야 했는지! 그것을 생각하면 저는 지금도 고통스럽습니다.

그 고통 때문에 저는 배호영 유림출판사 사장님을 배신하고 2005년 『아! 대륙백제 만주신라』를 내었습니다. 배호영 사장님은 『아! 고구려』를 내는 데 최소한 수천만 원의 경비를 들이시고 그 대금의 절반도 회수하지 못한 상태였습니다. 배호영 사장님께는 죄송한 일이지만 어쩔 수 없었습니다.

결국 제가 주장한 학설의 일부를 고치기 위해 『아! 대륙백제 만주신라』를 다시 쓴 것이지요. 글을 쓴다는 것이 얼마나 어려운 일이며 그 책임감이 얼마나 큰 것인지를 저는 그때도 지금도 깨닫고 있습니다. 정신세계에 관한 한 세계적 권위자이신 김태영 선생님 같은 위대한 정신 지도자도 어쭙잖은 재야 사학자가 쓴 몇 권의 책에 현혹되어 80년 공든 탑이 무너지고 있습니다.

존경하올 선생님, 이것은 마치 황진이가 홀린 교태에 홀려 30년 면벽한 지족선사가 결국 파계의 길로 갔던 불행한 사건을 연상케 합니다. 존경하올 선생님, 부디 충분한 검토와 확인 끝에 『선도체험기』 98권을 내시기 바랍니다. 『선도체험기』 97권에서 이른바 '대륙삼국설'을 주장하신 것은 그런대로 원론적 얘기를 한 것이라서 이해할 수 있습니다.

그러나 『선도체험기』 98권에서 '대륙삼국설'을 본격적으로 다루신다면 선생님께서 평생 쌓아 놓으신 공적과 『선도체험기』의 권위는 엄청난 타격을 입고 비틀거릴 것이 확실합니다. 김태영 선생님과 『선도체험기』는 희화화될 것이고 『선도체험기』에 등장하는 생명의 실상에 관한 수많은 체험들마저 그야말로 '소설' 같은 엉터리로 매도되지 않겠습니까?

논리적으로 합당하고 과학적으로 타당하다는 판단이 섰을 때 그때 정리된 학설을 발표하는 것이 순리일 것입니다. 부디 말씀드리지만 『선도체험기』 98권에서 '대륙삼국설'을 주장하는 것은 성급합니다. 간단한 예로 고구려 평양성이 섬서성 서안이라면 수나라 200만 대군 중 수만 명이 바다를 건너 수군水軍으로 평양성을 공격하러 갔는데 섬서성 서안에 바다가 있습니까?

중국 대륙 한복판인 섬서성 서안이 고구려 평양성이라면 그 평양성을 공격하는 데 수나라는 수군水軍이 왜 필요하며 또 왜 바다를 건너야 하는 것입니까? '황하가 넓고 큰 강이니 바다로 기록했다.' 이런 논리로는 안 됩니다. 분명히 당나라는 서쪽에 있고 고구려는 동쪽에 있었습니다. 그렇다면 고구려 평양성이 섬서성 서안이니 당나라는 최소한 신강성, 청해성, 감숙성 쪽에서 섬서성 서안으로 쳐들어와야 합니다. 그곳에 바다는 절대로 없습니다.

다음으로 중국 대륙 한복판인 섬서성 서안이 고구려 평양성이라면 당나라 수도 장안은 어디에 있었다는 것입니까? 모든 역사 기록들이 당나라 수도인 장안에서 5~6천 리 건너에 고구려 평양성이 있다고 기록하고 있습니다. 섬서성 서안이 고구려 평양성이라면 당나라 장안은 서쪽 감숙성과 청해성을 건너 신강위구르자치구를 건너서 중앙아시아 사막에 있었습니다. 기후 변화가 아무리 있다 해도 그곳은 옛날이나 지금이나 사막입니다.

당나라 장안성이 사막에 있었습니까? 5~6천 리를 과장되었다 치더라도 말입니다. 지금 이병화 선생이 주장하는 바에 의하면 고구려 평양성을 섬서성 서안으로 보고, 당나라 위치를 감숙성이나 청해성이나 신강성 위구르자치구 정도에 배치해 놓고 있습니다. 『당서』, 『자치통감』 등을 보면 당시 청해성이나 신강성에는 위구르인 외에도 여러 종족이 있었고, 그곳을 백제 출신의 흑치상지가 당나라 장수 자격으로 쳐들어가 공적을 세우기도 합니다.

한편 『수서』, 『당서』, 『삼국사기』 등을 읽어 보십시오. 수나라 당나라 수군은 산동성 등주에서 바다를 건너 고구려 평양성이 있는 요녕성 요양으로 쳐들어가고 있습니다. 그러니 도대체 백제가 산동성을 차지하고 있다고 하는 것도 아예 말이 되지 않습니다. 려수전쟁, 려당전쟁의 전황 기록은 정사인 『수서』, 『당서』, 『삼국사기』에만 기록되어 있는 것이 아니라 『통전』, 『자치통감』, 『한단고기』 등에도 너무나 확실히 기록되어 있습니다.

려수전쟁과 려당전쟁의 전황은 너무도 꼼꼼히 전황과 작전 상황을 기록하고 있기 때문에 거짓이 끼어들 여지가 없습니다. 즉 수나라, 당나라 수군은 하남성, 절강성 등에서 모든 물산을 조달하여 산동성 등주로 집결시켜 바다를 건너 요녕성 요양의 평양성을 향해 진군합니다. 물산 조달과 진군 루트가 너무도 확연합니다. 그런데도 백제가 하남성에 수도를 둘 수 있습니까?

또 지금의 북경 근처 역현에 육군을 집결시켜 고구려를 점령해 가는 과정이 여러 지명과 함께 너무나 자세히 담겨 있기 때문에 지명을 조작할 수가 없습니다. 지명 하나를 조작하면 모든 전후좌우의 지명에 모순이 생깁니다. 그러면 전황에 나오는 작전도 모두 틀리게 되어 있습니다. 그러므로 전황에 나오는 지명은 모두 사실이며 위작이 들어갈 수가 원천적으로 없는 것입니다. 수나라, 당나라가 고구려 평양성을 진격한 곳은 만주가 확실합니다.

그러므로 고구려 평양성이 섬서성 서안이라고 하는 것은 참으로 꿈같은 얘기이며 한낱 우스갯소리가 아닐 수 없습니다. 세계적 웃음거리입니다. 이 학설을 주장하는 이중재 씨와 이병화 씨는 재야 사학계의 최대 이단아들입니다. 이 사람들로 인해 재야 사학자들은 도매금으로 미치광이 취급을 당하고 있습니다. 그런데 『선도체험기』와 김태영 선생님이 그런 학설에 귀를 기울이다니! 이런 낭패가 어디 있습니까!

다음은 고구려를 배신하고 결국 고구려를 망하게 한 연개소문의 장남 연남생 묘지가 지금의 하남성 북망산에서 그의 아들 연헌성 묘비명과 함께 발굴되었습니다. 그렇다면 하남성 북망산이 백제 땅이니 그들을 왜 백제의 고토 하남성 북망산에 묻었습니까? 당연히 당나라 수도가 있는 감숙성과 청해성이나 신강위구르자치구에 있는 당나라 장안성에 묻어야 하지 않겠습니까? 그들은 왜 백제 땅 하남성 북망산에 묻혀 있습니까?

한편 고구려 평양성을 마지막까지 사수하다 항복하고 당나라로 끌려간 연개소문의 셋째 아들 연남산 묘지명도 하남성 북망산에서 발견되었습니다. 연남산은 고구려 평양성에서 마지막까지 저항하다 당나라 장안성으로 끌려간 인물이기 때문에 역시 당나라 장안성이 있는 감숙성, 청해성, 신강성 근처에 묻혀 있어야 합니다. 그런데 그의 묘지명도 하남성 북망산 당나라의 국립묘지에서 발견되었습니다. 섬서성 서안은 고구려 평양성이 될 수 없습니다.

또 백제의 항복 장수인 흑치상지는 당나라로 가서 지금의 사천성, 청해성, 신강성의 적들을 무찌르고 크게 출세합니다. 흑치상지 묘지명도 역시 하남성 북망산에서 출토되었습니다. 이병화 씨의 학설에 따르면 그는 당연히 당나라 장안성이 있는 감숙성이나 청해성이나 신강성 근처에 묻혀 있어야 합니다. 당나라 사람들은 왜 흑치상지를 당나라 땅에 묻지 않고 옛 백제 땅인 하남성 북망산에 묻습니까?

한편 하남성 북망산에는 현재 고구려 항복 유민 주요 인사 15여 명의 묘비명이 발견되었고, 수나라 당나라 고위 관직에 있었던 수백 명의 묘비명이 발견되었습니다. 수나라, 당나라 고위 관직자들의 국립묘지가 하남성 북망산입니다. 그곳에 백제가 있었던 곳이라 주장하면 당연히 엉뚱한 사람으로 취급받지요. 수나라, 당나라 국립묘지를 백제의 수도로 착각하고 있는 이중재, 이병화 씨들! 참으로 정신 차려야 합니다.

존경하올 선생님, 역사는 상식이고 과학입니다. 대륙삼국이 차지한 자리는 서토인들의 역사가 자리한 곳입니다. 부디 중심을 잡으시기 바랍니다. 역사는 역사 전문가들의 견해를 참고해야 합니다. 몇 사람의 학설에 신빙성이 간다고 하여 충분한 검토와 확인도 하지 않고 새로운 학설을 주장한다는 것은 선생님의 『선도체험기』에서 주장하신 내용과 일치하지 않습니다.

선생님의 연세로 보나 경륜으로 보나 선생님이 정신세계에서 차지하고 있는 비중으로 보나 선생님은 가볍게 말씀하셔도 아니 되고 더더구나 행동을 빠르게 하셔서도 안 됩니다. 충언역어이이어행(忠言逆於耳利於行)이라고 했습니다. 양약고어구이어병(良藥苦於口利於病)이라 했습니다. 부디 제자인 저의 충언을 허성정 개인의 욕심으로 드리는 말씀이라 생각지 말아 주십시오.

선생님께서는 『선도체험기』에서 욕속부달이라는 진리의 말씀을 수도 없이 하셨습니다. 선생님은 지금 오류의 길로 가고 계시고 마음이 급하십니다. 급한 마음은 욕심에서 기인한다고 선생님이 수없이 강조하셨습니다. 역사에 관한 새로운 이정표를 제시해 놓고야 말겠다고 하는 선생님의 거룩한 마음! 그것도 다른 의미에서는 욕심일 수밖에 없습니다.

욕심은 반드시 오류를 범하고 파멸을 야기시킵니다. 그것이 선생님이 『선도체험기』에서 주장하시는 내용입니다. 선생님께서 선생님의 '대륙삼국설'이 진정으로 사실일 것으로 믿으신다면 『선도체험기』 98권에서는 결코 다루어서는 아니 될 것입니다. 보다 면밀히 검토하고 보다 주변을 잘 정리해서 다루시길 바랍니다.

왜냐하면 『선도체험기』는 선생님 개인의 저서이기도 하지만 이제는 『선도체험기』가 이미 많은 사람들의 구도서로서의 역할을 하고 있기 때문입니다. 그런 의미에서 『선도체험기』는 생명의 실상을 밝히는 인류공영의 공동 저서가 되어야 합니다. 그랬을 때만이 더 많은 생명력을 가지고 인류를 위해 많은 봉사를 할 수 있기 때문입니다.

논리와 과학에서 한참 밀리는, 더구나 검정된 것이라고는 아무것도 없는 '대륙삼국설'로 『선도체험기』의 권위를 떨어뜨릴 수는 없습니다. 우리가 객관적인 눈으로 볼 때 '대륙삼국설'은 너무나 모순점이 많고 비과학적이고 비논리적입니다. 부디 저의 충언을 참고하시어 천천히 멀리 가시기 바랍니다. 부디 선생님께서 필생 동안 쌓아 오신 업적을 헛되게 하지 않기를 바랍니다.

그리고 선생님, 어제 써 보낸, 황하보다 1000년이나 앞서는 배달국과 단군조선의 '요하 문명'은 『한단고기』, 『사기』, 『한서』, 『후한서』, 『삼국지』, 『진서』 등의 문헌 사학을 완벽히 고증하는 물증입니다. 서지학적 증거와 고고학적 물증이 완벽히 조화를 이루고 있습니다. 부디 중심을 잡으시고 이병화 씨와 이중재 씨의 요사스런 학설에 휘둘리지 않기를 바랍니다.

아래의 글은『사기』'조선열전'의 원문에 주석을 붙인 글들입니다.『사기』의 주석서들은 모두 조선의 왕검성과 고구려의 평양성과 패수가 모두 만주(창려, 요동, 발해)에 있었음을 역설하고 있습니다. 동서양을 막론하고 최고의 권위를 자랑하는 역사서 중의 하나가『사기』입니다.『사기』다음으로는『한서』,『후한서』,『삼국지』,『진서』등 25사 전부를 훑어보아도 단군조선과 위만조선, 그 뒤를 이은 고구려가 대륙에 있었다는 증거를 찾을 수는 없습니다.

『사기』는 중국 전한前漢의 사마천이 상고 시대의 황제로부터 한나라 무제까지의 중국과 그 주변 민족의 역사를 포괄하여 저술한 통사입니다. 역대 중국 정사의 모범이 된 기전체紀傳體의 효시로서 본기本紀 12편, 세가世家 30편, 서書 8편, 표表 10편, 열전列傳 70편, 총 130편으로 구성되어 있습니다.『사기』에는 '조선열전'이 기록되어 있는데 위만조선의 위치가 지금의 북경과 만리장성 근처임을 증명하고 있습니다.

朝鮮列傳卷一百一十五
[集解: 張晏曰朝鮮有濕水洌水汕水, 三水合爲洌水, 疑樂浪朝鮮取名於此也.]
[索隱: 案朝音潮, 直驕反, 鮮音仙, 以有汕水, 故名也, 汕一音訕.]

조선열전 제115권
[집해: 장안이 말하기를 조선에는 습수, 열수, 선수가 있는데 3가지 물길이 합하여 열수가 되니, 낙랑과 조선의 이름은 그것을 취한 것이 아닌가 한다.]
[색은: 朝(조)의 음은 潮(조)요 鮮(선)의 음은 仙(선)이다. 汕水(산수)가 있

으므로 그 이름을 붙인 것이다. 汕(산)의 소리는 訕(산)과 같다.]

朝鮮[正義: 潮仙二音. 括地志云高驪都平壤城, 本漢樂浪郡王險城,
又古云朝鮮地也.] 王滿者, 故燕人也[索隱: 案漢書, 滿, 燕人, 姓衛,
擊破朝鮮而自王之.] 自始全燕時[索隱: 始全燕時, 謂六國燕方全盛之
時.] 嘗略屬眞番[集解: 徐廣曰一作莫, 遼東有番汗縣, 番音普寒反.]
[索隱: 徐氏據地理志而知也. 番音潘, 又音盤. 汗音寒.] 朝鮮[索隱:
如淳云燕嘗略二國以屬己也. 應劭云玄菟本眞番國.] 爲置吏 築鄣塞.

조선 [정의: 조선潮仙의 두 음이다. 『괄지지』에서 말하길 고구려는 도읍이
평양성이며 본래 한나라 낙랑군 왕검성이다. 또 예부터 말하기를 조선땅이라
한다.] 왕 만은 연나라 사람이다. [색은:『한서』에 '만'은 연나라 사람이며 성
은 위씨로 조선을 쳐서 스스로 왕이라 했다.] 처음 연나라가 전성기 때부터
[색은: '始全燕時'라 함은 '6국' 시대에 연나라의 전성기를 말한다.] 진번과 조
선을 공략하여 복속시키고 [집해: 서광이 말하기를 진번을 진막으로 쓰기도
한다. 요동에 번한현이 있다. 番(번)의 음은 普(보)와 寒(한)을 반절한 것이
다.] [색은: 서광은 지리지에 근거하여 알았다. 番(번)의 음은 潘(번) 또는 盤
(반)이다. 汗(한)의 음은 寒(한)이다.] [색은: '여순'이 말하기를 연나라가 두
나라를 공략하여 복속시켰다. '응소'가 말하기를 현도는 본래 '진번국'이다.]
관리를 두고 장새를 쌓았다.

秦滅燕, 屬遼東外徼. 漢興, 爲其遠難守, 復修遼東故塞, 至浿水爲
界[集解: 漢書音義曰 浿音傍沛反.] [索隱: 浿音旁沛反.] [正義: 地理
志云 浿水出遼東塞外, 西南至樂浪縣西入海. 浿普大反.] 屬燕. 燕王
盧綰反, 入匈奴, 滿亡命[正義: 命謂敎令.] 聚黨千餘人, 魋結蠻夷服

而東走出塞, 渡浿水, 居秦故空地上下鄣[索隱: 案地理志樂浪有雲鄣.]
稍役屬眞番朝鮮蠻夷及故燕齊亡命者王之, 都王險[集解: 徐廣曰昌黎
有險瀆縣也.] [索隱: 韋昭云古邑名. 徐廣曰昌黎有險瀆縣. 應劭注地
理志遼東險瀆縣, 朝鮮王舊都. 臣瓚云王險城在樂浪郡浿水之東也.]

진나라가 연나라를 멸하자 요동 밖에 귀속시켰다. 한나라가 일어서자 그
곳이 멀고 지키기 어려워 요동의 옛 요새를 고치니 경계가 패수로 [집해:『한
서』'음의'에 浿(패)의 음은 傍(방)과 沛(패)를 반절한 음이다.] [색은: 浿(패)
는 傍(방)과 沛(패)의 반절음이다.] [정의: 지리지에 '패수'는 요동의 요새 밖
에서 나오며 서남으로 흘러 낙랑현 서쪽에 이르러 바다로 들어간다.] 연나라
에 속한다. 연왕 노관이 반하여 흉노로 도망가고 '만'이 명령을 버리고 [정
의: 명命은 교령敎令이라 한다.] 그 무리 천여 명과 상투를 틀고 '만이'의 복식
으로 바꾸고 동쪽으로 달아나 요새를 벗어났다. 패수를 건너 진나라의 옛
공지인 '상하장' 땅에 살다가 [색은: 지리지에 보면 낙랑에 '운장'이 있다.] 차
츰 진번과 조선에 속하게 되고 만이 연나라, 제나라의 망명자들의 왕이 되
어 '왕검'에 도읍을 하였다. [집해: 서광이 말하기를 창려에 '험독현'이 있다.]
[색은: 위소가 이르기를 왕검은 옛 도읍 이름이다. 서광이 이르기를 창려에
험독현이 있다고 하였다. 응소가 주注하기를 지리지에서 요동에 험독현이 있
으며 조선왕의 옛 도읍이라 했다. 신찬이 말하기를 왕검성은 낙랑군 패수 동
쪽에 있다.]

會孝惠高后時天下初定, 遼東太守卽約滿爲外臣, 保塞外蠻夷, 無
使盜邊, 諸蠻夷君長欲入見天子, 勿得禁止. 以聞, 上許之, 以故滿得
兵威財物侵降其旁小邑, 眞番臨屯[索隱: 東夷小國, 後以爲郡.] 皆來
服屬, 方數千里[正義: 括地志云朝鮮高驪貊東沃沮五國之地, 國東西

千三百里, 南北二千里, 在京師東, 東至大海四百里, 北至營州界九百

二十里, 南至新羅國六百里, 北至靺鞨國千四百里.]

한 효혜제와 고후(여태후) 시기에 천하가 처음으로 안정이 되자 요동태수가 곧 만滿과 외신外臣의 약조를 맺어 요새 밖 만이를 보호해 변경을 도적질하지 않게 하고, 여러 만이 군장들이 천자를 알현하고자 하면 금지하지 않기로 하였다. 이를 보고하여 천자가 허락하였다. 이리하여 '만'이 병사와 재물을 얻어 그곳의 작은 지역을 침략하여 항복받으니 '진번', '임둔' [색은: 동이의 작은 나라로 후에 '군郡'이 되었다.]이 모두와 복속하여 사방 수천 리에 달했다. [정의: 『괄지지』에 조선, 고려, 맥, 동옥저 5국의 지역은 동서 1천 3백 리, 남북 2천 리이며, 경사京師의 동에 있으며, 동으로 400리에 큰 바다가 있고, 북으로 '영주'에 이르러 920리가 경계이며, 남으로 '신라국' 600리, 북으로 '말갈국' 1천4백 리이다.]

傳子至孫右渠[正義: 其孫名也.] 所誘漢亡人滋多, 又未嘗入見. 眞番旁衆國欲上書見天子, 又擁閼不通. 元封二年, 漢使涉何譙諭[索隱: 說文云, 譙, 讓也. 諭, 曉也. 譙音才笑反.] 右渠, 終不肯奉詔. 何去至界上, 臨浿水, 使御刺殺送何者[索隱: 卽送何之御也.] 朝鮮裨王長[正義: 顏師古云長者, 裨王名也. 送何至浿水, 何因刺殺. 按裨王及將士長, 恐顏非也.] 卽渡, 馳入塞[正義: 入平州楡林關也.] 遂歸報天子曰殺朝鮮將. 上爲其名美[索隱: 有殺將之美名.] 卽不詰, 拜何爲遼東東部都尉 [正義: 地理志云遼東郡武次縣, 東部都尉所理也.] 朝鮮怨何, 發兵襲攻殺何.

아들을 거쳐 손자 우거[정의: 그 손자의 이름이다.]에 이르러 유입된 한나라 망명인들이 점차 많아졌다. 또한 일찍이 알현하지도 않았다. 진번 주변 여러 나라가 상서하여 천자를 알현하고자 하면 또 막아 통하지 못하게 했다. 원봉 2년 한나라 사신 섭하[색은: 설문에 '초譙'는 꾸짖다, 유諭는 타이르다는 의미라 했다. '초譙'의 음은 才(재)와 笑(소)를 반절한 것이다.]가 우거를 꾸짖고 타일렀으나 끝내 조서를 받들지 않았다. 섭하가 돌아가는 길에 국경인 '패수'에 이르니 마부를 시켜 섭하를 전송하는 재[색은: 즉 섭하를 전송하는 자의 마부이다.] 조선 비왕 '장長'[정의: 안사고가 이르기를 '장長'은 비왕의 이름이며 섭하를 보내러 나왔다가 섭하로 인해 죽었다. 살피건대 비왕이 장수인 장長이라 하나, 추측하건대 안사고가 틀렸다.]을 찔러 죽이게 했다. 곧 패수를 건너 요새로 달려 들어갔다. [정의: 들어간 곳이 평주 유림관이다.] 드디어 돌아가 천자에게 '조선의 장수를 죽였다'고 보고했다. 상(천자)는 그 명분이 훌륭하다고 여겨 [색은: 장수를 죽인 훌륭한 명분이 있다.] 힐책하지 않고 섭하를 '요동 동부도위'에 임명하였다. [정의: '지리지'에 요동군 무차현은 동부도위가 다스린다.] 조선이 섭하에게 원한을 품고 병사를 일으켜 습격하여 섭하를 죽여 버렸다.

天子募罪人擊朝鮮. 其秋, 遣樓船將軍楊僕從齊浮渤海兵五萬人, 左將軍荀彘出遼東討右渠. 右渠發兵距險. 左將軍卒正多率遼東兵先縱, 敗散, 多還走, 坐法斬. 樓船將軍將齊兵七千人先至王險. 右渠城守, 窺知樓船軍少, 卽出城擊樓船, 樓船軍敗散走. 將軍楊僕失其衆, 遁山中十餘日, 稍求收散卒, 復聚. 左將軍擊朝鮮浿水西軍, 未能破自前.

천자가 죄인들을 모아 '조선'을 쳤다. 그해 가을 누선장군 '양복'을 보내어 '제齊(산동성)'를 따라 '발해'를 건너게 하였다. 병사가 오만이었다. 좌장군 '순체'는 요동으로 나가 '우거'를 쳤다. '우거'가 병사를 일으켜 험준한 곳에서 대항하였다. 좌장군의 졸정卒正 다多는 요동병사를 거느리고 먼저 진격했지만 패하여 흩어지고 다多만 도망왔으므로 법에 따라 죄를 물어 참수했다. 누선장군이 제나라 병사 7,000명을 이끌고 왕검성에 먼저 도착하니 '우거'가 성을 지키고 있다가 누선군의 규모가 작음을 보고 즉시 성을 나와 공격하니 누선군이 패하여 달아나고 장군 '양복'은 그 병사를 잃고 산속에서 10여 일을 숨어 지내며 패잔병을 수습했다. 좌장군이 조선의 '패수서군'을 공격했으나 능히 깨뜨리고 앞으로 나아가지 못했다.

天子爲兩將未有利, 乃使衛山因兵威往論右渠. 右渠見使者頓首謝, 願降, 恐兩將詐殺臣今見信節, 請服降. 遣太子入謝, 獻馬五千匹, 及饋軍糧. 人衆萬餘, 持兵, 方渡浿水, 使者及左將軍疑其爲變, 謂太子已服降, 宜命人毋持兵. 太子亦疑使者左將軍詐殺之, 遂不渡浿水復引歸. 山還報天子 天子誅山.

천자가 두 장군의 불리함을 보고 '위산'을 사신으로 보내어 '우거'에게 군세로 위협하여 달래었다. '우거'가 사신을 보내어 사죄하기를 "항복코자 하나 두 장군이 신하를 죽이려 함이 두려워 이제 믿음의 징표를 보이는 것이니 항복을 받아주시기 바랍니다" 하고 태자를 보내어 사죄를 하고 말 5000필과 군량을 보냈다. 백성 만여 명이 무기를 지니고 바야흐로 패수를 건너려 하니 사자와 좌장군은 이들이 변란을 일으킬까 의심하여 태자에게 이르기를 이미 항복했으니 사람들이 무기를 지니지 않도록 명하는 게 마땅하다고 했다. 태자 역시 사자와 좌장군이 자신을 속여 죽일까 의심하여 패수를 건너지 않고 다시 사람들을 이끌고 돌아왔다. '위산'이 돌아와 천자에게 보고하니 천자가 위산을 주살했다.

左將軍破浿水上軍, 乃前, 至城下, 圍其西北. 樓船亦往會, 居城南. 右渠遂堅守城, 數月未能下.

좌장군이 패수상군浿水上軍을 격파하고 나아가 성 아래 이르러 그 서북을 포위하고 누선군도 역시 성의 남쪽에 와서 진을 쳤다. 우거가 성을 굳게 지키니 수개월 동안 성을 함락시키지 못했다.

左將軍素侍中, 幸, 將燕代卒, 悍, 乘勝, 軍多驕. 樓船將齊卒, 入海, 固已多敗亡. 其先與右渠戰, 困辱亡卒, 卒皆恐, 將心慙, 其圍右渠, 常持和節. 左將軍急擊之, 朝鮮大臣乃陰閒使人私約降樓船, 往來言, 尙未肯決. 左將軍數與樓船期戰, 樓船欲急就其約, 不會. 左將軍亦使人求閒郤降下朝鮮, 朝鮮不肯, 心附樓船. 以故兩將不相能. 左將軍心意樓船前有失軍罪, 今與朝鮮私善而又不降, 疑其有反計, 未敢發. 天子曰將率不能, 前(及)[乃]使衛山諭降右渠, 右渠遣太子, 山使不能決, 與左將軍計相誤, 卒沮約. 今兩將圍城, 又乖異, 以故久不決. 使濟南太守公孫遂往(征)[正]之, 有便宜得以從事. 遂至, 左將軍曰鮮當下久矣, 不下者有狀. 言樓船數朝不會, 具以素所意告遂, 曰今如此不取, 恐爲大害, 非獨樓船, 又且與朝鮮共滅吾軍. 遂亦以爲然, 而以節召樓船將軍入左將軍營計事, 卽命左將軍麾下執捕樓船將軍, 并其軍, 以報天子. 天子誅遂.

좌장군은 본래 시중侍中으로 있으면서 총애를 받았고, 연燕과 대代의 군졸들을 거느렸는데 날래고 승기를 타서 군사들이 많이 교만했다. 누선장군은 '제齊' 군졸들을 거느리고 바다에 들어갔는데 이미 많이 패전하여서 도망갔다. 그는 앞서 우거와 싸우다가 곤욕을 당하고 군사들을 많이 잃었으므로 군사들은 모두 두려워했고 장군은 마음속으로 부끄러웠다. 이에 우거를 포위하면서도 항상 화친하자는 부절을 지니고 있었다. 좌장군이 급히 공격하니 '조선'의 대신이 은밀히 사람을 보내어 항복을 약속하고 누선과 왕래하며 대화했으나 오히려 결정하지 못했다. 좌장군이 수차례 누선과 함께 싸우자 기약했으나 누선은 (조선과) 약속을 급히 성사시키고자 만나지 않았다. 좌장군 역시 사람을 보내어 조선의 항복을 권했으나 조선은 받아들이지 않고 마음이 누선에게 붙었다. 이리하여 두 장군은 서로 협력하지 못했다. 좌장군은 속으로 누선의 지난번 패전을 생각하고 지금은 조선과 몰래 통하여 항복치 않게 하니 그 배반을 의심했으나 밖으로 말하지는 못했다. 천자가 말하길 장수로서의 통솔력이 없다. 지난번에 '위산'을 보내어 '우거'에게 항복하라고 회유하여 우거가 태자를 보냈으나 위산이 결말을 못 짓고 장군의 계략과 서로 어긋나서 끝내 항복 약속을 망치고 말았다. 지금 2장군이 성을 포위하고 있으나 또다시 의견이 어긋나니 오래도록 해결이 안되고 있다. 제남태수 '공손수'로 하여금 가서 편의대로 일을 해결케 했다. 공손수가 이르니 좌장군이 말하기를 "조선을 함락하여야 함이 오래되었는데도 함락하지 못함에는 사정이 있다"하고 누선과 수차 불렀으나 만나지 못한 것을 말하고 평소 생각한 바를 공손수에게 고했다. 이제 상황이 이와 같으니, 누선을 체포하지 않으면 큰 해가 되어, 누선뿐만 아니라 조선과 더불어 우리 군대를 멸할 것입니다. 공손수 또한 그러할 것이라 하여 누선장군을 좌장군의 진영으로 불러들일 계획을 세우고 누선장군을 좌장군 휘하에 붙잡아 두게 하며 그 군사 역시 병합하고 천자에게 보고하니 천자가 공손수를 주살하였다.

左將軍已幷兩軍, 卽急擊朝鮮. 朝鮮相路人相韓陰尼谿相參將軍王唊
[集解: 漢書音義曰凡五人也. 戎狄不知官紀, 故皆稱相. 唊音頰.] [索
隱: 應邵云凡五人. 戎狄不知官紀, 故皆稱相也. 路人, 漁陽縣人. 如淳

云相, 其國宰相. 路人, 名也. 唊音頰 一音協.] 相與謀曰始欲降樓船,
樓船今執 獨左將軍并將, 戰益急, 恐不能與, (戰)王又不肯降. 陰唊路
人皆亡降漢 路人道死. 元封三年夏, 尼谿相參乃使人殺朝鮮王右渠來
降. 王險城未下, 故右渠之大臣成巳又反, 復攻吏. 左將軍使右渠子長
降[集解: 徐廣曰表云長路. 漢書表云長降, 音各.] [索隱: 案漢書表云長
降, 音各.] 相路人之子最[索隱: 路人子也, 名最.] 告諭其民, 誅成巳,
以故遂定朝鮮, 爲四郡[集解: 眞番, 臨屯, 樂浪, 玄菟也.] 封參爲淸侯,
[集解: 韋昭曰屬齊.] [索隱: 參, 漕淸侯. 韋昭云縣名, 屬齊. 顧氏漕音
獲.] 陰爲荻苴侯[集解: 韋昭曰屬渤海.] [索隱: 陰, 荻苴侯. 晉灼云屬渤
海. 荻音狄, 苴音子餘反.] 唊爲平州侯, [集解: 韋昭曰屬梁父.] [索隱:
唊平州侯. 韋昭云屬梁父.] 長降爲幾侯[集解: 韋昭曰屬河東.] [索隱: 長,
幾侯. 韋昭云縣名, 屬河東.] 最以父死頗有功, 爲溫陽侯[集解: 韋昭曰
屬齊.] [索隱: 最, 涅陽侯. 韋昭云屬齊也.]

　좌장군이 이미 양군을 합하고 '조선'을 급히 공격하니 조선의 상 '로인'과
'한음', 니계의 상 '참'과 장군 '왕협' [집해:『한서음의』에 상相은 5인이다. 융
적戎狄 관직의 위차를 몰라서 모두 상이라고 한다. 唊(겹)의 음은 頰(협)이
다.] [색은: 응소는 상相은 5인이다. 융적戎狄은 관직의 위차를 몰라서 모두 상
相이라고 한다. '로인'은 어양현 사람이다. 여순이 말하기를 상相은 그 나라
재상이며 '로인'은 이름이다. 唊(겹)의 음은 頰(협)이고, 어떤 경우 協(협)으
로도 발음한다.] 등이 서로 모의하여 말하기를 "처음 누선에게 항복하고자
했으나 지금은 누선이 붙잡혀 있고 좌장군이 홀로 군을 지휘하니 전쟁이 점
점 급해지므로 대항치 못할까 두렵고 왕께서도 항복을 허락지 않습니다" 하
고 한음, 왕협, 로인 등이 모두 한나라에 항복했으며 로인은 길에서 죽었다.
원봉 3년 여름 니계상 '참'이 조선왕 '우거'를 죽이고 항복해 왔으나 왕검성

은 항복치 않았다. 그래서 '우거'의 대신인 '성기'가 반기를 들고 다시 관리들을 공격해 왔다. 좌장군이 우거의 아들 장강長降 [집해: 서광이 이르길 표에서는 '장로長路'라 하고, 한서 표에는 '장각長降'으로 음은 각含이다.] [색은: 한서 표에는 '장각長降'으로 음은 각含이다.] 재상 '로인'의 아들 '최'[색은: '최最'는 '로인'의 아들이다.]를 보내어 그 백성을 회유하여 '성기'를 죽이고 조선을 정복하여 4군으로 하였다. [색은: 4군은 진번, 임둔, 낙랑, 현도이다.] '참'은 홰청후 [집해: 위소는 '홰청'은 제나라 지역이라 했다.] [색은: '참'은 홰청후로 위소는 제나라 지역이라 했다. 안사고는 '홰'는 '획'으로 발음한다고 했다.] '한음'은 적저후 [집해: 위소가 말하길 '발해'에 속한다.] [색은: '한음'은 적저후로 삼다. '진작'이 이르길 '발해'에 속한다. '荻(적)'은 음이 '狄(적)'이고, '苴(저)'의 음은 자(子)와 여(餘)의 반절이다.] 왕협은 평주후 [집해: 위소가 말하길 '양보'에 속한다.] [색은: '왕협'은 평주후로 삼다. 위소가 말하길 '양보'에 속한다.] 장강은 '기후' [집해: 위소가 말하길 하동에 속한다.] [색은: 장강은 기후에 삼다. 위소가 말하길 현의 이름이고 하동에 속한다.] [색은: 장항은 기후에 삼다. 위소는 현의 이름이고 하동에 속한다.] 최는 죽은 아비의 공으로 온양후[집해: 위소가 말하길 '제나라' 지역에 속한다.] [색은: '최'는 열양후로 삼다. 위소가 말하길 제나라 지역이라 했다.]에 봉했다.

左將軍徵至, 坐爭功相嫉, 乖計, 棄市. 樓船將軍亦坐兵至洌口[索
隱: 蘇林曰縣名. 度海先得之.], 當待左將軍, 擅先縱, 失亡多, 當誅,
贖爲庶人.

좌장군이 불려와 공을 다투고 서로 질시해 계획을 그르치게 했기에 기시형에 처해졌고, 누선장군 역시 군사가 '열구'[색은: 소림이 말하길 현의 이름이다. 바다를 건너면 먼저 닿는 곳이라 했다.]에 이르렀을 때 좌장군을 기다려야 하는데 멋대로 공격하다가 군사를 많이 잃었으므로 주살되어야 하나 속죄금을 내고 서인이 되었다.

太史公曰右渠負固, 國以絶祀. 涉何誣功, 爲兵發首. 樓船將狹集
解: 徐廣曰言其所將卒狹少.] 及難離咎. 悔失番禺, 反見疑. 荀爭勞,
與逐皆誅. 兩軍俱辱, 將率莫侯矣.

태사공이 말하길, 우거가 견고한 지형에 의지하다가 나라의 제사가 끊기었다. 섭하는 전공을 속여 전쟁을 일으키는 단초가 되었다. 누선장군의 좁은 안목은 [집해: 서광은 누선장군의 통솔력이 좁은 것이라 하였다.] 위난에 이르고 재앙을 당하였다. 번우에서 실패를 후회하다가 반대로 의심을 받았다. 순체는 공을 다투다 공손수와 더불어 모두 주살을 당했다. 양군이 모두 치욕을 당했고 장수는 아무도 侯에 봉해지지 못했다.

[索隱述贊]衛滿燕人, 朝鮮是王. 王險置都, 路人作相. 右渠首差,
涉何謅上. 兆禍自斯, 狐疑二將. 山逐伏法, 紛纭無狀.

[색은술찬] 위만은 연나라 사람이며 조선왕이 되어 왕검에 도읍하였다. '로인'은 재상이 되고 우거는 다음 왕이 되었다. '섭하'는 상上(천자)을 기망하고 화의 조짐이 여기부터였고, 두 장수가 여우같이 의심하였다. 위산과 공손수가 순순히 형벌을 받았으니 말만 많았고 공적은 없었다.

이상에서 보다시피 『사기』 본문의 주석서에는 위만조선의 왕험성(왕검성)이 하북성 '창려'에 있다고 아주 못을 박아 말하고 있습니다. 한나라는 육군뿐만 아니라 '발해'를 건너 수군으로 만주의 '요동'으로 진격하고 있습니다.

또 위만조선을 멸망시킨 배신자들 중 '참'이 받은 관작 홰청후와 '최'가 받은 온양후 및 '한음'이 받은 적저후는 발해만 서쪽인 제나라 지역이었다고 하고 있습니다. 또 '왕협'은 평주후로 봉해졌는데 평주는 지금의 북경을 말합니다. 또 다른 재상인 '로인'은 출신지가 '어양현'이라고 했는데(路人漁陽縣人) 역시 지금의 북경 근처입니다. 위만조선의 평양성은 발해만과 북경 지역 이동에 있었지 결코 대륙 섬서성에 있을 수 없었음이 증명되는 것입니다.

2008년 4월 28일
허성정 올림

〈필자의 회답〉

메일 쓰시느라고 수고 많았습니다. 허성정 씨의 견해에도 일리가 있는 것 같아서 당분간 대륙사관 문제는 다루지 않기로 했습니다. 이병화 씨의 주장을 좀더 검토해 볼 시간을 갖기 위해서입니다.

그리고 『아 고구려!』 때문에 내가 대륙사관을 접하게 되었다고 생각하지 말아 주시기 바랍니다. 대륙사관은 『한단고기』에도 상세히 나와 있습니다. 그리고 이일봉 저 『실증 한단고기』를 통해서도 고구려, 백제, 신라가 대륙에 있었다는 사실을 잘 알고 있었고, 『삼국사기』, 『삼국유사』, 『고려사』, 『세종실록지리지』를 통해서도 이미 알고 있었습니다. 그러니까 『아 고구려!』를 내가 읽음으로써 내가 대륙사관을 처음으로 알게 된 것은 결코 아니니까 너무 자책하시지 않아도 됩니다.

그리고 사마천의 『사기』에 대해서는 다음에 상세하게 말할 기회가 있겠지만, 그 역시 자국의 이익을 위해서는 이웃 나라를 사정없이 깎아내리는 곡필曲筆을 아무렇지도 않게 자행하는 천박한 국수주의자에 지나지 않는다는 것을 잘 알아야 할 것입니다.

일종의 역사 전쟁인 동북공정은 한대에도 지금 못지않게 치열하게 전개되었습니다. 사마천은 『사기』에 황제헌원黃帝軒轅이 배달국 14대 자오지慈烏支한웅천황 즉 치우천황을 잡아 죽였다고 새빨간 거짓말을 한 사람입니다. 그는 자국의 이익을 위해서는 무슨 짓도 할 수 있는 치졸한 중화주의자입니다.

대륙사관을 부정하는 사료만 보려고 하지 말고 긍정하는 사료도 함께 살펴보고 공정한 판정을 내려야 할 것입니다. 그리고 상고사의 진실을 알리는 순수한 소망을 나의 선도 수행과 연결시켜 추락이니 타락이니 하는 말은 삼갔으면 좋겠습니다. 선도 수행과 상고사에 대한 지적 욕구를 혼동하지 말아야 할 것입니다.

대륙삼국설의 오류(3)
『사기』 '조선열전'의 해설

(아래의 글은 재야 사학자 한순근 선생의 글을 필자 허성정의 시각으로 다시 정리한 글입니다.)

『사기』 '조선열전'에서 한나라와 위만조선의 경계는 패수浿水였음을 알 수 있습니다. 한나라와 위만조선의 경계인 패수 서쪽의 옛 요동군 요새에 대해 『사기』 '정의正義'에서 주석하기를 평주유림관(正義入平州楡林關也)으로 적었습니다. 유림관楡林關이라는 이름은 산서성에도 보이지만 대체적으로 평주유림관은 하북성 난하를 가리킵니다.

다시 말하면 한나라와 조선의 경계인 패수는 하북성 난하라는 얘기입니다. 결국 연나라, 진나라, 한나라 초기에는 상곡군上谷郡, 어양군漁陽郡, 우북평군右北平郡, 요서군遼西郡, 요동군遼東郡은 하북성 난하보다 서쪽에 있었다는 결론입니다. 또 패수(난하)의 동쪽은 전에 진나라 때의 공지이고 낙랑군의 상하장上下鄣이 있었다는 것입니다.

『사기』 '조선열전' 주석에는 "집해에서 서광이 말하기를 창려昌黎에 험독현險瀆縣이 있다고 하였고, 색은索隱에서 위소韋昭는 말하기를 옛 읍의 이름이라고 하였고, 응소應劭는 주석하기를 『한서』 「지리지」의 요동군 험독현은 조선왕 만滿의 옛 도읍이라고 하였다. 신찬臣瓚은 왕험성은 낙랑군 패수의 동쪽에 있다"고 하였습니다. (集解徐廣曰昌黎有險瀆縣也. 索隱韋昭云古邑名. 徐廣曰昌黎有險瀆縣. 應劭注地理志遼東險瀆縣綱朝鮮王舊都. 臣瓚云王險城在樂浪郡浿水之東也.)

여기에 모든 답이 다 나와 있습니다. 창려! 지금도 하북성 난하 아래에는 '창려'라는 지명이 그대로 살아 있습니다. 그곳이 위만조선의 왕험성(왕검성)이 있었다는 얘기입니다. 여러 말이 필요하지 않지만 조금 더 복잡하게 해서 서광이 말한 창려昌黎나 응소가 말한 요동군 험독현을 다른 사서에서 찾아보도록 합니다.

창려는 『독사방여기요讀史方輿紀要』 직예直隸 영평부永平府 조에는 "창려현은 한나라가 교려현交黎縣을 두어 요서군에 속했던 것인데, 후한이 창려로 고쳤으니, 그 땅은 지금은 폐지된 영주의 경역에 있다(漢置交黎縣屬遼西郡後漢改昌黎其地在今廢營州境)"고 하였고, 정선겸의 『한서보주漢書補注』에는 "지금 영주고성 동남 170리(今營州故城東南百七十里)"로 적혀 있습니다.

『후한서집해後漢書集解』에는 "지금 금주부 의주 서북경(今錦州府義州西北境)"으로 기록하고 있습니다. 또 요동군 험독현에 대하여 『한서보주』에는 "요동의 서쪽 지역이고 지금의 광녕현 동남이다(遼東之西境…今廣寧縣東南. 漢書補注地里志第八下一)"고 적고 있습니다.

『대청일통지大淸一統志』에는 "험독고성이… 지금의 광녕현 동남 빈해의 땅에 있다(險瀆故城… 在今廣寧東南濱海之地. 大淸一統志 卷43 錦州府1)"고 적고 있습니다. 그렇다면 서광이 말한 창려昌黎의 위치는 지금의 영주고성 동남 170리이고 『한서보주』는 지금의 금주부 의주 서북경(今錦州府義州西北境)입니다. 응소가 말한 험독현의 위치는 지금의 광녕현 동남입니다. 즉 지금의 요서에 있는 셈입니다.

다음으로 신찬臣瓚이 말한 낙랑군 패수의 동쪽에 있었다는 왕험성王險城의 위치를 살펴보면 다음과 같습니다. 서광이 말한 창려나 응소가 말한 요동군 험독현의 위치가 모두 요서이므로, 신찬이 말한 낙랑군 패수의 동쪽도 당연히 요서 방면이 될 것입니다.

『한서』「지리지」 요동군 험독현 주석에는 "응소는 말하기를 조선왕 만의 수도이다. 물이 험한 곳에 의지하였기 때문에 험독이라 하였다. 신찬은 말하기를 왕험성은 낙랑군 패수의 동쪽에 있다. 이곳은 이로부터 험독이라 불리게 되었다고 하였다. 안사고는 말하기를 신찬의 주장이 맞다고 하였다(應劭曰朝鮮王滿都也依水險故曰險瀆. 臣瓚曰王險城在樂浪郡浿水之東. 此自是險瀆也. 師古曰瓚說是也)"라고 적고 있습니다.

응소와 신찬의 주장의 차이는 위만조선의 수도 왕험성이 험독이라 불리게 된 이유에 대하여 응소는 험한 물에 의지하였기 때문에 험독이라 하였다고 주석하여 그곳이 물이 험한 지형조건 때문에 그와 같은 명칭이 생겼다고 주석하였고, 신찬은 그곳이 험독으로 불린 이유는 그곳의 물이 험한 지형조건 때문이 아니라 요동군 험독현이 설치되었기 때문에 그 후부터 험독이라 불리게 되었다고 주석하였습니다.

응소든 신찬이든 위만조선의 수도 왕험성이 요동군 험독현이라는 것은 모두 인정하고 있습니다. 요동군 험독현이 어디인지를 주선한 사람은 청나라 때 『한서보주』, 『후한서집해』를 지은 정선겸丁先謙인데, 그는 험독險瀆의 위치에 대하여 지금의 북진(北鎭: 광녕) 동남 방면이라 주석하였습니다(今廣寧東南濱海之地). 이를 보면, 중국의 저명한 사학자들은 모두 위만조선의 수도 왕험성王險城은 모두 요서遼西에 있었다고 주석하고 있는 것입니다.

결국 위만조선의 왕험성(평양성)이 만주의 요서 지역에 있었으니 단군조선과 위만조선을 계승한 고구려와 고구려의 평양성은 중국 대륙 한복판인 섬서성 서안에 있을 수 없다는 결론입니다. 이렇게 명쾌하게 『사기』와 그의 주석서들은 위만조선의 위치와 왕험성(평양성)의 위치가 지금의 요하 좌편 북진 의무려산이 있는 광녕 방면임을 고증하고 있습니다.

2008년 4월 28일
허성정 올림

대륙삼국설의 오류(4)
『한서』와 『한서』「지리지」

존경하올 스승님께.

보내 주신 메일 잘 받았습니다. 선생님의 메일을 받고 제 백회는 더욱 소용돌이치며 시원한 바람을 일으키고 있습니다. 그리고 발바닥의 용천에서도 시원한 기운이 계속 솟구치고 있습니다. 빠른 시간 안에 선생님께 점검을 받아야 할 줄 아오나 이번 주에는 올라갈 수 있는 형편이 되지 않습니다. 다가오는 일요일은 이사를 해야 하거든요. 특별한 일이 없는 한 5월 9일 일요일에는 꼭 올라가도록 하겠습니다. 한편 저의 직업 형편상 평일에는 자리를 비울 수가 없습니다.

『선도체험기』를 통해 생명의 실상을 깨닫고 그 체험을 바탕으로 하루하루를 행복하게 사는 묘미는 대단합니다. 이 모든 것이 선생님께서 저희에게 베풀어 주시는 은혜로 알고 있습니다. 존경하올 선생님, 늘 부동심과 평상심을 가지고 주어진 일을 성실히 수행하는 것이 자신과 이웃과 우주를 위하는 길이라는 것을 깨우쳐 주심에 감사드립니다. 생명의 실상을 깨닫지 못한 그간의 저의 삶이란 혹시라도 남에게 손해를 볼까 봐, 행여 남에게 뒤처질까 봐, 남들이 나를 우습게볼까 봐, 그렇게 전전긍긍하고 계산하고 타산하며 살아온 삶이었습니다.

행복은 크고 화려하고 멋지고 어마어마한 곳에 있는 것이 아니라 작고 소박하고 단순한 곳에 있는 것이라는 것을 선생님의 말씀과 『선도체험기』를 통해 진정 깨닫습니다. 매 순간 내어 쉬고 빨아들이는 숨소리 하나에도 정성을 다한다면 그곳에 바로 진리가 있고 행복이 있고 깨달음이 있다는 사실을 알아내는 데는 참으로 많은 시행착오와 시간이 필요했습니다. 선생님과 『선도체험기』를 만난 것을 지상 최대의 행복으로 생각합니다. 부디 그간의 모든 방황과 고뇌와 시름을 수련이라는 중심에 방하착할 수 있도록 가르침을 주시기 바랍니다.

제 삶의 중심에 늘 있는 『선도체험기』의 특징은 크게 세 가지인 것으로 정리됩니다. 첫 번째는 수련에 관한 것이요, 두 번째는 시사 문제에 관한 것이요, 세 번째는 역사 문제인 것으로 정리됩니다. 『선도체험기』에서 수련에 관한 부분은 방향이 너무도 잘 잡혀 있는 것으로 봅니다. 누생을 거쳐 현생에 이른 많은 사람들이 전생과 현생의 여러 카르마의 업연으로 각종의 질병과 삶의 고뇌로 힘들어하다가, 선생님을 만나 생명의 실상을 깨닫고 새로운 생명력으로 부활하는 장면은 한 편 한 편이 모두 위대한 드라마입니다.

인류는 『선도체험기』를 통해 생명의 실상을 보다 깨닫고 그 생명력을 바탕으로 새 하늘과 새 땅을 경험하리라 믿습니다. 생명의 실상을 깨닫는 도구는 선생님께서 말씀하시는 대로 자력갱생과 타력갱생 두 가지가 있습니다. 선도는 자력갱생으로 생명의 실상을 깨닫고 기독교와 불교는 대체적으로 타력갱생으로 구원의 길을 연다고 합니다. 진리는 두 가지가 있을 수 없고 하나라고 합니다. 우리에게 중요한 것은 구원이고 부활이고 새 생명입니다. 진리와 무궁과 무한과 영원에 대한 열망입니다.

그것이 타력갱생으로 가는 길이든 자력갱생으로 가는 길이든 모든 것은 방편에 지나지 않습니다. 서울로 가는 길은 평양에서도 부산에서도 인천에서도 강원도에서도 가는 길이 있습니다. 타고 가는 차량도 우마차에서 고속버스나 신속한 KTX까지입니다. 우마차로 간다고 해서 다 나쁜 것은 아닙니다. 가면서 산천도 구경하고 인심도 살피고 느리면서도 우아하게 갈 수 있습니다. 반드시 빠르게 가는 것만이 능사는 아닐 것입니다.

우리에게 중요한 것은 영원한 생명이니까요. 『선도체험기』에는 선도수련이라는 자력갱생으로 새 하늘과 새 땅을 경험하고 부활과 구원을 체험하고 영원과 무한을 경험한 수많은 사례들이 제시되어 있습니다. 참으로 아름답고 거룩한 사례들입니다. 존경하올 선생님, 저는 여기서 한 가지 덧붙여 보고 싶습니다. 『선도체험기』가 보다 풍성해지기 위해서 말입니다.

성경과 불경 등에는 타력으로도 영원과 무궁과 무한을 체험한 사례들이 아주 많이 나와 있습니다. 특히 가톨릭 쪽의 성인전 등을 읽어 보면 하느님이란 타력에 의지해 부활과 구원을 체험한 사례들이 너무 많이 나와 있습니다. 그리고 힌두경전 등에도 신을 향한 열망과 그로 인한 구원의 사례들이 많이 나와 있습니다. 하느님이나 부처님이란 타력에 의지한다 해도 결국 자력갱생이란 강한 에너지를 동원하지 않으면 결국 생명의 실상을 깨닫기는 힘듭니다. 결국 생명의 실상을 깨달은 정상에서 보면 자력과 타력이 함께 공존하였음을 느끼게 됩니다.

그것이 증명되는 것은 현묘지도 수련에서 보면 선계의 스승님들의 도움을 늘 받고 있습니다. 그렇다면 선계 스승님들의 도움을 받는 것도 일종의 타력이 아닐 수 없습니다. 결국 선도에서도 타력의 도움을 받으면서 수련이 되는 것이라면 『선도체험기』에서 기존 타력신앙(기독교, 불교)에 대해 좀 관대할 필요가 있지 않나 생각합니다. 물론 『선도체험기』에서 선생님은 자력갱생과 타력갱생에 대한 가능성을 모두 열어 놓고 말씀하고 계십니다. 그러나 때로는 타력에 의지해 수련을 하는 사람들에게 너무 가혹한 비판을 해서 『선도체험기』의 독자층을 놓치는 결과를 초래해 생명의 실상을 전파하는 데 결루가 생기는 부분도 있다고 생각합니다.

한국 국민의 1/3이 기독교 신자입니다. 한국 국민의 1/3 정도가 불교 신자입니다. 그분들을 구원의 길로 인도하는 데는 기술이 필요합니다. 방편이 필요합니다. 왜냐하면 우리의 목표는 생명의 실상을 전파해 인류를 구원하는 데 있기 때문입니다. 막연하게 목표를 향해서만 달려가서는 안 됩니다. 반드시 목표에 따른 실천 방안이 나와야 합니다. 현실적으로 전 세계인의 70% 정도가 타력신앙으로 생명의 실상에 접근하고 있는데 타력신앙의 부족함만을 질타한다면 『선도체험기』의 세계 구원 의지는 피어 보지 못하는 꽃이 되어 시들고 말 것입니다.

『선도체험기』가 생명의 실상을 전 세계에 전파하는 데는 반드시 타력신앙에 대한 모진 비판 대신 따뜻한 포용력이 필요하다는 것이 제 생각입니다. 아이들을 훈육하는 데도 조용조용 타일러 가면서 가르치는 방법도 있고 회초리를 들고 무섭게 가르치는 방법이 있습니다. 그간 『선도체험기』는 타력 신앙자들에 대해 후자(회초리)의 방법을 너무 구사하지 않았나 생각합니다. 부드럽고 따스한 햇빛이 나그네의 옷을 벗깁니다(김대중 대통령의 햇볕 정책은 아닙니다).

제가 드리는 말씀은 『선도체험기』가 보다 보편적인 구원을 전파하는 도구가 되기 위해서는 보다 포용적이 되어야 한다는 것이 골자입니다. 빠른 길과 지름길이 있다 하여 그것에 집착하다 보면 정작 중요한 것을 놓치는 수가 있습니다. 제 경우에 있어서 가까운 사람들에게 보편적으로 권해 볼 수 있는 책이 『선도체험기』이기도 하지만, 권하기가 무섭기도 한 책이 『선도체험기』입니다. 구도심을 가지고 있는 사람들은 대부분 종교인(타력신앙)인데 그 종교인들을 무지막지하게 질타하니 기가 질려서 말입니다.

두 번째 시사 문제와 세 번째 역사 문제는 시간 관계상 다음에 메일을 드리겠습니다. 존경하올 선생님, 제가 위에서 드린 말씀은 가볍게 들어 주시고 상식선에서 들어 주시기 바랍니다. 제가 해야 할 일은 수련에 열중하여 생사를 초월하는 일이고, 역사 연구를 열심히 해서 제 밥그릇을 잘 챙기는 일인 줄은 잘 알고 있습니다. 그러나 어차피 생명의 실상을 파악하는 데 발을 붙인 이상 그 꿈을 펼칠 수 있는 좋은 길이 있다면 욕을 듣더라도 주저함이 있어서는 아니 되겠기에 드리는 말씀입니다.

아래에서 『한서』와 『한서』「지리지」를 인용하는 것은 기본에 충실하지 못한 일부 사이비 재야 학자들에게 보내는 글입니다. 종교에서도 사이비가 있고 수련단체에서도 사이비가 있듯 역사 연구를 하는데 있어서도 사이비가 있습니다. 내가 경험한 가장 고약한 사이비들은 단군조선과 그 후국인 고구려, 백제, 신라가 만주와 한반도에 있었던 것이 아니라 중국 대륙 한복판인 섬서성과 하남성 등지에 있었다는 주장을 간단없이 하는 치들입니다.

그들의 사이비성 억지 논리로 많은 재야 사학자들이 욕을 먹고 민족사는 어처구니없이 오도되는 결과를 초래하고 있습니다. 이들의 주장이 얼마나 어이가 없는지 다음과 같은 글을 통해 반박하고자 합니다. 좀더 면밀히 읽고 주석을 붙여 가면서 글을 써야 하는데 우선 두서없이 보내더라도 양해를 해 주시기 바랍니다. 혹시 『선도체험기』에서 제 글이 다루어진다면 새로 정리를 해서 보내도록 하겠습니다. 다음은 『한서』와 그 「지리지」입니다.

『한서』는 제기帝紀 12, 표表 8, 지志 10, 열전列傳 70의 총 100편으로 이루어져 있습니다. 『한서』「지리지」는 태고부터 무제武帝 시대까지의 통사인 『사기』의 뒤를 이어 후한의 반고가 편찬한, 전한 왕조 1대의 역사를 기록한 『한서』 중의 한 편입니다. 『사기』가 통사로서 역사 서술의 한 전형을 이루고 있는 데 대해서, 『한서』는 처음으로 단대사斷代史의 형태를 취한 것입니다. 이를 본받아 그 이후의 역대 정사에는 지리지가 부기되게 되었습니다. 즉 『사기』에는 지리지가 없고 『한서』부터 지리지가 있습니다.

『한서』「지리지」는 먼저 우공禹貢의 9주 이후 분열되어 혼란 상태에 있던 천하가 통일되어 한의 지방제도가 성립하는 연혁을 설명하고, 제2단에서는 원시元始 2년(기원 2년) 현과 읍 그리고 도후국道候國으로 나누어 경역의 연혁,

호구, 산천, 고적, 물산 등을 기록하고 있습니다. 마지막에 각지의 지리적 사정 및 풍속 등을 역사적으로 서술한 부분이 있지요. 『한서』「지리지」는 중국 전역의 지지地誌로서는 최초의 것입니다.

『사기』 이후 『한서』부터 중국 대륙의 103군국과 현읍, 도후국 등은 아래와 같이 지역별로 빠짐없이 기록되어 있습니다. 즉 『후한서』, 『삼국지』, 『진서』... 『요사』, 『금사』... 즉 중국 25사 전반에는 '지리지'가 붙어 있어서 대륙 구석구석의 연혁과 물산 및 인물들에 대해 적고 있습니다. 해당 시기의 중국 대륙 복판에 고구려, 백제, 신라가 끼일 자리는 눈곱만큼도 없습니다. 완벽하게 짜여져 있는 그곳에 삼국이 있었다는 것은 망설에 불과한 것입니다.

아래는 단군조선과 위만조선 그리고 고구려가 차지하고 있던 지금의 북경 이동 지방에 대한 기록입니다. 예를 들면 이런 식으로 전 중국 대륙의 군국(郡國)에 대한 기록이 남아 있는 것이 중국 25사의 '지리지'인 것입니다. 이를 보면 단군조선과 위만조선은 지금의 북경 이동 그리고 요하 건너 서만주와 동만주, 북만주와 한반도 지역의 강역에서 존재하였음을 알 수 있습니다. 단군조선과 위만조선의 강역을 그대로 물려받은 고구려가 어찌 중국 대륙의 한복판인 섬서성에 평양성을 둘 수 있겠습니까!

(상곡군) 上谷郡, 秦置. 莽曰朔調. 屬幽州...
(어양군) 漁陽郡, 秦置. 莽曰通路. 屬幽州...
(우북평군) 右北平郡, 秦置. 莽曰北順. 屬幽州...
(요서군) 遼西郡, 秦置. 有小水四十八, 並行三千四十六里, 屬幽州...
(요동군) 遼東郡, 秦置. 屬幽州...
(현도군) 玄菟郡, 武帝元封四年開. 高句驪, 莽曰下句驪. 屬幽州...
(낙랑군) 樂浪郡, 武帝元封三年開. 莽曰樂鮮. 屬幽州...

『한서』「지리지」에서 상곡군, 어양군, 우북평군, 요서군, 요동군은 연나라, 진나라와 한나라가 조선을 밀어내고 세운 군국입니다. 그곳은 지금의 북경(유주幽州) 이동 지방이 됩니다. 2000년 전의 지명이 현재도 수십 개가 존재하고 있습니다. 위에서 우북평군右北平郡이 나오는데 '북평'이란 지금의 북경(베이징) 옛 이름입니다. 이것만 보더라도 조선의 강역은 지금의 북경 이동 전 만주 지역과 한반도임을 알 수 있습니다. 아래는 현재의 우리 역사와 가장 밀접한 관련이 있는 '요동군'과 '현도군'과 '낙랑군'에 관한 부분을 주석서와 함께 인용한 것입니다.

○ 요동군遼東郡

진秦나라가 설치하여 유주幽州에 예속시켰다. 55,972호戶. 인구는 272,539명. 현縣은 18.

(1) 양평襄平: 목사관牧師官이 있음. 망莽은 이것을 창평昌平이라고 했다.

(2) 신창新昌

(3) 무려無慮: 서부도위西部都尉가 다스렸다. 사고師古는 말하기를, 무려는 즉 의무려醫無閭임.

(4) 망평望平: 대요수大遼水는 새방 밖에서 나와서 남쪽으로 안시安市에 이르러 바다로 들어갔다. 물의 길이는 1,250리임.

(5) 방房

(6) 후성侯城: 중부도위中部都尉가 다스렸다.

(7) 요수遼隊: 망莽은 이것을 순목順睦이라고 했고, 사고師古는 대隊를 수遂라고 발음했다.

(8) 요양遼陽: 대양수大梁水는 서남쪽으로부터 흘러 요양에 이르러 요遼로 들어갔음. 망은 이것을 요음遼陰이라고 했다.

(9) 험독險瀆: 응소應邵가 말하기를, 이것은 조선왕 만滿이 도읍했던 곳이다.

물의 험한 것을 의지해서 자리잡았다 해서 험독儉瀆이라 했다. 신찬臣瓚은 말하기를, 왕검성王儉城은 낙랑군 패수 동쪽에 있기 때문에 이곳부터 험독이라 했다고 했다. 사고師古는 찬瓚의 말이 옳다고 했다.

(10) 거취居就: 실위산室僞山과 실위수室僞水가 여기에서 나왔으니, 북쪽으로 양평襄平에 이르러 대양大梁으로 들어갔음.

(11) 고현高顯

(12) 안시安市

(13) 무차武次: 동부도위東部都尉가 다스리는 곳. 망莽은 무차를 항차桓次라고 했다.

(14) 평곽平郭: 철관鐵官과 염관鹽官이 있음.

(15) 서안평西安平: 망은 말하기를 이것을 부안평이라고 했다.

(16) 문文: 망은 이것을 수정受亭이라고 했다.

(17) 번한番汗: 패수沛水는 새방 밖에서 서남쪽으로 흘러 바다로 들어갔다. 응소應邵는 말하기를, 한수汗水가 새방 밖에서 나와서 서남쪽으로 흘러 바다로 들어갔다고 했다.

(18) 답씨沓氏: 응소는 말하기를, 이것을 답수라고 했다.

○ 현도군玄菟郡

한무제漢武帝 원봉元封 4년에 열었음. 45,000호戶. 인구는 221,845명. 현縣은 셋이다.

(1) 고구려高句驪: 요산遼山은 요수遼水가 여기에서 나와 서남쪽으로 흘러 요대遼隊에 이르러 대요수大遼水로 들어갔음. 또 남소수南蘇水가 있어 서남쪽으로 새방 밖을 지났다. 응소는 말하기를, 이것을 고구려호라고 했다.

(2) 상은대上殷臺: 망은 하은下殷이라고 했다.

(3) 서개마西蓋馬: 마자수馬訾水는 서북쪽으로 흘러 들어갔고, 서남쪽으로 흘

러 서안평西安平에 이르러 바다로 들어갔다. 군郡 둘을 지나고 길이가 2,100리가 된다. 망은 이곳을 현도정玄菟亭이라고 했다.

○ 낙랑군樂浪郡

무제 원봉 3년에 열었음. 망은 이곳은 낙선樂鮮으로서 유주幽州에 붙였다고 했다. 응소는 이곳이 옛날 조선국이라 했다. 62,812호요 인구는 406,748명. 운장雲鄣이 있음. 현縣은 25.

(1) 조선朝鮮: 응소가 말하기를, 무왕이 기자를 조선에 봉했다 했다.

(2) 남감誹邯

(3) 패수沛水: 물이 서쪽으로 흘러 증지增地에 이르러 바다로 들어갔다. 망은 이곳을 낙선정樂鮮亭이라고 했다.

(4) 함자舍資

(5) 대수帶水: 서쪽으로 흘러 대방帶方에 이르러 바다로 들어갔다.

(6) 점제黏蟬

(7) 수성遂成

(8) 증지增地: 망은 이곳을 증토增土라고 하였다.

(9) 대방帶方

(10) 사망駟望

(11) 해명海冥: 망은 이곳을 해환海桓이라고 했다.

(12) 열구列口

(13) 장삼長岑

(14) 둔유屯有

(15) 소명昭明: 남부도위南部都尉가 다스림.

(16) 누방鏤方

(17) 제해혼미提奚渾彌

(18) 탄열呑列: 분여산分黎山, 열수列水가 여기에서 시작되어 서쪽으로 흘러 점제黏蟬에 이르러 바다로 들어갔는데 길이가 820리이다.

(19) 동이東暆

(20) 불이不而: 동부도위東部都尉가 다스림.

(21) 잠태蠶台

(22) 화려華麗

(23) 사두매邪頭昧

(24) 전막前莫

(25) 요조夭祖

『한서』「지리지」에 나오는 위만조선은 분명히 발해만과 요동 지방입니다. 결코 중국 대륙의 한복판인 섬서성이나 하남성이 아닙니다. 『한서』「지리지」외 그 뒤에 나오는 중국 25사 '지리지'에는 중국 대륙 전 지방에 대한 연혁과 물산과 인물 및 고적에 대한 중심적 기록을 하고 있습니다. 지금의 섬서성과 하남성 등에도 해당 시기의 연혁과 물산과 인물들이 전체적으로 모두 적혀 있는데 그곳에 어찌 고구려 평양성과 백제의 수도가 있을 수 있겠습니까!

아랫글은 『한서』입니다. 『사기』에 이은 위만조선과 한나라의 전쟁 기사를 다루고 있습니다. 한나라가 하남성과 산동성인 '제나라' 지역에서 5만 명의 군사와 7,000명의 수군을 동원하여 '발해만'을 거쳐 '요동'의 위만조선을 향해 진격하는 내용입니다. 숨막히는 전쟁 상황을 면밀하게 기록하고 있습니다. 이렇게 멀쩡히 만주에 있는 단군조선, 위만조선과 그 뒤를 이은 고구려를 중국 대륙 복판 섬서성과 하남성으로 끌고 간다면 말이 되겠습니까!

1) "천자는 죄인들을 모집하여 조선을 쳤다. 그해 가을에는 또 누선장군樓

船將軍 양복을 '제(산동성, 하남성)'로부터 '발해渤海'를 건너 파견하니 군사가 5만 명이었다. 좌장군 순체는 '요동遼東'으로 나가서 우거를 쳤다. (天子募罪人擊朝鮮. 其秋 遣樓船將軍楊僕 從齊浮渤海 兵五萬 左將軍荀彘出遼東 誅右渠)" 『한서』 95권: 누선장군, 제(산동성), 발해, 요동이라는 지명이 등장합니다. 즉 한나라는 위만조선을 치기 위해 5만 명의 군사와 수군(누선)을 제(산동성)에서 출발시켜 발해를 거쳐 요동으로 진격시키고 있습니다.

2) "참을 봉하여 '홰청후'를 삼고, 도陶는 추저휘진작이 말하길 공신표에 추저는 '발해'에 속한대로 삼고, 협으로 '평주후'를 삼고, 장으로 '기후'를 삼았다. 최는 그 아버지가 죽었고 자못 공로가 있다 하여 '온양후'를 삼았다.(封參爲澅清侯陶爲秋苴侯晉灼曰功臣表秋苴屬渤海. 唊爲平州侯長爲幾侯. 最以父死頗有功爲溫陽侯)" 『한서』 95권. 위에서 추저가 '발해'라고 하고 있고 평주는 지금의 '북경'의 다른 이름입니다. 즉 한나라는 위만조선을 멸망시키는 데 공헌한 조선인 5명에게 관작을 내리는데 그곳이 모두 발해만과 북경 근처라고 하고 있는 것입니다.

3) 이상에서 보는 바와 같이 위만조선은 당연히 '요동'과 '북경(평주)'과 '발해만'과 만주에 있었습니다. 어떤 재야 사학자들은 그 단군조선, 위만조선, 고구려를 중국 대륙 한복판으로 끌고 가서 그곳에 고구려의 평양성과 백제와 신라가 있었다고 우깁니다. 참으로 제정신을 가진 사람들인지 의심스럽지요. 『사기』, 『한서』 이후 『후한서』, 『삼국지』, 『진서』... 25사 전부를 들먹여도 같은 내용입니다. 과연 더 설명을 해야 할 필요성이 있는 것일까요.

2010년 4월 29일
허성정 올림

〈필자의 회답〉

재야 사학자들 사이에도 이렇게도 현격한 견해 차이가 있는 줄은 미처 몰랐습니다. 양쪽 주장들을 비교해 보면 솔직히 말해서 아직은 이중재, 이병화, 정용석, 오재성, 박창범, 이일봉 씨 쪽에 더 신빙성이 가지만 허성정 씨의 주장도 결코 만만치 않습니다.

『삼국사기』에 자주 등장하는 일이지만 고구려, 백제, 신라에서 한반도에서는 도저히 일어날 수 없는 대륙성 지진과 가뭄, 황충蝗蟲의 피해 기록은 어떻게 보시는지 묻고 싶습니다. 덮어놓고 거짓말이라고 일축만 할 것이 아니라 만인이 납득할 수 있는 무엇인가를 보여 주어야 할 것입니다.

백제와 신라가 한반도에서 위도상 나란히 위치해 있었더라면 도저히 일어날 수 없는 천재지변들이 『삼국사기』에 기록되어 있는 것은 어떻게 해석할 것입니까? 그리고 이중재 선생이 상고사 회원들과 함께 중국에 가서 현지를 답사하고 찍어온 신라 왕릉 유적 등과 왕건묘 사진들은 어떻게 생각하십니까? 누가 보아도 몽땅 다 가짜라고는 생각되지 않으니까 하는 말입니다.

그리고 한반도 안에는, 대륙에서 철수한 이조선이 반도사관을 합리화하기 위해서 조성한 신라의 문무왕릉, 김유신묘, 경순왕릉, 고구려의 동명왕릉, 고려의 공민왕릉 등등을 제외하면 본래부터 있어 온, 삼국과 고려의 왕릉은 공주의 무령왕릉 외에는 하나도 없고, 도읍과 궁전의 흔적도 전연 찾아볼 수 없는 게 현실입니다.

평양의 안악궁터니 개성의 만월대 옛터니 경주의 반월성 유적이니 하는 것은 지극히 소규모로서 지방 군주의 거처는 될 수 있을지언정 대고구려나 대백제, 대신라, 대고려의 궁전 터는 분명 아닙니다.

그 대신 산동성, 하남성, 섬서성, 안휘성, 강소성, 절강성 등 중국 동부에는 고구려와 백제, 신라, 고려 도읍의 장대한 유적들이 숱하게 널려 있는 이유를 설명해야 될 것입니다. 이중재 선생의 말에 따르면 아직도 그곳엔 신라의 왕릉만 24기가 더 남아 있고, 그 인근에 사는 원주민인 묘족苗族(배달족 후손)들도 이를 증언하고 있다고 합니다.

그리고 『삼국사기』에 나오는 기사들을 보면 한반도에서는 도저히 일어날 수 없고, 대륙의 한복판에서나 있을, 말갈, 거란, 돌궐, 몽골, 선비, 한족들이 배달족들과 복잡하게 한데 얽혀 돌아가는 교역, 전쟁, 외교 사실들을 어떻게 해석해야 할까요? 이러한 의문들이 해소되기 전에는 누구나 대륙사관을 포기하기 어려울 것입니다.

그리고 허성정 씨는 주로 『사기』, 『한서』, 『한서』「지리지」 등 이십오사를 주로 인용하고 있을 뿐인데, 이병화 씨 쪽은 이십오사뿐만 아니라 『한단고기』, 『삼국사기』, 『삼국유사』, 『고려사』, 『세종실록지리지』 그리고 『삼국사기』에 등장하는 기상 관측 및 천문 관측 자료들까지 폭넓게 이용하고 있습니다. 이분들의 연구 업적에 비하여 허성정 씨의 주장을 입증할 연구서나 저작물과 연구 성과들은 아직 보이지 않습니다.

그리고 사마천의 『사기』에 대하여 한마디하겠습니다. 모화사대주의자들은 지금도 사마천을 역사 기술의 비조로 떠받들고 있지만 나는 그렇게 보지 않습니다. 그는 배달국과 단군조선에 대하여 심한 열등감을 가지고 있었습니다.

그 실례로 황제헌원과 치우천황과의 싸움에서 황제가 "치우를 잡아 죽였다"고 그는 『사기』에 분명히 기록했습니다. 그러나 『한단고기』에 따르면 이것은 새빨간 거짓말입니다. 『한단고기』에는 치우천황의 부하 맹장인 치우비蚩尤飛가 무모하게 적진 깊숙이 쳐들어갔다가 전사한 것으로 기록되어 있는데 이렇게 과장 날조했던 것입니다.

또 사마천은 단군조선에서 통용되는 '단군천황'이라는 말을 쓰기 싫어서 '천신天神'이라는 아리송한 단어로 얼버무렸습니다. 그뿐 아니라 배달국, 청구국, 단군조선과 같은 정식 명칭을 쓰지 않고 항상 동이東夷, 동호東胡, 말갈靺鞨, 북적北狄, 서이西夷와 같은 이웃 나라를 무조건 깎아내리고 모욕하는 비칭만을 사용했습니다.

사마천이야말로 배달족의 눈으로 볼 때, 한족의 우월성만을 무턱대고 내세우고 이웃 나라들을 턱없이 모독하는 화이華夷 사상에 투철한 휘치필법諱恥筆法만을 구사한 속물, 저질의 중화적 국수주의자일 뿐입니다.

그가 조정에서 친구를 변명하다가 궁형宮刑을 당했을 정도의 우의는 있는지 모르지만, 이웃 나라에게는 백해무익한, 오만무례하기 짝이 없는 존재인 것만은 틀림없습니다. 이러한 자가 쓴『사기』나『한서』따위만 신임하고 우리 조상들이 쓴『한단고기』,『삼국사기』,『고려사』그리고『세종실록지리지』에 등장하는 대륙사관을 외면하는 일은 없어야 할 것입니다.

특히『조선왕조실록』은 유네스코에서 세계문화유산으로 지정된, 세계적으로 그 권위가 인정된 사서史書입니다. 더구나『세종실록지리지』야말로 우리 영토가 대륙에 존재했었다는 것을 가장 구체적으로 입증하는 부동산등기부와 같은 문서입니다. 이것을 부인할 용기가 있다면 그것이야말로 일종의 만행이 아닐까요?

『한서』와『한서』「지리지」역시 신찬이라는 필자는 존재하지도 않았던 한사군을 황당무계하게 묘사하는 등 과장과 왜곡이 심한 사서입니다. 그리고『한서』에 나오는 패수를 허성정 씨는 하북성의 난하로 보는 모양인데 그렇지 않습니다. 패수는 감숙성에서 발원, 섬서성을 가로질러 흐르는 위하渭河입니다. 그렇게 되면『한서』는 도리어 조선의 대륙 존재 사실과 한의 낙랑군은 지금의 섬서성 서안임을 입증하는 것이 됩니다. 고구려의 도읍은 바로 섬서성 서안입니다.

따라서 객관적으로 보아 누구나 아직은 이병화 씨의 대륙사관 쪽에 더 무게를 실어주는 것은 어쩔 수 없는 일입니다. 이치와 도리와 경우 그리고 상식이 통하는 쪽에 항상 사람들은 신뢰를 두게 되어 있기 때문입니다. 좀더 논리적으로 설득력 있는 주장을 펴시기 바랍니다. 좌우간 어느 쪽이 옳은지 나 역시 좀더 공부해 가면서 계속 지켜볼 것입니다.

그리고 허성정 씨의 메일을 보면 너무 흥분한 상태에서 글을 쓰고 있습니다. 그럴 때는 흥분을 충분히 가라앉힌 뒤에 마음이 차분해졌을 때 냉정한 심정으로 자판을 두드려야 할 것입니다.

중국과 일본은 눈곱만한 꼬투리만 있어도 어떻게 하든지 그것을 이용하여 우리 영토를 자기네 것으로 날조하려고 혈안이 되어 있건만, 우리는 영토 문제에 관한 한 수많은 내외 문헌들이 차려 준 밥상마저 의식적으로 걷어차 버리는, 하늘까지도 노할 어리석음을 저질러 왔습니다. 모두가 모화사대사상과 일제의 식민사관에 현혹당한 제도권 사학자들 때문입니다.

『사기』, 『한서』 외에 『후한서』, 『삼국지』, 『진서』 등도 고구려, 백제, 신라의 대륙 존재를 부인한다고 해서 이들 삼국의 대륙 존재 사실을 입증하는 다른 25사들과 『한단고기』, 『삼국사기』, 『삼국유사』, 『단기고사』, 『규원사화』, 『고려사』, 『세종실록지리지』 등 우리 측 사서들은 외면해야 된다는 논리는 성립될 수 없습니다.

부디 균형감각을 회복해야 할 것입니다. 선택과 평가는 오직 독자들의 몫이라는 것을 깊이 명심해야 할 것입니다.

수련 상황과 대륙삼국설에 관하여(5)

존경하올 스승님.

일기 고르지 못한 이때 안녕하셨는지요. 지난주 일요일 5월 2일 이사를 하고 정리할 것이 많아서 소식을 전하지 못했습니다. 우선 수련과 관련해서 말씀드리면 여전히 백회에서는 시원한 바람이 일고 때로는 뭔가 막힌 듯이 뻑뻑한 감이 있어 상쾌하지 못한 느낌도 있습니다. 하단전에는 아직 이렇다 할 소식이 없습니다. 그러나 하단전에서도 이전과는 달리 약간의 미열 같은 느낌이 감지되는 부분은 있습니다.

존경하올 선생님, 이사를 하면서 한 가지 고민이 생겼습니다. 이사를 막상 했는데 전에 살던 집에서 전세금을 돌려주지 않는군요. 일반적으로 전세를 살던 집에서 이사를 하면 주인은 당연히 이사 시점에 잔금을 지불하고서 세입자를 내보내는 것이 순리일 것입니다. 그런데 우리 집 주인은 그 상식적인 계약을 이행하지 않아 고민입니다.

우리가 그 집에 전세를 살게 되었던 동기는 제가 하고 있는 김치 도소매업이 마산 어시장 근처인지라 그 아파트가 적격이었지요. 당시 저는 공인중개사를 통해 전세 계약금을 지불하고 일정 기간이 지나 중도금을 일부 지불하였습니다. 그리고 마지막 잔금을 치르기 전에 주인의 양해를 얻어 아파트로 이사를 하고 주소를 옮겨서 확정일자를 받았습니다. 그 후 잔금을 지불할 시점이 되었는데 공인중개사가 갑자기 잔금 지불을 미루라는 것이었습니다. 이유는 우리가 세든 아파트가 포괄담보로 신용보증기금에 잡혀 있다는 것입니다.

공인중개사의 말에 의하면 등기부등본에는 그러한 사실이 기록되어 있지 않지만 은행에는 포괄담보로 잡혀 있다는 것을 뒤늦게 확인했다고 합니다. 참으로 기가 막힌 얘기가 아닐 수 없었습니다. 그 후로 주인은 포괄담보를 풀기 위해 무척 애를 쓴 모양이지만 우리가 치를 잔금과 자기가 준비할 수 있는 자금을 준비하지 못해 그 포괄담보를 풀지 못했습니다. 우리도 하는 수 없이 잔금을 지불하지 못한 채 1년 6개월 가까이를 살았습니다.

그 후 하도 주인이 집을 비워 달라고 사정을 하기에 6개월 정도의 계약 기간이 남았지만 집을 비워 주고 5월 2일 이사를 나왔습니다. 주인은 우리가 집을 비워 주는 조건으로 우리가 이미 건넨 계약금과 중도금 그리고 이사비 등을 지불하겠다고 약속을 하였습니다. 이사 당일 약속된 돈이 지급되지 않아 이사를 미루고 있었는데, 공인중개사는 주인의 말이 믿을 만하니 일단 이사를 나가는 것이 좋겠다고 하여 그렇게 했습니다.

그런데 웬걸! 이사를 하고 난 순간부터 주인은 전화를 끊고 소식을 두절 시켜 버렸습니다. 심지어 주인은 그날 저녁 우리가 이사를 나가자 우리집의 키를 강제로 뚫고 들어가 자물쇠통을 바꿔 버리는, 참으로 희한한 짓을 저질렀습니다. 공인중개사는 우리에게 주인으로부터 "뒤통수를 맞았다"면서 분노했습니다. 그 다음날 바로 공인중개사와 우리는 '주거침입죄' 등의 명목으로 경찰에 고발 조치를 하였습니다.

그러나 경찰서에서는 우리의 소장을 보고 이것은 '주거침입죄'가 될 수 있는 조건이 되지 않으므로 형사소송은 안 되고 민사소송밖에 되지 않는다고 하였습니다. 즉 주거침입죄가 성립되려면 우리가 이사를 하지 않거나 이사를 하더라도 짐의 일부를 놓고 가야 하는데 우리는 완전한 이사를 했기 때문에 주거침입죄에는 해당 사항이 없다는 것이었습니다.

참으로 황당한 일이 아닐 수 없습니다. 전세금을 돌려받지도 못한 채 집까지 점유를 당하는 판이 난 것입니다. 과연 이것이 제대로 된 법인지 의심스럽습니다. 이제 우리에게 남은 사항은 전세금 반환 청구소송을 통해 민사적으로 해결하는 일만 남았습니다. 집사람은 이 일로 인해 많은 스트레스를 받고 있습니다. 저 또한 이리저리 바쁜 사업에 짬을 내어 경찰서다 부동산이다 옮겨다니며 해결을 보려니 여간 힘든 게 아닙니다.

이 사건의 본질은 1차적으로 주인에게 있는 것이 틀림없습니다. 주인이 사업을 하면서 은행권과 신용보증기금에서 돈을 빌려 제대로 갚지 못해 이런 일이 벌어진 것이지요. 주인은 부동산 등기부등본에는 기록이 없지만 포괄담보로 잡혀 있는 집을 우리에게 전세를 놓으려 했다는 것이지요. 2차적으로는 공인중개사입니다. 공인중개사는 자기가 중개할 물건을 제대로 알아보지도 않은 채 문제가 있는 부동산을 우리에게 중개를 했다는 것입니다.

아무튼 이 문제는 시간과 돈과 지구력 싸움으로 지루하게 연결될 것 같습니다. 호사다마라고 했나요! 이제 선도수련을 본격적으로 결심하고 실천을 좀 해 볼까 하니 이런 일이 생기는군요. 전생 공덕은 적고 업연은 많고 하니 이런 일이 벌어졌겠지요. 제가 생각건대 선생님과의 만남이 없었다면 아마 저도 콩 튀듯 팥 튀듯 날뛰고 했을 것입니다.

다음은 일부 재야 사학자들이 단군조선과 고구려, 백제, 신라의 강역이 만주와 한반도가 아니라 중국 대륙 복판이었다는 주장에 대한 반론입니다. 선생님께서는 일단 그분들의 주장을 대변하는 입장에서 질문을 하고 계십니다. 그것은 꼭 선생님의 뜻이라기보다 저의 역사관의 지평을 넓혀 보라는 뜻으로 이해하고 그에 대한 답글을 올립니다.

1) 『삼국사기』, 『삼국유사』에 나오는 지진이 한반도의 상황이 아니고 중

국 대륙에 있었던 대륙삼국의 상황이라는 견해에 대하여, 이 문제에 대해서는 '한국지진연구소' 자료에서 발췌한 기사로 대신 답변을 드립니다.

역사에 기록된 한반도의 지진은 서기 2년 고구려 유리왕 21년에 있었던 지진을 시작으로 총 1,897회에 달한다. 『삼국사기』와 『증보문헌비고』에 지진 관측기록이 있는데 기원 1세기에는 총 15건, 2세기와 3세기에는 23건, 4세기에서 6세기에는 22건, 삼국이 통일되는 7세기에는 22건으로 늘었고, 8세기에는 26건으로 100년간 최고의 기록을 보였으며, 9세기에는 14건으로 다소 줄어 모두 122건의 기록이 남아 있다.

『고려사』에는 고려의 전 기간에 모두 176건의 지진 기록이 전해지고 있다. 특히 개성 지진이라고 불리는 비교적 큰 지진이 1260년 6월 개성에서 일어났는데 "큰 지진이 일어나 담장과 집이 무너지고 허물어졌다. 개성이 가장 심하다"라는 기록이 있고, 1385년 7월에 발생한 지진은 "군마가 달리는 소리와 같았고 담장과 집이 무너졌으며 사람들이 모두 나와 피했다"라는 기록이 있다. 이 지진은 3일간이나 계속하여 발생했다.

조선 시대에는 보다 세밀한 지진 관찰기록이 보이는데 이것은 16세기에 지진이 자주 일어났던 것에도 기인한다. 『조선왕조실록』의 1501년부터 1600년까지에 지진이 652번, 유사 지진이 19번이었다. 이것은 고려 전 기간에 지진이 176번, 유사 지진이 42번 있었다는 것에 비추어 매우 많은 숫자이다. 이와 같은 지진 관측기록은 계속적인 측정과 풍부성에서 세계적으로 자랑할 만하다. 지진 관측 자료들을 분석하면 1세기부터 조선 시대까지 약 500년의 지진 강화기와 약 200년의 지진 약화기가 되풀이되었다는 것을 알 수 있다.

그중 가장 강력한 지진을 서울대학교 이기화 교수는 『조선왕조실록』에 기록된 1643년 7월 24일 울산(신라의 경주 바로 옆)에서 일어난 지진을 꼽는데 이때의 진도를 '10'으로 추정한다. 이 당시 지진은 서울과 전라도에서도 느껴

졌으며 대구, 안동, 영덕, 김해 등지에서는 봉화대와 성가퀴가 무너지기도 했으며, 울산에서는 땅이 갈라지고 물이 용솟음쳤다고 기록되어 있다.

조선 시대에 건물에 상당한 피해를 줄 수 있는 '진도 8' 이상의 지진만도 40회에 이른다. (필자: 최근 일본 고베, 아이티, 중국 등에서 발생한 지진은 강도가 불과 '7'인데도 그 피해가 어마어마했는데 17세기 조선에서 발생한 지진은 강도가 '10'이라니 놀랄 만합니다. 그런 측면에서 한반도도 지진의 안전지대가 아니라는 것을 알 수 있습니다. 즉 『삼국사기』, 『삼국유사』의 지진은 꼭 대륙삼국의 지진으로만 말할 수는 없는 것입니다.)

한반도에서 가장 인명 피해가 컸던 지진은 통일신라 시대인 779년 경주에서 발생한 지진으로, 집들이 무너져 100여 명이 사망했는데 이때의 강도를 '진도 9'로 추정한다. 신라 천년의 고도 경주는 양산단층에 위치하므로 지난 2천 년 동안 큰 지진을 수차례 겪었다. 한반도에도 수많은 활성단층(지각 변동의 기록이 있는 단층)이 존재한다는 것을 의미한다.

학자들은 한반도 내에서 대표적인 지진의 활성단층으로 경남 진해시에서 경북 영덕군으로 이어지는 '양산단층'을 지목한다. 그런데 양산단층 위에는 신라의 고도 경주가 놓여 있다. 삼국 시대 경주에서 '진도 8' 이상의 강진이 10여 차례나 기록된 것도 이 때문이다. 한반도에서 발생한 지진 중에서 최대 규모로 추측되는 1643년 지진은 울산에서 경주로 이어지는 울산단층에서 일어난 것으로 추정한다.

또한 기상청이 지진 감시를 위해 계기 지진 관측을 시작한 1978년 이후 2002년까지 모두 580회의 지진이 발생해 연평균 22회의 발생 빈도를 보였지만, 경상북도와 남도를 가로지르는 '양산단층대'에서 일어난 것이다. 동해안 지역은 경상도 일대 단층 지역의 위험도가 매우 크다. 2005년에 발생한 후쿠오카 지진의 경우처럼 직접적인 지진 여파를 받을 가능성이 높다.

동해안은 퇴적층이 적어 완충 작용도 거의 없다. 확실히 밝혀지지는 않았지만, 일본의 일부 지역과 과거에 붙어 있었을 가능성이 많은 지역이다. 따라서 지진이 일본의 서쪽, 다시 말해 우리 동해 쪽에서 일어날 경우 그 규모는 서해안보다 더 크고, 시차 없이 여파를 받을 가능성이 높다.

이상은 '한국지진연구소' 자료에서 발췌해서 보낸 것입니다. 다음은 백두산의 화산 폭발과 발해의 멸망에 관해서입니다.

백두산의 최근 폭발은 1704년에 있었다고 합니다. 이때의 폭발 규모는 'VEI 6'이라고 합니다. VEI이란 화산 폭발 규모를 수치화한 것입니다. 1982년 인도네시아 화산 폭발이 VEI 4였고, 1991년 필리핀에서 폭발한 화산이 VEI 6이라고 하니 백두산의 화산 폭발은 그 강도나 규모가 짐작이 갑니다. 그런데 백두산은 발해가 멸망한 10세기에도 VEI 6 규모의 화산이 폭발하여 그 화산재가 일본 북해도에까지 발견되고 있다고 합니다.

발해는 전성기 때 당나라 등주를 점령할 정도로 해동성국이었는데, 그 유적이 얼마 보이지 않는 것은 백두산의 폭발과 관련이 있다고 합니다. 현재 발해 상경용천부의 궁성 정도의 유적 정도는 발굴되고 있지만 그 역사적 규모에 비해 유물 유적은 턱없이 적다고 할 수 있습니다. 그래서 발해의 유적은 로마의 폼페이처럼 발해가 존재했던 만주 일대의 용암층 밑에서 찾을 수 있을 것이라고 말합니다.

10세기 백두산에서 일어난 VEI 6 정도의 화산 폭발은 세계 10위권 안에 드는 화산 폭발 규모라고 합니다. 이로 미루어 볼 때 황금기의 신라 유적도 100만 명이 살았을 경주 유적도 이와 같은 천재지변으로 소멸되었을 것으로 추정됩니다. 그러나 그 화려한 신라 시대의 유적이 아직도 경주 불국사에서, 대왕암에서, 황룡사와 분황사의 주춧돌에서, 반월성 황궁터에서, 석굴암에서, 황남대총을 비롯한 거대 왕릉들에서 찬란히 빛나고 있습니다.

2) 『삼국사기』, 『삼국유사』에 나오는 가뭄 피해와 황충蝗蟲의 피해 사례를

볼 때 고구려 백제, 신라가 한반도가 아니라 중국 대륙에서 삼국을 형성하며 존재했다는 학설에 대하여, 먼저 가뭄旱害 피해에 대하여 말씀드립니다.

저는 경남 함안이라는 시골 산골에서 자랐습니다. 올해 1960년생이니 한국 나이로 51세입니다. 당시 전기는 문화의 척도였습니다. 전기가 들어오지 않는 집과 전기가 들어오는 집과는 문화층이 완전 달랐습니다. 제 집에 전기가 중학교 2학년 때에 들어왔으니 1974년 정도 되는군요.

전기가 들어오지 않는, 제가 살던 고향집에는 "밤이면 사랑방에 새끼 꼬면서..." 하는 유행가 가사처럼 그렇게 궁벽하게 살았습니다. 당시 우리는 중학교에서 '농업'이란 과목을 배우게 되어 있었는데 지금도 기억나는 것이 '돼지 임신 기간은 114일', '소의 임신 기간은 285일' 등등을 외워서 시험을 치곤 했습니다. 그때 농업 시간에 배운 바로는 우리나라에서 가장 큰 농작물 피해는 '가뭄 피해旱害'라고 배웠습니다. 시험 칠 때 수해水害, 충해蟲害라고 답을 적으면 여지없이 틀린 답이 되었지요.

펄 벅의 『대지』라는 작품에 나오는 중국 대륙 복판에서의 대륙성 가뭄만이 고통을 준 것이 아니라, 우리나라 한반도에서도 예나 지금이나 가뭄 피해는 심각했던 것이 사실입니다. 두 번째 황충(蝗蟲: 메뚜기) 피해라는 것도 마찬가지입니다. 아까도 말했지만 제가 60년대에 태어나 70년대, 80년대를 성장하는 시기 그때에는 이미 해충을 구제하는 농약이 상당히 개발되어 있었습니다.

그런 가운데서도 가을이면 논에서 다 익어 가는 벼의 수액을 모조리 빨아 먹어 치우는 메뚜기 떼 때문에 골머리를 앓았습니다. 학교를 갔다 오면 엄마를 따라 논에 나가 메뚜기를 잡았던 기억이 새롭습니다. 잡아도 잡아도 윙윙거리던 메뚜기 떼! 그 메뚜기를 잡아 와서 볶아먹던 기억이 지금도 생생합니다. 『삼국사기』가 수퍼형 메뚜기를 운운하는 것은 당연합니다. 당시는 메뚜기의 몸집도 지금과 달랐을 것이고 그 피해도 상상을 초월했을 것이기 때문입니다.

한편 『고려사』, 『조선왕조실록』 등에도 보면 가뭄이나 황충의 피해 사례는 얼마든지 실려 있습니다. 다시 말씀드리지만 20세기 후반을 살아온 저 같은 사람도 심각한 가뭄 현상에 대한 고통이나 메뚜기 떼에 대한 깊은 추억을 가지고 있습니다. 그런 가뭄 현상과 메뚜기 떼의 공습을 가지고 "고구려, 백제, 신라는 한반도에 없었다"는 주장을 하는 재야 사학자들이 있는데 이것은 참으로 어리석은 독단에 지나지 않는다는 사실입니다.

3) 위도상 한반도에 나란히 존재했던 백제와 신라에서 천재지변이 각각 다르게 나타나기 때문에 백제와 신라가 한반도에 없었다는 주장에 대하여, 식민사학과 중화사학에 길들여진 반도사관으로 보니까 그런 것입니다. 백제와 신라의 위도는 같지 않습니다.

답은 『만주원류고』에 있습니다. 『만주원류고』가 보는 백제는 요동반도, 대동강 평양, 황해도, 경기도, 충청도까지입니다. 신라는 경상도 지방입니다. 그러니 당연히 위도가 맞지 않고 신라에서 발생한 천재지변이 백제 지역에는 나타나지 않습니다. 반대로 백제에서 발생한 홍수 피해, 가뭄 피해 등이 신라 지역에서는 전혀 나타나지 않습니다.

그것이 얼마나 정답인가 하는 것은 고고학입니다. 『만주원류고』와 현재까지 밝혀진 고고학에 따르면, 백제의 위치는 요동반도 남단과 대동강 평양입니다. 요동반도 남단과 대동강 평양의 유적 유물은 묘제에서 두 가지의 특징을 가지고 있습니다. 그 첫 번째 것은 압록강 집안에 있는 12,000의 것과 유사한 '적석총(피라미드식 돌무지) 무덤'입니다. 이것은 고구려의 것이지요.

두 번째 것은 이른바 낙랑식의 아치형 '돌방무덤'입니다. 이것은 백제의 무덤입니다. 이 돌방무덤은 요동반도 남단과 황해도와 충청도까지 쭉 분포

되어 있는데 무려 수천 기에 달합니다. 이 돌방무덤이 백제의 것으로 증명되는 것은 부여에서 발굴된 이른바 '무령왕릉'에서 증명됩니다. '적석총' 무덤과 '돌방무덤'은 모두 대릉하와 요하 유역에서 발굴되고 있는 배달국과 단군조선의 석묘계 무덤 양식을 그대로 계승한 특징을 가지고 있습니다.

아시다시피 고구려와 백제는 쌍둥이 국가입니다. 백제는 서기 400년 고구려 광개토대왕에게 패배할 때까지 요동반도 남단과 대동강 평양 그리고 황해도에 본거지를 두고 배달국과 단군조선으로부터 연유하는 석묘계 무덤인 '돌방무덤'을 건설하고 있었던 것입니다. 고구려가 압록강 집안에서 12,000여 기의 석묘계 무덤인 '적석총(돌무지) 무덤'을 쌓는 동안 백제는 요동반도 남단과 황해도 및 대동강 평양에서 수천 기에 달하는 배달국과 단군조선의 석묘계 무덤인 '돌방무덤'을 건설하고 있었던 것이지요.

현재의 사학계는 요동반도 남단과 대동강 평양과 황해도에 있는 수천 기에 달하는 백제식 '돌방무덤'을 중국인 낙랑이 와서 건설한 무덤이라 하고 있지요. 제 조상이 조용히 잠들어 있는 거룩한 무덤을 중국 낙랑인들의 무덤이라고 주장하는 후레자식들이 현재의 사학계입니다. 중화사학과 식민사학에 물든 그들의 눈에 덮인 명태 껍데기 때문입니다. 본인의 저서 『아! 대륙백제 만주신라』는 60가지 이상의 증거로 올바른 백제를 고증하고 있습니다.

한편 400년 이후 고구려 장수왕에게 패배한 백제는 공주와 부여로 수도를 옮기지요. 『양직공도』라는 양나라 사신도에 보면 백제를 '낙랑'으로 표시하고 있습니다. 그러므로 요동반도 남단과 대동강 평양에 있는 낙랑 무덤은 백제의 무덤이 확실합니다. 압록강 집안과 만주 대륙 전체에 고구려가 있었고 (12,000기의 적석총 무덤), 요동반도 남단과 대동강 평양 및 황해도와 충청도에 백제가 있었고(『만주원류고』와 수천 기에 달하는 낙랑식 돌방무덤), 경상도 지방에 신라가 있었으니(경상도 경주는 온통 신라 유적지) 고구려, 백제, 신라는 각각 천재지변이 다르게 나타나는 것은 너무도 당연합니다.

4) 이중재 씨가 상고사 회원들과 함께 중국 산동성, 하남성, 섬서성, 안휘성, 강소성, 절강성 등에 가서 현지를 답사하고 찍어 온 신라 왕릉 유적 등과 왕건묘 사진들은 어떻게 생각하느냐는 물음에 대하여, 몽땅 가짜입니다.

해당 시기의 지역에 중국 25사의 '지리지'에는 군국郡國별로 연혁, 물산, 인물 등이 물샐틈없이 배열되어 있습니다. 그곳에 나타나 있는 군국의 거리나 위치 등을 보면 고구려, 백제, 신라가 중국 대륙 복판에 끼일 수 있는 자리는 눈곱만큼도 없습니다. 중국 25사 지리지에는 이렇게 적혀 있지요.

『후한서』

상곡군 낙양 동북 3,200리

어양군 낙양 동북 2,000리

우북평 낙양 동북 2,300리

요서군 낙양 동북 3,300리

요동군 낙양 동북 3,600리

현도군 낙양 동북 4,000리

낙랑군 낙양 동북 5,000리

고구려, 백제, 신라가 중국 대륙 복판인 섬서성 서안이나 하남성 산동성 등지에 있었다는 것은 다만 망상에 불과합니다. 우리가 밝혀야 할 것은 중국 한나라의 한사군이 대동강 평양에 있었던 것이 아니라 만주의 어느 곳에 있었던 것을 밝히는 것이 중요합니다. 단군조선이나 고구려의 평양성이 대동강 평양에 있었다는 엉터리를 바로잡고 단군조선의 평양성이나 고구려의 평양성이 만주 대륙의 요하 좌우편 어느 곳에 있었음을 밝히는 일이 중요합니다.

또한 고려의 왕건릉이 사천성 성도에 있었다는 것은 말도 안 됩니다. 현재 사천성 성도에 있는 왕건릉은 전촉前蜀왕 왕건입니다. 이름과 시대만 비슷할 뿐이지 내용은 완전히 다릅니다. 5대 10국의 혼란기의 전촉왕(847~918년)을 지낸 영릉 왕건王建 묘를 고려 태조 왕건의 묘로 둔갑시키는 어리석은 일은 당장 그만두어야 합니다. 왕건은 전촉을 세운 후 성도를 도읍으로 정하였는데 이것이 어찌 개경에 존재한 고려의 왕건이 될 수 있겠습니까?

5) 한반도 안에는 대륙에서 철수한 이씨조선이 반도사관을 합리화하기 위해서 조성한 신라의 문무왕릉, 김유신묘, 경순왕릉, 고구려의 동명왕릉, 고려의 공민왕릉 등등을 제외하면 본래부터 있어 온, 삼국과 고려의 왕릉은 공주의 무령왕릉 외에는 하나도 없고 도읍과 궁전의 흔적도 전연 찾아볼 수 없다는 문제에 대하여, 예를 들면 경상북도 경주는 전체가 박물관이라 할 정도로 신라의 유적 유물 천지입니다. 『삼국사기』, 『삼국유사』 등에서 기록한 각종 조형물 - 예컨대 불국사, 석굴암, 대왕암, 첨성대 - 그런 것들이 지금도 버젓이 경주에 존재하고 있는데 그것이 가묘다, 대륙에서 이동해 온 것이다 등등을 말한다는 것은 너무 심한 비약입니다.

6) 『사기』, 『한서』, 『한서』 「지리지」 등 이십오사를 주로 인용하는 문제와 『한단고기』, 『삼국사기』, 『삼국유사』, 『고려사』, 『세종실록지리지』, '기상 및 천문 관측 자료'들까지 모두 사료로 이용하는 문제에 대하여, 당연한 것입니다. 우리 쪽의 기록만 주장해서도 안 되고 서토 쪽 기록만 의지해서도 안 되며 너무 '고고학'만 믿어서도 안 됩니다. 모름지기 종합적 사고를 통해서 과학적으로 증명해야 하는 것이 역사입니다.
그런데 대륙 고구려, 대륙 백제, 대륙 신라, 대륙 가야, 대륙 왜를 주장하는 사람들은 중국25사의 '군국지'를 한 번 대강이라도 훑어보고 그런 주장을 하는지 묻고 싶군요. 만약 그들이 종합적 사고로 『한단고기』, 『삼국사기』,

『삼국유사』, 『제왕운기』 그리고 만주인들이 쓴 『요사』, 『금사』, 『만주원류고』, 『성경통지』, 『청사고』 등이나 거기에 붙어 있는 각종의 '지리지'를 제대로 읽었다면 절대로 그런 오류에 빠지지 않았을 것이라고 생각합니다.

한편 그들이 말하는 대로 대륙 이조가 명나라 주원장에게 대륙에서 쫓겨 왔다면 대규모의 유이민 집단을 거느리고 왔을 것입니다. 그렇다면 우리 대한민국 국민들의 유전자 DNA에는 하남성, 산동성, 섬서성 사람들의 유전자가 많이 섞여 있어야 옳을 것입니다. 그러나 단국대 김욱 교수가 발표한 한국인의 유전자 논문에 따르면 우리나라 사람들의 유전자는 만주 대륙 사람들과 유사성은 많지만 중국 대륙 한복판 사람들의 유전자와는 상당히 거리가 있는 것으로 나타났습니다.

요컨대 대륙삼국설을 주장하는 사람들은 망상사학妄想史學을 하고 있으며 본인들 스스로 깊은 오류에 빠져 있다는 것을 하루빨리 자각해야 할 것입니다

2010년 5월 5일
허성정 올림

〈필자의 회답〉

1. 지진에 대하여

내가 말한 지진은 『삼국사기』에 언급된 토함산에서 일어난 대형 지진을 말합니다. 지금 한반도 경주에 있는 토함산에서는 대규모 화산 폭발로 인한 지진 흔적을 전연 발견할 수 없는데, 안휘성 봉양현에 있는 경주에는 『삼국사기』에 언급된 것과 같은 대규모 지진 흔적이 뚜렷이 남아 있다는 것입니

다. 그리고 한반도에는 최근에 일어난 중국 사천성에서와 같은 대규모 피해를 동반하는 대륙성 지진은 발생하지 않는다는 것입니다.

2. 메뚜기 떼 기습에 대하여

내가 말하는 메뚜기 떼 피해는 하늘을 새까맣게 뒤덮는, 『삼국사기』에 언급된 황충蝗蟲 피해를 말합니다. 그런 일은 한반도에서는 일어나지 않는다는 것입니다. 그건 사실이 아닙니까? 부디 서토 사학자들의 휘치필법에 속지 마시기 바랍니다. 그들은 자국의 이익을 위해서는 이웃 나라를 얼마든지 깎아내릴 수 있는, 유구한 전통을 지닌 족속들입니다.

일제가 우리 역사를 반도사관에 맞추어 왜곡 날조하기 시작하자, 중국 사학자들 역시 얼씨구나 하고 이에 보조를 맞추어 대륙에서의 우리 민족의 흔적을 깡그리 말살하기 위해서 25사의 일부를 반도사관에 맞추어 고쳐 쓰는 등 갖은 노력을 다 기울인 것입니다.

그 결과 위에 인용한 것과 같은 『후한서』로 나타난 것입니다. 사학도는 위조된 역사책을 구별할 수 있는 지혜로운 안목을 당연히 가져야 합니다. 그런데도 불구하고 허성정 씨는 이따위 엉터리 사서에 너무나 쉽사리 빠져든 것은 아닌가 생각됩니다.

서토 사학자들에 의해 의도적으로 위조된 책만 읽을 것이 아니라 『세종실록지리지』를 비롯하여 『삼국사기』, 『삼국유사』, 『고려사』, 『한단고기』와 같이 대륙사관을 입증하는 우리 측 사서들도 읽어야 하지 않겠습니까. 그래야 균형된 역사관을 가질 수 있지 않을까 생각합니다.

한 가지 제안을 하고자 합니다. 내가 『선도체험기』를 쓰는 목적은 어디까지나 내가 터득한 선도수련 체험을 후배들과 나누자는 것입니다. 그런데 본의 아니게 역사 논쟁에 『선도체험기』의 지면을 너무 많이 할애하는 것 같습니다. 지금까지 내가 읽어온 재야 사학자들이 쓴 저서 중에서 아직까지 나는 이병화 저『대륙에서 8600년 반도에서 600년』을 능가하는 획기적인 수작을 접한 일이 없습니다.

만약에 허성정 씨가 이 책에서 언급된 대륙사관을 조목조목 반증하는 저서를 발간하신다면 나는 누구보다도 먼저 그 책을 구입하여 읽어 볼 것입니다. 그 책을 읽고 나서 허성정 씨의 반론이 과연 옳다는 판단이 선다면 나는 다시는 대륙사관에 대하여 말하지 않을 것입니다. 구도자에게는 사관이 중요한 것이 아니라 무엇이 진실인가가 훨씬 더 중요하기 때문입니다.

나뿐만 아니라 한국 상고사에 관심이 있는 사람이라면 누구나 다 나와 같은 심정일 것입니다. 진실을 추구하는 것이야말로, 먼 장래를 내다볼 때 가장 애국적인 일이기 때문입니다. 처음에 이병화 씨의 저서를 읽은 나는 반신반의했지만 두 번, 세 번, 네 번을 읽은 뒤에야 그 책의 핵심을 파악할 수 있었습니다.

미상불 허성정 씨 같은 만주반도사관을 주장하는 분은 이병화 씨의 저서를 읽는 순간 심한 반발부터 느꼈을 것이고 두 번 다시 읽으려 하지 않을 것입니다. 그래 가지고는 그와의 대결에서 이길 수 없습니다.

그 책을 쓰기 위해서 이병화 씨는 수없이 현지를 답사하여 문헌 기록과 현지 지형과 유적들과 현지 원주민들을 만나 보고 진실을 확인하는 각고의 노력 끝에 그 책을 냈다고 합니다. 따라서 그만한 무게와 가치가 느껴지는 저서입니다.

그의 업적을 뒤집어엎기 위해서는 그를 능가하는 연구와 피나는 노력이 축적되어야 할 것입니다. 허성정 씨가 과연 그만한 노력을 기울인 일이 있는지 묻고 싶습니다. 그러나 허성정 씨도 지금과 같은 열정과 노력을 기울인다면 반드시 그만한 일을 성취해 낼 수 있을 것입니다. 그렇게 될 때까지『선도체험기』에서는 나의 대륙사관에 대한 반박을 유보하는 것이 좋지 않을까 생각합니다.

만약에 그렇게 할 의사가 없다면, 선도수련에나 용맹정진하여 소주천, 대주천, 현묘지도 수련 과정을 꿰뚫기를 진심으로 바라는 바입니다. 그런 일이라면 내가 힘닿는 대로 도와드릴 것입니다. 솔직히 말해서 우선순위를 따진다면 나는 수련을 하여 부동심과 평상심을 얻는 것이 자신의 사관을 관철하는 것보다는 훨씬 더 중요하다고 생각되기 때문입니다. 사관은 바꿀 수 있어도 진리는 바꿀 수 없기 때문입니다.

삼한과 삼국의 강역은 한반도와 만주 대륙(6)

존경하올 스승님께.

보내 주신 메일은 잘 읽었습니다. 선생님의 고민과 같이 저도 한때 이병화, 정용석, 오재성, 이중재 선생들의 책을 읽고 충격을 받은 적이 있었습니다. 『아! 고구려』는 그런 고민의 산물이었습니다. 그러나 고구려의 평양성만큼은 아무리 생각해도 만주를 떠날 수가 없었습니다. 저는 『아! 고구려』에서 고구려를 대륙으로 가져가지 않은 것을 천만다행으로 생각합니다. 물론 백제와 신라를 모두 대륙으로 가져간 것은 아니지만 말입니다. 그러나 백제와 신라의 일부는 분명히 대륙으로 가져가는 우를 범했습니다.

고민에 고민을 거듭하던 차에 『한단고기』, 『삼국사기』, 『삼국유사』를 다시 읽었습니다. 그리고 중국 25사를 꼼꼼히 읽어 가면서 저는 저의 학설이 잘못되었다는 것을 깨닫게 되었습니다. 그리고 만주에서 뒤집어지고 있는 고고학적 자료를 보고 『한단고기』, 『만주원류고』, 『요사』, 『금사』, 『원사』 등 이른바 만주계 사서들이 얼마나 정확한 기록을 한 것인가를 다시 한 번 확인하였습니다. 문헌 사학에서 말하는 역사적 기록이 고고학적 물증으로 증명되는 것을 깨달았습니다.

예를 들면 대릉하의 우하량의 홍산 유적지에서 BC 3500년경의 소조상이 발굴되었는데 놀랍게도 이것은 『한단고기』에서 제5세 배달국 태우의 환웅이 선도를 체계적으로 보급했다고 하는 기록을 그대로 증명하고 있었습니다. 그 소조상은 가부좌를 틀고 선도수련을 하는 모습 그대로였습니다. 그 외에도 대릉하와 요하 유역의 역사 현상은 『환단고기』가 아니면 도저히 설명을 해 낼 길이 없다는 것을 알았습니다. 『환단고기』가 없으면 현재의 만주 문명은 외계인이 건설한 것이 되고 맙니다.

서토족들의 사서들은 거의 만리장성 이남의 기록과 단군조선과의 경계였던 북경 근처로 끝이 납니다. 그들은 그들 땅의 경계 표시였던 만리장성 이남의 기록만 매우 꼼꼼히 기록을 해 놓았습니다. 그곳에 단군조선, 위만조선, 고구려, 백제, 신라가 들어간다는 것은 도저히 불가능하다는 것을 알았습니다. 단군조선과 삼한삼국의 기본 강역인 만주와 한반도는 우리 역사 5000년의 보고입니다. 이것을 놓치고 서토인들이 완벽하게 짜 놓은 대륙에 우리의 삼한삼국이 존재했을 것이라는 생각은 환상일 것입니다.

이병화 선생이 과학이 뭔지, 고고학이 뭔지 조금의 상식만 있었어도 서토인들이 건설해 놓은, 서토인들의 냄새만 풍기는 고고학 유물을 우리 민족의 냄새가 나는 유물 유적으로 느끼지는 않았을 것입니다. 섬서성 서안에 고구려풍의 공포, 치, 단청, 전각들이 보이는 것은 그 지역을 지배했던 5호 16국 등이 대부분 북방 민족이었기 때문입니다. 대부분 단군조선의 후예들이지요. 심지어 당나라를 세운 이세연 등도 선비족의 일파입니다. 그들의 유적 유물에서 고구려의 것과 비슷하게 나오는 것은 당연합니다.

선생님의 말씀대로 역사 문제의 논쟁은 오늘로써 마치려고 합니다. 아무튼 우리에게 지금 필요한 것은 만주에서 고고학적으로 증명되고 있는 배달국과 단군조선의 역사와 사상입니다. 『한단고기』 '소도경전본훈' 등에 나오는 『천부경』, 『삼일신고』 등의 정신과 사상은 세계의 정신세계사에서 유래를 찾아보기 힘들 정도의 에너지를 가지고 있습니다. 선생님의 계획과 목표처럼 이것을 세계화하는 데에 온 힘을 기울이는 것이 중요하리라고 봅니다.

오늘은 마지막으로 만주와 한반도에 존재했던 삼한삼국의 실상을 보내도록 하겠습니다. 기왕에 공력을 들여 작성한 것이니 일단 보내도록 하겠습니다. 그간의 성원과 조언에 깊은 감사를 드립니다. 그리고 다가오는 일요일에는 선생님을 찾아뵙고 수련 상황을 점검받고 싶습니다. 부디 허락해 주시기 바랍니다. 감사합니다.

존경하올 김태영 선생님.

지금까지 저는 대륙삼국설을 주장하는 사람들에게 『사기』, 『한서』, 『후한서』를 통해 삼국이 중국 대륙 한복판인 섬서성이나 하남성에 존재할 수 없는 사실들을 열거하였습니다. 오늘은 대륙삼국설을 주장하는 사람들에게 고구려, 백제, 신라가 승계한 삼한(진한, 마한, 변한)이 만주와 한반도 전역에 있었던 나라였음을 증명함으로써 고구려, 백제, 신라는 만주와 한반도의 국가라는 것을 말해 보고자 합니다.

고구려, 백제, 신라 삼국은 마한, 변한, 진한이라는 삼한에서 연유한 나라라는 것은 『삼국지』를 통해서도 언급되고 있습니다. 지금까지 우리가 역사 교과서에서 배운 바로는 마한, 진한, 변한이라는 삼한이 한강 이남에 국한된 78개의 소국인 것으로 배워 왔습니다. 그러나 삼한의 진실된 의미는 『환단고기』에서 말하는 대로 삼조선으로 형성된 단군조선의 또 다른 이름이며, 그 강역이 서만주(변한) 북만주(진한) 한반도(마한)에 걸친 나라라는 것입니다.

『후한서』에는 '진한'에 대해 다음과 같이 말하고 있습니다.

"조선왕 '만'은 연나라 사람이다. 연나라가 전성할 때로부터 일찍이 진번과 조선을 침략해서 자기 나라에 붙여 관리를 두고 요새를 쌓았었다... 그는 패수를 지나 진나라의 옛 공지인 '상하장'에 살았다... 손자 우거에 이르렀다... 진번과 '진국'이 글을 올려 천자를 보고자 해도 그에게 막혀 통하지 않았다[사고에서 이르기를 '진'은 '진한'의 나라이다(師古日辰謂辰韓之國也)]."

진번과 진국(진한: 단군조선)이 한나라 천자를 알현하려 해도 위만조선의 우거 왕이 방해를 하여 통할 수 없게 되었다는 얘기를 하고 있는 대목입니다. 여기에서 언급되고 있는 이 진국辰國, 진한辰韓은 문맥상 경상도 지방의 진한 12소국일 리는 만무하겠지요?『후한서』에서 언급하고 있는 이 진국辰國, 진한辰韓은『환단고기』의 단군조선을 말하는 것이 틀림없습니다. 현재 우리 국사 교과서에서 가르치는 진한이란 신라를 탄생시킨 경상북도 지방의 12소국입니다. 그러나 그 학설이 말짱 거짓말임은『후한서』를 통해 증명되는 것이지요. 이것은『위략』에서 "위만조선의 역계경이 우거 왕에게 간하였으나 듣지 않아 진국辰國으로 갔다"는 그 진국(진한)인 것입니다.

과연『위략』과『후한서』에서 말하는 이 기록이 중국 대륙의 한복판인 섬서성 서안 근처에 평양성(왕험성)이 있었고 그곳에 존재했던 위만조선과 진국(진한: 단군조선)의 얘기일까요?『위략』과『후한서』에서 말하는 진국(진한)은 결코 경상도 지방의 진한 12소국도 아니고 중원대륙 섬서성 서안에 존재했던 것도 아닙니다. 이 기록은 최소한 한반도 북부와 만주에 존재했던 진국(진한)에 관한 상황인 것입니다. 그것이 역사의 진실입니다.

다음은『요사』「지리지」와『진서』에 나오는 삼한 78국입니다. 역시 만주의 요나라 한주 지역에 있었다고 증언하고 있습니다.

삼한의 역사가 기록되어 있는『삼국지』의 '삼한 78국'에는 7개의 비리국이 등장합니다. 그중에서도 비리국은 '마한 54국'에 나오는 나라 이름이지요. 7개 '비리국'의 나라 이름은 비리국, 감해비리국, 내비리국, 벽비리국, 모로비리국, 여래비리국, 초산도비리국 등 7국입니다. 그런데 이 7개의 비리국은 만주(요녕성)에 있었습니다. 만주 사서들인『환단고기』와『요사』「지리지」에 확실히 기록되어 있습니다.

"요나라 집주에 옛 '비리군'이 있다. 한나라의 험독현에 속했다. 고구려는 상암현이라 했다. (集州古卑離郡地, 漢屬險瀆縣, 高麗爲霜巖縣.)" 요나라의 집주는 만주의 요녕성 '혼하' 지역입니다. 옛날의 비리군이었고, 한나라가 점령했던 '험독현'이었고, 고구려의 상암현이었다고 『요사』「지리지」는 설명하고 있습니다. 서토 25사 제5위에 속해 있는 『진서』에도 '비리국'이 상세히 기록되어 있습니다.

"숙신(요녕성)에서 말을 타고 200일을 가면 비리국이다. 비리국에서 말을 타고 50일을 가면 양운국이다." 『진서』의 비리국은 『삼국지』의 6개 비리국 중 가장 멀리 있는 원조 비리국의 위치를 말합니다. 이처럼 삼한과 마한의 '비리국'은 서토 사서인 『삼국지』, 『진서』, 『요사』「지리지」에 확실히 기록되어 있습니다. 그러나 매국 사학자들은 이를 간과하고 있지요. 또한 만주 사서들(『환단고기』, 『요사』, 『금사』, 『원사』, 『만주원류고』)을 아예 역사서로 취급하지 않습니다. 만주의 기록을 만주인들보다 더 잘 알 수 있는 사람들이 있겠습니까?

다음은 『삼국지』, 『양서』, 『북사』에서 기록하고 있는 삼한 78국의 고리국 위치를 통해서 고구려, 백제, 신라가 만주에 있었음을 증명해 봅니다. 『요사』「지리지」에도 고리국에 대한 기록이 자세합니다.

"요나라 한주는 본래 고리국의 옛 치소이다... 요나라 봉주는 고리국의 옛 고지이다. (韓州 東平軍下刺史 本槀離國 舊治 柳河縣 高麗置 鄚頡府 都督 鄚頡二州 鳳州槀離國故地 渤海之安寧郡境 南王府五幙分地.)" 『삼국지』에 나오는 삼한 78국에 등장하는 '고리국'이 요나라 한주와 요나라 봉주에 있었다고 하는 설명입니다.

요나라 한주가 설마 중원 대륙 한복판인 섬서성 서안이나 하남성 어디는 아닐 것입니다. 서토 사서 『삼국지』 등에 기록되어 있는 삼한 78국은 만주와 한반도에 걸쳐 있었던 나라들인 것입니다. 한강 이남에 있었던 삼한은 후대의 삼한이고, 단군조선이 붕괴되고 각기 만주 등지에 살던 유민들이 한 반도로 들어와서 만주에 살던 지명을 그대로 사용해서 생긴 지명인 것입니 다. 한반도를 통치하던 마한은 그들 유민들을 받아들여 일정한 영토를 주고 살도록 하였다고 『삼국사기』 등에도 기록되어 있는 것입니다.

다음은 『삼국지』를 통해 보는 삼한입니다. 역시 만주의 천산산맥 근처에 삼한이 있었음을 증명합니다.

"경초중(AD 237~239년)에 명제는 비밀리에 대방태수 유흔과 낙랑태수 선 우사를 파견하여 한국의 여러 신지들에게 읍군 인수를 주고 그 아래에는 읍 장 인수를 주었다... 부종사 오림이 한국은 본래 낙랑군이 통치하였으므로 '진한 8국'을 분할해서 낙랑군으로 한다고 하니 통역이 잘못되어 한의 신지 들이 격분하여 대방군 기리영을 공격하였다. 대방태수 궁준과 낙랑태수 유 무가 군사들을 동원하여 이들을 정벌하다가 궁준이 전사하였다. 2군은 한을 멸망시켰다"(『삼국지』 '한전').

설마 대방태수 궁준과 낙랑태수 유무가 진한 8국(경주신라)을 공격한 것 은 아니겠지요? 낙랑과 대방이 대동강 평양과 황해도라 하더라도 대방태수 와 낙랑태수는 중간인 한강과 서울 지역에 있는 백제와 마한을 넘어서 무슨 수로 경북 경주의 진한 8국을 공격하고 그 나라를 멸망시킬 수 있겠습니까?

다음은 『삼국지』 '동옥저전'입니다. 역시 동옥저가 고구려의 개마대산인 요녕성 천산산맥을 들먹이고 있습니다.

"동옥저는 고구려 개마대산蓋馬大山의 동에 있다. 대해 가까이 있다. 그 지 형은 동북은 좁고 서남은 길다. 1000리쯤 된다. 북에는 읍루 부여가 있고 남으로는 맥과 접해 있다. 한무제 원봉 2년에 조선을 정벌하고 위만의 손자 우거를 죽이고, 그 땅에 4군을 두었는데 옥저성에 현도군을 두었다. 후에 이맥이 침입하여 현도군을 구려 서북으로 옮겼다. 지금 소위 현도고부라는 곳이다. 옥저는 다시 낙랑군에 속하게 되었다. 한나라는 토지가 너무 넓고 멀므로 단단대령單單大嶺 동쪽에 동부도위를 두고 치소를 불내성에 두고 영동 7현을 주관하게 하였다."

『삼국지』 '동옥저전'에서 가장 중요한 지명은 단단대령單單大嶺 또는 개마대산蓋馬大山입니다. 단단대령이나 개마대산은 요녕성 천산산맥千山山脈을 말합니다. 1000리라 했으니 의심의 여지가 없지요. 여기에 삼한과 낙랑 그리고 예濊와 옥저沃沮가 있었던 것입니다. 한국의 매국 사학자들은 요녕성 천산산맥에서부터 한반도 남부까지 존재했던 옥저, 예국, 삼한, 낙랑 등을 모두 압록강 이남으로만 끌고 와서 서토의 동북공작을 도와주고 있는 것입니다. 동옥저의 위치를 한반도의 동해안으로 가져온 것은 매국 사학입니다. 더군다나 이것을 중원 대륙 섬서성으로 가져간다는 것은 망발입니다.

한나라 무제는 요동반도 서쪽 서요하 지역에 있는 위만조선을 멸하고 서요하와 요동반도를 걸쳐 한사군을 설치하고 옥저성을 두었다고 합니다. 이 옥저성은 다시 낙랑군에 속하게 하였다고 했지요. 여기서 나오는 낙랑 역시 한반도의 대동강 평양이 절대 아닌 것입니다. 즉, 『삼국지』 '동옥저전'에서 말하는 낙랑과 옥저는 요동반도 천산산맥 근처인 것입니다. 왜냐면 '단단대령'과 '개마대산'을 직접적으로 언급하고 있으니까요.

다음은 『삼국지』 '예전'에 나오는 예국에 관한 사항입니다. 역시 요녕성 천산산맥인 단단대령 근처에 예국이 존재하였음을 말하고 있습니다.

"남에는 진한, 북에는 고구려가 있고 옥저와 접했다. 동쪽은 대해이고, 지금 조선의 동쪽이 다 그 땅이다. 호 2만이다. 옛날 기자가 조선으로 와서 8조의 법을 만들어서 교화하니 교화되었다. 문을 닫는 집이 없고 도적이 없었다. 그 40여 세世 후 조선후 준이 왕을 참칭했다... 중략... 한무제가 조선을 정벌하여 그 땅에 4군을 두었다. 단단대령單單大嶺 서쪽은 낙랑군에 속하고 동쪽 7현은 도위를 두어 다스렸는데 모두 예를 민으로 삼았다."

『삼국지』 '예전'에 나오는 예국도 마찬가지로 요녕성 천산산맥을 들먹이고 있습니다. 진한과 예국도 단단대령의 옥저와 접해 있고 단단대령(요녕성 천산산맥) 근처에 있었던 것을 알 수 있습니다. 한편 여기에 나오는 진한은 한강 이남의 신라 진한이 당연히 아니지요. 이것을 한반도의 개마고원 아래 함흥(옥저)과 강원도(예국)로 끌고 와서 역사를 축소해서도 안 되겠지만 대륙의 섬서성 서안 근처로 끌고 들어가는 것은 더욱 질이 나쁜 경우입니다.

그렇다면 한반도는 당시 무엇이었습니까? 굳이 『환단고기』를 들먹이지 않더라도 대동강 평양은 마한(막조선)의 강역입니다. 서토의 사서들이 "마한이 동쪽 땅을 떼어 주어서 진한이 되었다..." 등등으로 말하고 있기 때문입니다. "진한辰韓의 늙은이들이 직접 말하기를 '진秦나라 망명자들이 옴에 피난 가는 것이 고역이다'라고 하였다. 마한馬韓(대동강 평양)이 동쪽 지역의 땅을 떼어 주었더니 패거리가 되어 서로 부르는 소리가 진나라 말과 비슷하였으므로 진한秦韓으로 하였다" (『후한서』, 『삼국지』, 『양서』, 『진서』).

한편 만주에서 깨어진 본국 단군조선과 위만조선의 제후국들이 요동반도와 한반도에 세워진 제후국들은 총 78국 정도가 되었다는 것이 진수가 쓴 『삼국지』에 기록되어 있는 것입니다. 또한 시차를 두고 나타난 결과이겠지만 연쇄반응으로 한반도와 일본으로 건너간 제후국들도 100여 개가 된다는 것이 『일본서기』 등의 기록이지요. 국내의 150개 대학의 사이비 역사학 박사와 식민사학 역사 교수들은 이런 상식적인 것을 이해하지 못해 삼한 78국이 만주 대륙과는 전혀 무관한 듯이 역사를 오도하고 있는 것입니다.

다시 말해 삼한 78국이 하늘에서 뚝 떨어진 존재인 양 혹은 한반도에서 자생한 양 역사를 축소해서 해석하고 난리 법석을 떨고 있는 것입니다. 더욱 가관인 것은 일부의 재야 사학자들은 한반도와 만주에 있었던 삼한과 삼국이 중국 대륙 한복판인 섬서성 서안이나 하남성 산동성에 존재했다고 난리를 치고 있으니 더욱 한심한 일이 아닐 수 없습니다.

다음은 청나라 때 저술된 『우공추지』와 한치윤의 『해동역사』를 보겠습니다. 삼한이 기주에 존재하였다고 합니다. 기주는 만리장성의 끝부분인 갈석산이 있는 하북성 난하 근처입니다. 삼한은 기주에서부터 대릉하와 의무려산(북진) 그리고 요하 이서, 이동 및 요동반도를 거쳐 한반도까지 연결되어 있었던 것이지요.

"마한馬韓, 진한辰韓, 변진弁辰 삼한三韓은 바로 기주를 설명하는 데에서 말한 도이로 가죽옷을 입는 자들이다."(『우공추지禹貢錐指』) 살펴보건대 기주의 동북쪽은 옛날에 동이의 지역이었으므로 우禹의 발자취가 갈석碣石을 오른쪽에 둔 곳까지 미쳤는데 '도이는 가죽옷을 입는다'고 하였으니 도이는 바로 우리나라를 가리키는 것이다. 우리나라의 지형은 삼면이 바다로 둘러싸여 있어서 그 형상이 섬과 같으므로 『한서』에 '조선은 바다 가운데 있는 월越의 형상이다'고 한 것은 바로 이를 말한 것이다. 요 임금과 순 임금 때 덕스러운 교화가 점차 퍼져 귀화하는 동이가 점차 많아지자 기주 동북쪽에 있는 의무려醫無閭 지방을 나누어 유주幽州로 삼았는데 지금의 요하遼河 이서의 지역이다. 청주靑州 동북쪽 바다 너머의 지역을 영주營州로 삼았는데 지금의 요하 이동의 지역이다. 이는 대개 후세의 기미주羈縻州와 같이 이맥夷貊을 붙잡아 매어두기 위한 것이었다. 또 살펴보건대 『관자管子』 경중편輕重篇에서 '발發, 조선朝鮮의 문채 나는 가죽옷으로 내어 폐백을 삼는다'고 하였는데 이는 바로 『상서』 우공禹貢에서 '도이는 가죽옷을 입는 자이다'라고 한 것이다"『해동역사』 제1권 세기편의 '동이총기'.

다음은 만주의 심양을 성경이라 한 『성경통지』에 나오는 삼한입니다. 역시 요동반도 개평, 금주 등에 삼한이 있었음을 말하고 있습니다.

"개평현盖平縣은 수나라 때 고구려 개모성이었다. 개모성은 요나라 때 진한辰韓과 통한다는 이유로 진주를 세웠다. 금주金州는 주나라 때에는 조선의 경계로 진한辰韓 지역이었고, 한나라 때에는 현도군에 속하였다. 뒤에 발해의 삼로군이 되었다."

다음은 『해동역사』가 집대성한 만주의 진한에 관한 내용입니다. 요동반도 개평, 복주, 금주 등이 진한 지역임을 설명하고 있습니다. 고구려의 후신인 발해도 요동반도를 차지하고 있었음을 설명하고 있습니다. 도대체 고구려가 대륙 복판인 섬서성에 존재했다는 얘기는 눈을 씻고 봐도 없습니다.

"개평현盖平縣은 주周나라 때에는 조선에 속하였고, 위나라 때에는 평주에 속하였고, 진晉나라 초기에는 그대로 내려오다가 후기에는 고구려에 속하였고, 수나라 때에는 고구려에 속하여 개모성盖牟城이 되었으며, 당나라 때에는 개주盖州를 설치하였다. 복주復州는 주나라 때에는 조선의 경계였고, 위나라 때에는 평주에 속하였고, 진나라 때에는 고구려에 속하였으며, 수나라 때에도 같다. 금주金州는 주나라 때에는 조선의 경계로 본디 진한辰韓 지역이었고, 한나라 때에는 현도군에 속하였고, 진나라 때에는 그대로였다가 후기에는 고구려에 속하였고, 당나라가 고구려를 평정한 처음에는 금주를 두어 통치하다가 그 뒤에 발해의 삼로군杉盧郡에 속하였다" 『해동역사』 '속집' 제6권 지리고 6.

다음은 『무경총요』입니다. 『무경총요』는 『신당서』를 감수한 당나라 증공량의 저서입니다. 삼한이 요동반도와 압록강 근처에 있었음을 또 한 번 증명하고 있습니다.

"韓州, 在三韓之地, 本州海西北边之邑, 旧有三州, 契丹并为韓州. 东北至生女真界, 西北至惠州九十里, 西至辽河六十里."(한주가 '삼한'의 땅이라고

말하고 있습니다. 생여진이 나오고 요하가 나오고 요나라 한주가 등장하니 당연히 만주 한복판의 얘기가 아니겠습니까?)

"吉州, 三韩古城也, 契丹置兵防控新罗诸国. 东至石城, 西南至鸭绿江, 东至大监州百里, 西至海."(길주에 '삼한고성'이 있다는군요. 내용상으로 봐서 『거란지리도』나오는 압록강변의 길주입니다. 압록강 쪽도 삼한 땅이었군요.)

"盐州, 三韩之地, 旧有城邑, 置兵防制新罗诸国, 又有小盐州, 相去八十里." (염주도 삼한 땅이군요. 이 염주는 압록강 바로 아래에 있는 지명이군요. 요컨대 만주와 압록강과 평양 아래 한반도 전체가 삼한 땅이었던 것입니다.)

『요사』「지리지」와『만주원류고』를 보겠습니다. 고구려 개모성 자리는 발해의 개주였고 그곳은 '진한'에서 이름을 땄다고 하고 있습니다. 고구려 개모성이 있던 자리는 요동반도라고도 하는 주장과 요서지방이라고 하는 주장이 맞서고 있습니다. 두 가지 설이 있지만 모두 만주 지방 한복판입니다. 결국 그곳이 진한 땅이라고 하는군요. 이 진한은 한강 이남에서 신라를 탄생시킨 진한 12소국으로 볼 수는 없는 것입니다.

"진주辰州는 본래 고구려의 개모성이다. 발해는 개주라고 부르다가 진주라고 고쳤는데, 진한辰韓에서 이름을 땄다"『요사』「지리지」.

"『구당서』에는 백제가 마한의 옛 땅에 있었다고 하였다...『요사』「지리지」에 따르면 진주는 본래 고구려의 개모성蓋牟城(요동반도)이다. 또한 발해의 개주였다. 진주는 진한辰韓에서 이름을 취하였다"『만주원류고』.

『신당서新唐書』 '발해전'은 발해 건국 초기의 형편을 전하면서 "부여, 옥저, 변한, 조선, 해북 제국을 모두 차지하였다(盡得扶餘沃沮弁韓朝鮮海北諸國)"고 하였습니다. 송기, 구양수 등이 편찬하고 증공량이 감수한 『신당서』에 나오는 권위 있는 얘기입니다. 『신당서』는 발해의 초기 강역을 설명하면서 발해가 '변한(번한)'의 땅을 차지하면서 성장했다는 사실을 적고 있습니다. 우리가 전통적으로 알고 있는 경상남도 변한과는 번지수가 한참 틀립니다.

『한서』에는 BC 128년 한나라 무제 유철 원년, "예군濊君 남녀 등 28만 명이 투항하므로 창해군蒼海郡(하북성)을 두었다"는 기록이 나옵니다. 『후한서』에는 "예군濊君 남녀 등이 우거(위만조선)에게 반기를 들고 28만 명을 이끌고 요동군에 와서 내속하므로, 무제는 그곳에 창해군을 두었다"는 기록도 있습니다. 『삼국지』에는 "부여 왕이 예국濊國의 도장을 지닌 채 옛 예국의 도성에서 살고 있다"고 말하는 구절도 있습니다.

『삼국지』 '예전'에 따르면 예, 낙랑, 진한 8국 등이 요동반도 천산산맥인 단단대령 내지 개마대산에 있었습니다. 또 부여의 노인들도 스스로를 '망명자'라고 부른다는 구절도 있습니다. 이로 볼 때 예족濊族은 원래 만주에 있었던 것이고 한반도의 강원도 예국은 후대의 예국임을 알 수 있습니다. 강원도 태기산에는 예국과 맥국의 군대가 서로 싸운 이야기가 내려옵니다. 또 경상북도에서는 '진솔예백장晉率濊伯長'이라는 명문이 새겨진 도장도 나왔습니다. 만주에 존재했던 예국이 한반도로 이동해 들어왔다는 증거입니다.

한편 한반도의 경상도에서 신라를 탄생시킨 진한 12소국은 언제 어떻게 생겨났는가? 그것은 『삼국지』 등 여러 사서에 기록되어 있는 대로 만주의 본국 진한이 멸망하고 그 후예들이 마한의 도움을 받아 경상도에 새로운 진한 12소국을 건설한 것입니다. 그들은 만주에서 한반도로 들어갔기 때문에 일부 언어도 달랐던 것을 알 수 있습니다. 『삼국지』의 얘기를 들어 봅시다.

"진한은 마한 동쪽에 있다. 그 나라 노인들의 말에 의하면 옛날에 도망온 사람들이 진나라의 괴로운 부역을 피하여 한나라로 오자, 마한에서는 그 동쪽 국경 지방의 땅을 베어서 그들에게 주었다 한다. 그들은 성책이 있고, 그 말하는 것은 마한과 다르다. 나라를 방이라 하고 활을 호라고 한다. 도둑을

구라고 하고 술잔 돌리는 것을 행상이라고 한다. 서로 부르기를 같은 동무처럼 불러서 진나라 사람들의 말하는 것과 같았다. 이것은 비단 연나라, 제나라에서 물건을 부르는 말일 뿐 아니라, 낙랑 사람을 아잔이라고 부르는 것이나 동쪽 지방 사람이 우리를 아라고 부르는 것을 보면, 낙랑 사람은 본래 그 나머지 사람인 모양이다. 지금에 와서는 진한이라고 이름하는 자가 비로소 여섯 나라가 있더니 이것이 차츰 쪼개져서 열두 나라가 되었다"『삼국지』 동이전, 진한.

"진한辰韓의 늙은이들이 직접 말하기를 '진秦나라 망명자들이 옴에 피난 가는 것이 고역이다'라고 하였다. 마한馬韓(마한의 수도는 대동강 평양)이 동쪽 지역의 땅을 떼어 주었더니 패거리가 되어 서로 부르는 소리가 진나라 말과 비슷하였으므로 혹은 진한秦韓으로 하였다"『후한서』, 『삼국지』, 『양서』, 『진서』.

다음은 『만주원류고』를 통해 진한과 마한이 만주와 한반도에 걸쳐 있었음을 확인해 보도록 하겠습니다.

"『구당서』에 의하면 백제는 마한의 옛 땅에 있었고 당나라 현경 5년에 웅진 및 마한도독부 등 5도독부가 설치되었다. 『요사』「지리지」에서 말하기를 고구려의 개모성이며 발해의 개주인 진주는 '진한'에서 그 이름을 취했다. 삼가 살펴보건대 삼한은 부여와 읍루의 남쪽에 있으며 모두 78국이다. 사방이 4,000리에 달한다. 마한의 북쪽은 낙랑과 접하는데 지금의 개평, 복주, 영해 지방에 뻗쳐 있었다. 진한의 북쪽은 예국과 접하는데 예국의 땅은 부여 경내이다...『진서』의 비리국은 『요사』의 비리군으로서 숙신의 서북으로 지금의 무순 지역이다...(謹按 三韓在夫餘, 挹婁二國之南, 所統凡七十八國, 合方四千里. 馬韓在西, 辰韓吊, 弁韓在辰韓之南. 馬韓北與樂浪接, 則所轄在今蓋平復州寧海. 辰韓北與濊接, 濊地卽夫餘境也...)"

『만주원류고』는 참으로 놀라운 기록을 보여 주고 있습니다. 삼한 중 마한

이 지금의 요동반도 개평, 복주, 영해 지역에 뻗쳐 있었다고 하고 있기 때문입니다. 또 삼한 중 진한은 지금의 북만주인 길림 농안의 부여 지방에 근거를 두고 있다고 말하고 있는 것입니다. 이 기록은 『환단고기』에서 말하는 진한(진조선)의 영역에 대한 기록과 완전히 일치합니다.

또한 대동강 평양에 수도를 둔 마한(막조선)의 강역은 『한단고기』보다 더 확장을 해서 요동반도까지라고 하고 있는 것입니다. 또한 『진서』와 『요사』의 비리국과 비리군이 지금의 중만주 '무순' 지역에 있었다고 하니 삼한의 7 비리국이 지금의 무순 지역에 있었음을 확실히 고증해 주고 있는 것입니다. 이로써 『삼국지』에 나오는 삼한 78국의 위치가 북만주, 중만주, 서만주, 한반도였음이 정확히 고증된 것입니다. 『만주원류고』의 이 위대한 기록은 고고학적으로 증명되고 있습니다.

다음은 최근에 중국 본토에서 발굴된 고고학 자료를 통해서 삼한이 만주에 있었음을 증명해 보겠습니다.

7세기 고구려를 배신하고 당나라의 길잡이가 되었던 연개소문의 큰아들 연남생(당나라 이름 천남생)이 당나라에서 죽고 그 묘비가 서토의 하남성 북망산에서 발견되었는데, 그는 '요동군평양성인'이며 '변국공'으로서 '삼한의 영걸'로 칭송받고 있습니다. 또 연남생을 따라 당나라로 갔던 고현은 그의 묘지명에서 '삼한의 귀족'이며 '요동삼한인'이라고 하였는데 그것은 매우 중요한 고고학적 발견이 아닐 수 없습니다.

"679년 의봉 4년 정월 29일 공(천남생)이 병을 얻어 안동부의 관사에서 돌아가시니 춘추 46세였다… '삼한'이 당나라의 신첩이 되었다… 공은 '요동군 평양성 사람이다… '변국공' 천남생은 5부의 우두머리이자 '삼한의 영걸'로 기지가 신묘하고 식견이 심원하였다." 〈천남생묘지명〉.

"고현은 천남생을 따라 당나라에 들어왔다. 고현의 휘는 현이요 자는 귀주이며 '요동삼한인'이다. 증조 고부는 본주 도독을 지냈고 조부 고방은 평양성 자사를 지냈으며 부친 고렴은 천주 사사로 추증되었다. 모두 '삼한의 귀족'이다"〈고현묘지명〉.

즉 7세기 당대의 당나라 사람들도 고구려가 삼한의 일부였던 것을 확인해주고 있는 명확한 고고학적 증거인 것입니다. 그것은 『삼국사기』, 『삼국유사』나 『수서』, 『구당서』, 『신당서』, 『통전』, 『자치통감』보다 몇백 배의 사료적 가치를 가지는 것입니다. 고구려, 백제, 신라는 삼한의 또 다른 이름입니다. 그러므로 삼한의 개념은 만주와 한반도를 포괄하는 개념으로 적힌 『환단고기』의 학설은 위대하다고밖에 말할 수 없습니다.

다음은 현재의 고구려 평양성으로 알려진 지금의 대동강 평양은 당시에 무엇이었는가? 이것 역시 하남성 북망산에서 발굴된 연개소문의 셋째 아들 〈연남산묘비명〉에 답이 나와 있습니다. 연남산은 대동강 평양에서 마지막까지 저항하다 항복하고 당나라로 끌려가 죽었습니다. 〈연남산묘비명〉에는 "고구려가 '한성'을 지키지 못하여 당나라에 왕의 화살을 바치었다"라고 적혀 있습니다.

지금의 대동강 평양은 『수서』에 나오는 고구려의 삼경三京 중 '한성漢城'이었던 것입니다. 『한단고기』에서는 '남평양'이라 하였고 〈광개토왕비문〉에서는 '하평양'이라고 하였습니다. 다시 말하면 지금의 대동강 평양은 고구려 당시의 평양성은 절대 아니었다는 결론이 나옵니다. 한편 이것은 지금의 평양 박물관에 보관되어 있는 고구려 성벽의 벽돌에 찍혀 있는 '한성'이라는 글귀와 꼭 같은 것입니다.

다시 한 번 말씀드리자면 고구려 당시의 평양성은 〈연남생묘비명〉에 나오는 '요동군 평양성'이었습니다. 요동군 평양성! 연남생의 묘비명에는 그의 출신이 요동군 평양성인(遼東郡平壤城人也)이라고 정확히 기록되어 있습니다. 고구려가 대동강의 한성 평양에서 최후를 맞이한 것은 맞지만 고구려의 평양성은 분명히 만주의 요동군에 있었다는 것이 이렇게 명확히 밝혀진 것입니다. 고구려의 평양성이 중국 대륙 복판인 섬서성 서안에 있다는 망발을 하는 재야 사학자들의 어리석음은 '닐러 므삼하리오!'

아래는 고구려 보장왕寶藏王의 손자 고진의 묘지명입니다. 하남성 북망산에서 출토된 아주 중요한 묘비명입니다. 〈고진묘지명〉에서 고진은 "부여의 귀종이며 진한의 영족(扶餘貴種辰韓令族)"이라 하고 있습니다. 참으로 중요한 기록이 담겨져 있는 것입니다. 만주가 자고이래로 '진한'의 강역이었다는 증거가 또 하나 보태어진 것입니다. 『삼국지』 '위략'에서 위만조선의 역계경이 간 '진국'이 바로 '진한'이었음을 고고학적으로 확인해 주는 쾌거입니다.

"공의 휘는 진震이며 자는 모이며 발해인이다. 조부인 장藏은 개부의동삼사開府儀同三司 공부상서工部尚書 조선군왕朝鮮郡王 유성군개국공柳城郡開國公이며, 부의 휘는 련連으로 운휘장군雲麾將軍 우표도대장군右豹韜大將軍 안동도호安東都護였다. 공은 곧 부여의 귀종貴種이며 진한의 영족令族이었다"〈고진묘지명高震墓誌銘〉, 출전 『역주 한국고대금석문』 I (1992).

고진高震은 보장왕寶藏王의 손자입니다. 『구당서』 동이열전 고구려조에 의하면, 668년(총장 원년) 11월 평양성이 함락되자 그는 당군에 의해 포로가 되었습니다. 고진은 보장왕 손자이나 『구당서』, 『신당서』에는 거명되지 않고 있습니다. 그가 773년(대력大曆 8년)에 죽었으니 망국 후 106년 만입니다. 이 묘지는 높이, 너비 각각 2척 1촌 3분이며, 21행 행당 22자로 정서체로 되어 있습니다.

이 밖에도 하남성 북망산에는 고구려 유민 15명의 묘비명이 추가로 발굴되었습니다. 하남성 북망산은 수나라, 당나라의 국립묘지였던 것입니다. 이곳에 백제의 수도가 있었다는 주장을 하는 사람들이 있으니 기가 막힌 얘기가 아니겠습니까! 최진열 교수가 이 부분에 대한 연구 논문을 발표하였습니다.

다음은 최진열 교수의 논문 결론입니다.

"마지막으로 삼한을 살펴보자… 고구려 유민들의 묘지명에 이들을 조선인朝鮮人 혹은 삼한인三韓人 등으로 기록하고 글의 문맥상 '고구려' 대신에 별칭으로 조선朝鮮, 삼한三韓, 진한辰韓, 부여扶餘 등을 사용한 점이 주목된다. 특히 중국의 명문가인 발해고씨渤海高氏를 자칭했던 보장왕의 손자 고진高震은 고구려 마지막 보장왕의 손자였으므로 '고구려의 유종遺種', '고구려의 영족令族', '고구려의 유족遺族'이라고 표기해야 했으나 고구려 대신 '부여扶餘'와 '진한辰韓', '조선朝鮮'을 사용했던 것이다… 고구려의 별칭으로 사용된 '조선', '삼한', '진한', '부여' 등은 모두 '고구려'의 동의어로 사용되었으며 이는 당나라 시대의 중국인들이 고구려와 조선, 삼한, 진한, 부여를 동일시했기 때문일 것이다. 이 밖에도 고구려를 소맥지향小貊之鄉 혹은 예경穢境으로 표기하기도 하는데 예와 맥이 고구려의 비칭卑稱이라면 조선, 삼한, 진한, 부여는 상대적으로 아칭雅稱으로 볼 수 있다. 당나라 시대 중국인들이 고구려를 조선과 삼한, 진한, 부여 등과 동일시한 이유는 몇 가지로 설명된다. 먼저 당나라 시대 중국인들은 조선과 부여는 고구려와 역사적 계승 관계 혹은 종주국과 속국 관계를 지닌 적이 있었음을 알고 있었을 것이다. 또 조선과 고구려는 비슷한 지역을 지배했기 때문에 속지주의 관점에서 양자를 동일시하는 것은 당연했다. 당나라 시대 중국인들이 삼한과 진한을 고구려와 동일시한 것은 묘지명뿐만 아니라 『수서隋書』와 『구당서』 등의 문헌에도 보인다. 이는 선행 연구에서 지적한 것처럼 고구려, 백제, 신라를 삼한으로 표기하여 역사, 사회, 문화, 인종적으로 동질적인 국가나 집단으로 인식했기 때문일 것이다."

15명이나 되는 고구려 유민들의 묘지명에서 고구려를 '朝鮮(조선)', '三韓(삼한)', '辰韓(진한)', '扶餘(부여)'로 호칭했다면! 그것도 당나라 사람들이 그들의 손으로 직접 작성한 묘지명에서! 이것은 경천동지할 고고학적 대사건이 아닐 수 없습니다! 이 금석문의 기록은 고구려가 멸망한 당대에 기록한 것이기 때문에 사료 가치가 『삼국사기』, 『신당서』, 『구당서』보다 수백 배에 달한다고 할 것입니다. 삼한에 관한 기록은 『남사열전』에도 적혀 있습니다.

"백제 도읍의 성을 '고마'라 하고 읍을 '담로'라 하는데 중국의 군현과 같은 말이다. 그 나라에는 22개의 담로가 있다. 모두 아들이나 아우의 종족에게 나누어준 것이다. 그 사람들은 키가 크고 의복은 깨끗하다. 그 나라는 '왜'와 가까워 문신을 한 자들도 있다. 언어와 복장 등은 고구려와 같다. 모자를 '관'이라 하고 저고리를 '복삼'이라 하고 바지를 '곤'이라 한다. 그 말이 중국과 뒤섞이어 있는데 역시 '진한'의 풍속이 남은 것이다."

다음은 『양직공도』에 나오는 삼한입니다. 『양직공도』에는 요동반도 대방, 백제가 '진한'으로 적힌 대목이 나옵니다. 『양직공도』에는 엄청난 정보가 많이 나오는데 '백제=낙랑'이란 대목도 나옵니다. 이것을 보더라도 대동강 평양과 황해도에 널려 있는 이른바 낙랑식 돌방무덤은 백제의 것입니다.

"백제는 옛 이래로 마한의 무리다. 진나라 말기에 구려(고구려)가 일찍이 요동을 경략하자 낙랑(백제) 역시 요서 진평현에 있었다... 백제는 도성을 '고마'라고 하고 읍을 '담로'라 하는데 이는 중국의 '군현'과 같은 말이다. 그 나라에는 22담로가 있는데, 모두 왕의 자제와 종족에게 나누어 다스리게 했다. 주변의 소국으로는 반파, 탁, 다라, 전나, 신라, 지미, 마연, 상기문, 하침라 등이 부속되어 있다. 언어와 의복은 고려와 거의 같지만, 걸을 때 두 팔을 벌리지 않는 것과 절할 때 한쪽 다리를 펴지 않는다. 모자를 관이라 부르고 저고리를 복삼, 바지를 곤이라 한다. 그 나라 말에는 중국의 말이 뒤섞여 있으니 이것 또한 '진한'의 습속이 남은 때문이라고 한다."

아래는 『삼국사기』가 고구려, 백제, 신라 삼국을 '삼한'으로 부르고 있는 장면입니다. 삼한이 삼국을 나타내는 범칭이기도 하지만 속지주의 관점에서 보면 삼한이 실제로 위치했던 곳을 설명하는 것으로 이해할 수 있어야 합니다. 즉 만주와 한반도는 최진열 교수의 말대로 '속지주의' 관점에서 실제로 삼한의 강역이었기 때문에 삼한으로 불린 것으로 이해해야 합니다.

"의자왕 11년, 당나라에 사신을 보내 조공하였다. 사신이 돌아올 때 고종이 조서를 보내 왕에게 타일러 말했다. 해동의 세 나라는 개국의 역사가 오래되고 국토가 나란히 붙어 있으니 국경이 복잡하게 얽혀 있는 상태이다. 근대 이래로 마침내 사이가 벌어져 전쟁이 계속 일어나니 거의 편안한 해가 없었다. 이에 따라 '삼한' 백성들은 목숨을 도마 위에 올려놓은 상황이 되었으며..."

"신문왕 12년 봄, 당나라 중종이 사신을 보내 구두로 다음과 같은 칙명을 전했다... 우리나라 선왕 춘추의 시호가 우연히 성조의 묘호와 서로 같게 되었는데, 칙령으로 이를 고치라 하니 감히 명령을 따르지 않을 수 없습니다. 그러나 생각컨대 선왕 춘추도 자못 어진 덕이 있었으며 더구나 생전에 어진 신하 김유신을 얻어 한마음으로 정치를 하여 '삼한'을 통일하였으니 그의 공업이 크지 않다고 할 수 없습니다."

이상에서 보는 바와 같이 마한, 진한, 변한의 '삼한'과 고구려, 백제, 신라 '삼국'은 만주와 한반도에 있었음이 틀림없습니다. 이 삼한과 삼국을 중국 대륙 복판인 섬서성 서안과 하남성 및 산동반도 그리고 양자강 이남으로 끌고 가서는 참으로 곤란한 일입니다. 문헌 사학으로도 고고학으로도 아무것도 증명할 길이 없는 대륙삼국설은 한국을 위해서나 중국을 위해서나 아시아의 평화를 위해서나 아무것도 도움이 되지 않는 사이비 학설입니다.

이병화 씨가 말하는 안휘성 봉양현의 경주나 하남성 등등의 고고학은 아무것도 증명된 것이 없습니다. 그 책에 나온 여러 고궁들이 과연 신라의 것과 백제의 것인지 고고학 전문가가 등장해서 설명하는 장면은 아무것도 없습니다. 오로지 이병화 씨 개인의 주장일 뿐입니다. 검정되지도 않은 주장을 가지고 대륙신라를 말하는 것은 어불성설입니다.

8세기 신라의 경주에서 일어난 지진 정도는 조선 시대에도 40여 차례가 있었고 17세기 조선에서 일어난 지진은 강도가 무려 '10'이었다고 합니다. 토함산이 갈라진 기록은 화산 폭발 기록인지 지진 기록인지 『삼국사기』를 다시 검토해 봐야 합니다. 제가 보기로는 화산 폭발이 아니라 지진인 것으로 보입니다. 또 〈스윙〉이란 영화에 나오는 대륙성 황충 떼 못지않은 고통의 메뚜기 떼 기록도 『고려사』와 『조선왕조실록』에 많이 등장합니다.

다른 얘기를 하나 하면, 제가 김치를 전문으로 하는 사람으로서 위도가 같은 산동성 및 하남성의 배추 맛과 우리 배추 맛은 차이가 그렇게 없습니다. 산동성은 대륙이고 한반도는 대륙이 아니다! 이건 단순논리입니다. 그래서 산동성 하남성과 한반도가 영 다른 기후를 가지고 있을 것이란 생각은 고정관념일 것입니다. 인천에서 하남성까지의 거리는 제주에서 서울 가기 정도의 거리입니다. 대륙성 황충 떼는 매우 자의적 해석일 가능성이 높습니다.

역사는 상식이고 과학입니다. 그간 선생님의 조언에 감사드립니다. 안녕히 계십시오.

2010년 5월 6일
허성정 올림

〈필자의 회답〉

장문의 메일 잘 읽었습니다. 허성정 씨는 『만주원류고』 등 중국 측 사서들을 열심히 인용하여 대륙사관의 부당성을 지적하고, 대륙성 지진과 황충 피해는 자의적 해석일 가능성이 높다고 했습니다. 그런데 미안하지만 그것만 가지고는 이병화 씨의 성과를 뒤집어엎을 수 있을 것 같지 않습니다.

한국연방, 배달국, 단군조선, 고구려, 백제, 신라, 고려, 이조가 대륙에 존재했음을 입증하는 『한단고기』, 『삼국사기』, 『삼국유사』, 『고려사』, 『세종실록지리지』 등을 모조리 다 부정하는 획기적인 문헌이 발견되지 않는 한 대륙사관을 부정하기는 어려울 것이라는 생각이 듭니다.

그리고 우리는 중국과 사학 전쟁을 벌이고 있다는 냉혹한 현실을 직시하시기 바랍니다. 사마천의 『사기』에 대해서는 이미 말했고, 『사기』보다 백 년 내지 2백 년 후에 나온 『한서』와 『후한서』 등이 한사군을 날조하기 위해서 얼마나 허황된 소설을 쓰고 있었나 하는 것은 필자의 소설 『다물』에서도 입에 신물이 나도록 임승국 교수의 연구를 토대로 언급한 일이 있습니다.

『후한서』는 『사기』보다 한술 더 떠서 우리 역사를 왜곡 날조하고 있습니다. 그리고 그 나머지 25사의 일부는 모두가 『사기』와 『한서』를 복창하고 있다는 것을 알아야 합니다. 마치 낯선 사람이 시골 동네에 들어갔을 때 개한 마리가 짖기 시작하면 온 동네의 개들이 한꺼번에 덩달아 짖기 시작하는 것과 같다고 보면 됩니다.

한족들은 자국의 이익을 위해서는 정의도 이성도 다 내다 버리는 사람들이라는 것을 잘 알아야 할 것입니다. 그들은 역사 전쟁에 관한 한 독도의 영유권을 주장하는 일본인들의 큰 스승이라는 것을 잊지 말아야 할 것입니다.

그러니까 지난번 회답에서도 말한 바와 같이 이병화 씨가 주장하는 대륙사관을 부정하는 허성정 씨의 획기적인 저서가 출간되어 나를 설득할 수 있을 때까지 더이상 나오는 상고사 역사 문제는 논의하지 않는 것이 좋겠습니다. 군자는 얼마든지 화이부동할 수 있으니까요.

그 대신 선도수련에나 진력하시는 것이 어떨까 합니다. 뭐니 뭐니 해도, 선도 수행자에게는 역사 문제보다는 수행이 먼저니까요. 선도 수행의 선배로서 나는 허성정 씨를 내 힘자라는 한 도울 것입니다.

새는 좌우의 날개가 있어야
제대로 날 수 있다(7)

대륙삼국설에 관한 글쓰기를 마치면서.

역사 관련 글이 『선도체험기』 지면에 너무 길게 다루어지고 있다는 선생님의 권고를 따르겠습니다. 역사 관련 글쓰기를 마치면서, 허락될 수 있다면 결론 삼아 몇 마디 부언하고자 합니다. 공인은 사회적 책임을 다해야 합니다. 공인의 생각과 말과 행동은 범인의 생각과 말과 행위와 달라서 결과 면에서 엄청난 사회적 파장을 일으킨다는 것입니다.

책을 낸 공인이 정리되지 않은 대륙삼한, 대륙삼국설을 강조하여 역사가 오도되면 그 파장은 걷잡을 수 없는 상처를 동양 삼국의 역사학계에 남기게 될 것입니다. 또한 공인의 잘못된 역사관은 순진한 중고생, 대학생, 일반인들에게 심각한 바이러스를 유발시킬지도 모릅니다. 그리하여 그쪽으로 눈이 뒤집힌 이들에게는 대륙삼한, 대륙삼국설이 그들의 바이블이 되어 어떠한 약발도 받지 않고 기생충처럼 우리 역사를 파괴할 것입니다.

저는 감히 생각해 봅니다. 조선의 선비 김시습이 왜 절필을 하고 금강산으로 들어갔는지, 김삿갓이 왜 천하를 주유하며 방황했는지, 또 법정 스님이 자신의 책을 절판하라는 유언을 남긴 이유를 생각해 보아야 합니다. 그들이 그런 행위를 할 수 있었던 것은 사회적 책임 의식 때문이었을 것입니다. 이미 공개적으로 선언된 자신의 주장과 학설이 문제가 있다고 판단했을 때 그 고통을 참회하는 심정으로 그런 행위를 했을 것입니다.

새는 좌우의 날개가 있어야 제대로 날 수 있습니다. 세상의 모든 이치는 50:50입니다. 1년을 통산해서 보니 밤낮의 길이도 절반이요, 남녀의 성비도 절반이요, 동전을 던질 때 앞면과 뒷면이 나타날 확률도 절반입니다. 균형 감각을 가져야 한다는 뜻입니다. 모든 일에는 상대가 있는 법입니다. 왕검단군이 계실 때 서토에는 요순임금이 있었고, 삼한삼국이 있을 때 대륙에는 수나라 당나라가 있었고, 고려가 있을 때 서북에는 송, 요, 금, 원이 있었습니다.

조선이 있을 때 서토와 북토에는 명나라와 청나라가 있었습니다. 배달국과 단군조선 시절에 서토에는 황제헌원이 있었습니다. 『사기』에서 서토의 시조로 존숭받는 황제헌원은 지금의 섬서성에 그 묘와 비석이 남아 있습니다. 그로부터 하·은·주 시대, 진한 시대, 삼국 시대, 5호 16국 시대, 수·당 시대, 송·명 시대를 거쳐 지금의 섬서성과 하남성 곧 함양과 낙양은 서토의 수도였습니다. 물경 5000년입니다. 온갖 유적 유물이 시대별로 출토됩니다.

그러니 대륙의 섬서성에 단군조선과 고구려의 평양성이 있었고 대륙의 하남성에 백제가 있었다고 주장하는 사람들을 어떻게 좋게 보아 줄 수가 있겠습니까. 저는 선생님의 제자로서 그런 역사관을 가진 사람들의 이론을 『선도체험기』에 싣는다는 것 자체가 『선도체험기』의 질을 떨어뜨리는 일이라는 것을 다시 한 번 강조합니다. 역사는 상식이고 과학입니다. 상식과 과학을 무시한 역사 이론은 허구일 수밖에 없습니다.

중국의 사서는 몽땅 하북성 산해관 부근과 난하 부근에 갈석산이 있다고 합니다. 갈석산이 만리장성의 끝이고 그 동쪽에 조선이 있다고 적고 있습니다. 그곳은 낙양으로부터 3,300~3,600리라고 모든 사서에 기록하였습니다. 만리장성은 그것 자체로서 많은 역사적 진리를 말해 줍니다. 만리장성은 '만리장성 안쪽은 서토인이 지켜야 할 땅이고 만리장성 이북은 중국인의 땅이 아니다'라고 이해하는 것이 만리장성이 가지는 진정한 뜻일 것입니다.

우리가 정작 신경을 써야 하는 것은 이른바 거짓투성이의 '한사군' 문제입니다. 서토 땅 낙양에서 4,000리 떨어졌다는 현도군과 5,000리 떨어졌다는 낙랑군이 절대로 한반도가 아니라 만주의 중심부에 있었다는 것을 증명하는 일입니다. 즉 한반도 북부에 서토 한나라 식민지 한사군이 존재했다는 '중화사학'을 쓸어 내는 일과 한반도 남부에 임나일본부가 있었다는 '식민사학'을 몰아내는 데 온 힘을 기울여야 합니다.

우리는 알아야 합니다. '○○선원'을 좋게 말한 『선도체험기』 1, 2, 3권만을 읽은 사람은 지금 심각한 오류에 빠져 개인과 가정이 심대한 위기를 겪고 있습니다. 〈○○재〉를 좋게 말하는 부분까지만 읽고 『선도체험기』 읽기를 중단한 사람은 또 나름대로 안타까운 삶을 살고 있을지 모릅니다. (실제로 제가 근무했던 증권회사 한 여직원은 저의 권유로 ○○선원에 들어갔다가 유혹에 빠져 10년 이상 그곳에서 봉사하고 있습니다. 참으로 기가 막힌 일입니다.)

이처럼 세상일은 상대적입니다. 혹여 '대륙삼국설'을 잘못 알고 거기에 천착하는 사람들이 생긴다면, 그것이 사실이었을 때는 문제가 없겠지만 그것이 거짓이었을 때는 참으로 안타까운 일이 발생한다는 것입니다. 대륙삼국설은 충분한 검증 후에 다루어져야 합니다. 한편 역사 문제와 시사 문제는 『선도체험기』에서 당연히 변방입니다. 그 변방을 지킬 파수꾼들은 따로 있습니다. 그 문제는 그들에게 맡기는 것이 옳을 것입니다.

2010년 5월 8일
허성정 올림

제 3 부

대하소설 『대발해』를 읽고

우창석 씨가 말했다.

"선생님께서는 혹시 김홍신 저 대하소설 『대발해』를 읽으신 일이 있습니까?"

"네, 얼마 전에 읽었습니다."

"그 책의 저자는 그 책을 집필할 때의 생활을 서문에 다음과 같이 썼습니다."

'계절이 몇 번 바뀌었고 이 책을 쓰는 동안에는 스스로 약속하기를 매일 원고 20매를 쓰고 퇴고할 때까지 모임이나 행사에 참석하지 않고, 하루 12시간 이상 책상에 앉아 있고, TV를 멀리하고 아프지 말자고 다짐했다.

스스로 약속을 지키려 하니 사람 노릇을 못 할 수밖에 없었고, 더구나 오른팔과 어깨가 마비되어 양·한방과 민간요법 치료를 받았으며 알레르기에 시달리고 머리칼이 빠지는 등 산고를 겪었다.

공직과 출마 제의도 거절한 채 은둔하며 오직 집필에만 매달렸다. 너무 오래 방 안에서 책상과 마주했더니 얼굴이 무표정하게 변하고 시력이 나빠졌으며 체형이 변하는 벌을 받았다. 200자 원고 1만 2천 매를 만년필로 썼는데 퇴고하는 데만 무려 7개월이 걸렸다. 내 손가락을 잘라내듯 2천5백여 매를 버리며 나는 매일 곡하는 심정이었다.'

권당 250여 쪽, 10권에 달하는 대하소설 『대발해』를 쓰기 위해 저자는 혼신의 노력과 심혈을 기울였음을 알 수 있고, 그 내용을 읽어 보면 한 작가로서 민족적인 사명감을 갖고 쓴 글이라 숙연한 느낌마저 들었습니다.

지금껏 세상에 알려지지 않은 발해인들의 웅혼雄渾한 기백과 장쾌한 기상이 생생하게 묘사되어 있습니다. 특히 발해군渤海軍이 당군唐軍을 쳐부술 때는 한국인이라면 누구나 피가 끓는 전율을 느끼지 않을 수 없었을 겁니다. 실로 근래에 보기 드문 역작이 아닐 수 없습니다.

중국이 동북공정東北工程으로 고구려와 발해를 중국 내의, 별 볼 일 없는 하나의 지방 정권으로 폄하, 왜곡 날조하고 있는 이때에 그야말로 시의적절한 문학 작품이라고 말하지 않을 수 없을 것입니다. 따라서 이 책을 읽은 독자들의 반응도 굉장하다고 합니다. '대발해 독자 동우회'까지 결성되어 정기 집회까지 열리고 있다고 합니다.

그런데 저는 『선도체험기』 97권을 읽고 나서 우리 역사의 진상을 밝히는 대륙사관에 공감한 뒤로, 이 대하소설 역시 이씨조선 말기에 조성된 반도사관 외에도 일제의 식민사관의 영향에서 벗어나지 못한 것은 아닌가 하는 안타까운 심정입니다."

"왜 그런 생각을 갖게 되었습니까?"

"왜냐하면 이 책에서는 문헌 사학에 입각한 대륙사관을 외면하고 있습니다. 각종 문헌에 따르면 이성계 일파가 고려의 최영崔瑩 팔도통제사의 명을 어기고, 정권욕에 눈이 멀어 적전반역敵前反逆을 꾀하여 위화도 회군이라는 쿠데타를 일으켜 개경(산동성 치박시)에서 고려를 쓰러뜨리고 1392년에 새 나라를 세웠고, 그 후 이씨조선 말기에 만들어진 반도사관과 일제의 식민사관이 대하소설 『대발해』에는 그대로 적용되고 있기 때문입니다.

한국사의 기본 문헌인 『삼국사기』, 『삼국유사』, 『고려사』, 『세종실록지리지』 외에도, 중국의 이십오사 중에서 『사기』, 『한서』, 『당서』, 『신당서』, 『요사』, 『금사』, 『송사』, 『원사』, 『명사』 등의 관계 기록과 『중국고금지명대사전』을 살펴보아도 발해는 만주가 아니라 대륙의 섬서성 서안에 도읍한 것으로 되어 있습니다. 선생님께서는 이 문제를 어떻게 생각하십니까?"

"그 소설이 반도식민사관을 답습했다는 것에는 동감합니다. 서기 668년에 고구려의 장안성(섬서성 서안시)이 나당 연합군에 의해 함락될 때 고구려 변방 제후국인 진국振國의 장군이며 대조영의 아버지인 대중상은 서압록하(감숙성의 호로하)를 지키고 있다가 고구려의 멸망 소식을 듣고, 무리를 이끌고 개원開原(감숙성 회령현)을 지나 세력을 규합하면서 동모산東牟山(섬서성 동천시)에 이르러 후고구려를 세웁니다.

발해의 세조 대중상이 붕하고 태자 대조영이 영주營州의 계성蓟城(감숙성 진안현)으로부터 무리를 이끌고 와서 황제에 즉위했습니다. 그는 홀한성忽汗城(중경현덕부 즉, 섬서성 인유현)을 쌓고 그곳으로 천도합니다.

대조영은 말갈 장군 걸사비우와 거란 장수 이진영과 손잡고 당장唐將 이해고군을 상대로 감숙성 통위현 부근에 있는 관문인 천문령天門嶺에서 결전을 벌여 큰 승리를 거둡니다. 바로 대조영군이 당군을 섬멸한 이 천문령은 만주 지역이 아니라 감숙성 통위현에 있는 관문關門이었습니다.

후고구려는 그 후 698년엔 태조(대조영)에 의해 대진大振으로 국호가 변경되었다가, 713년에는 발해渤海로 다시 바뀌게 됩니다."

"도대체 어떻게 돼서 천문령 같은 그렇게 역사적으로 중요한 사적지의 위치가 그처럼 뒤바뀌게 되었을까요?"

"이조선이 한반도 한양으로 도읍을 옮긴 후 대륙에서 쓰던 지명들을 한반도로 옮겨 놓았듯이, 손문 정부 역시 이조가 중원에서 철수하자 이들 두 나라가 차지하고 있던 강역에 대륙 서부에 있던 한족 국가들의 지명들을 순차적으로 옮기는 한편, 그곳에 있던 기존 지명들은 만주와 한반도로 옮겨진 것입니다.

그리하여 그 지역이 처음부터 한족漢族의 영역이었던 것처럼 날조해 놓은 것입니다. 손문 정부 판 동북공정은 이때 이미 시작되어 『사기』, 『한서』의 조선전도 이때 이미 왜곡 변조되었습니다.

그리하여 단군조선과 한나라가 지금의 하북성 난하에서 국경을 이루었고 평양은 요녕성 또는 한반도 평안도에 있었던 것처럼 조작되었지만 이조선의 모화사대주의자들은 이것을 그대로 답습하여 반도사관을 만들어냈고, 한국을 강점한 일제 역시 얼씨구나 하고 이를 이용하여 식민사관을 날조한 것입니다.

발해는 고구려가 차지하고 있던 영역을 그대로 이어받은 건원칭제국建元稱帝國이었습니다. 태조(대조영)가 붕하고 태자 대무예가 즉위하자 대장 장문휴張文休를 보내 등래登萊를 탈취하여 성읍을 만들었습니다. 등래는 등주登州와 내주萊州를 말하는데 감숙성 북도구와 섬서성 보계시를 말합니다.

산동반도는 당나라 영토가 아니었다

우리나라 식민 사학자들과 한족 사학자들은 등주登州가 산동반도山東半島라고 우깁니다. 그러나 사실은 그 당시 산동반도는 신라의 변방이었습니다. 산동반도의 등주와 내주는 원래 감숙성과 섬서성에 있던 땅 이름이고 당과 발해의 접경 지역이었습니다. 당은 이곳을 발해에게 내주고 신라와의 국경 지역인 호북성으로 그 땅 이름을 옮겼다가, 명대明代에 와서야 산동반도로 옮긴 것입니다.

당이 침입했을 때 발해는 요서遼西 대산帶山의 양陽에서 당군을 격파하여 큰 승리를 거두었습니다. 이곳이 바로 지금의 감숙성 감곡현 부근입니다. 고구려와 수, 당 그리고 발해와 당도 같은 지역에서 전쟁을 치렀음을 알 수 있습니다.

이때 신라군이 산서성 영제시 북서쪽 즉 산서성 남서부와 섬서성 중동부 지역으로 쳐들어갔습니다. 이때는 하북성의 니하泥河 즉 하남성의 동쪽으로 흐르는 황하가 신라와 발해의 국경이 되었습니다.

서기 781년에 당의 치청 절도사淄靑節度使 이정기李正己가 거병하여 당군에게 대항했습니다. 이정기는 원래 발해인이었고, 발해에서 이때 군대를 보내 도와주었습니다. 치청 지역은 사천성 북동부 지역으로 치소는 사천성 영산현에 있었고 옛 땅 이름이 임치臨淄였습니다.

한족들은 산동성 지역이 조선족의 영토였다는 것을 숨기려고 이 사천성의 땅 이름을 산동성으로 옮겨 놓았습니다. 물론 명대에 있었던 일입니다. 이때 『사기』와 『한서』의 조선 관계 기록이 변조되고, 대하소설 『삼국지』, 『수호지』, 『열국지』는 고구려, 백제, 신라, 발해가 대륙에 전연 없었던 것처럼 왜곡 날조했습니다.

고려가 있었던 해동 지역 다시 말해서 하남성, 산동성, 감숙성, 섬서성에는 한족이 살던 대륙의 서쪽 지역의 땅 이름들이 옮겨졌습니다. 산동성은 부여조선 때에는 마한馬韓의 강역이었고 그 후에는 백제의 영토였습니다.

이정기李正己(732~781)는 제齊(781~819)나라를 건국하고 당과 대립했습니다. 제나라는 이정기로부터 이사도(765~819)까지 4대에 걸쳐 지속된 건원칭제국建元稱帝國이었습니다. 이정기는 안록산의 난을 평정한 공로로 당의 평로와 치청의 절도사로 임명되었습니다.

제나라는 발해의 우호국으로서 당과 전쟁을 치렀습니다. 그 강역은 감숙성 남동부 지역과 사천성, 귀주성, 광서성, 그리고 광동성에 걸친 광대한 지역이었습니다. 제나라가 망할 때까지 당은 사실상 북서부와 남동부로 나뉘어 있었습니다.

평로 절도사는 감숙성 천수시 지역을 관장했고, 치청 절도사는 사천성 영산현에 그 치소가 있었습니다. 제의 초기 도읍지는 사천성 양평현 즉 서주徐州였고 후에 사천성 덕양시 즉 운주鄆州로 천도했습니다.

당과 제의 전쟁에서 당이 승리하는 데 큰 공을 세운 사람이 바로 장보고張保皐였습니다. 장보고는 그 공으로 청해진대사靑海鎭大使가 되었습니다. 청해진의 치소는 광동성 광주시에 있었습니다. 청해진의 관할 구역은 광서성 남동부와 광동성, 그리고 해남성에 걸친 지역이었습니다. 여러 곳에 해군기지가 있었는데 해남성의 경산시와 광동성의 광동시가 주요 거점이었습니다.

발해는 10대 선황제(서기 818~830) 때 가장 흥성했습니다. 이때 해동성국海東盛國이란 별칭을 얻었습니다. 해동성국이라고 하면 흔히들 동쪽 바다 건너

번성한 나라라는 뜻으로 알고 있는데, 그렇지 않습니다. 고대에 서토西土에서는 해海는 반드시 바다만을 뜻하는 것이 아니고 넓은 땅을 뜻하는 글자이기도 했습니다. 그래서 해동성국은 대륙의 서쪽에 살던 한족의 눈으로 볼 때, 동쪽 넓은 땅에 있는 융성한 나라라는 뜻이 됩니다.

그런데 발해의 역사는 최근까지 금, 원, 명, 청 그리고 이조에 의해 철저하게 감추어졌고 왜곡되고 변조되었습니다. 왜냐하면 발해는 고구려를 곧바로 계승한 나라로서 고구려와 똑같이 건원칭제建元稱帝한 나라였고, 당을 침범한 위협적인 국가였으며, 발해 이후에는 그 강역에서 요, 금, 원, 청이라는 건원칭제국이 잇달아 나타났기 때문입니다.

따라서 대륙의 패권을 장악한 요, 금, 원, 청이 제각기 발해의 정통성을 차지하려고 했던 것입니다. 고려는 금에 사대함으로써 발해의 정통성을 금에게 넘겨주어야 했으므로 우리 역사에서 발해를 제외할 수밖에 없었습니다.

이조 또한 명, 청에 사대하였으므로 발해의 역사를 포기할 수밖에 없었던 것입니다. 원은 금의 전통을 계승하였고, 명은 대륙의 역사인 발해 역사를 만주 역사로 둔갑시켰고, 청 또한 그들의 정통성을 발해와 금에서 찾으려 했습니다.

결국은 청 역시 만주를 발해, 금, 원의 역사로 왜곡시켰던 것이고 한반도로 쫓겨 온 이조는 반도사관을 조작 유포시켰던 것입니다. 이것이 바로 올바른 발해의 역사가 후세에 전해질 수 없게 된 원인입니다.

발해 영토의 핵심은 감숙성과 섬서성입니다. 이 지역은 고구려의 핵심 지역이기도 했습니다. 발해가 고구려의 계승국임을 부정하려는 한족의 명, 만주족의 청의 사학자들과 이조의 사학자, 그리고 일본 제국주의 어용 사학자들과 지금의 한국의 식민 사학자들은 감숙성과 섬서성에 걸쳐 있던 발해의 강역을 만주와 한반도 북부로 옮겨 놓았습니다.

다시 말해서 경도상으로 15도 정도 동쪽으로 옮겨 놓았던 것입니다. 그들이 이렇게 발해의 강역을 동쪽으로 옮길 수 있게 된 동기는 이조가 대륙에서 영국과 일제에 의해 한반도로 옮겨왔기 때문입니다.

대륙에서 한반도로 옮겨온 이조는 그들이 대륙에서 옮겨왔다는 사실을 떳떳하게 밝히지 못했습니다. 그들이 우리 민족에게 저지른 엄청나게 큰 죄가 있었기 때문입니다. 바로 이 때문에 동아시아의 역사는 진실을 잃어버린 채, 뒤틀리고 비꼬이고 잘못된 역사가 되었습니다.

『사기』와 『한서』로부터 시작하여 손문 정부에 의해 더욱 더 정교하게 왜곡 날조된 역사는 한족들의 정사正史와 『삼국사기』, 『삼국유사』, 『일본서기』에 대한 해석을 아주 어렵게 만들어 놓았고, 우리 민족에게는 15세기 이후 6백 년 동안 자신의 역사에 대하여 벙어리, 장님 그리고 귀머거리로 시종일관하게 만들었습니다.

우리는 우리 민족의 역사를 왜곡한 책임을 한족漢族과 왜족倭族들에게만 돌리려고 하는데 이것은 잘못된 생각입니다. 이씨조선 왕조 스스로가 자신의 역사를 왜곡하고 비꼬아서 참된 역사를 감추는 데 급급했다는 사실을 똑바로 알아야 합니다.

또 만주에서 건국한 청이 금의 역사를 자신의 역사로 둔갑시킴으로써 감숙성의 역사가 만주의 역사로 뒤바뀐 사실을 똑바로 알아야 합니다. 동아시아의 역사는 곧 우리 배달민족의 역사입니다.

우리가 제대로 된, 참된 우리 역사를 찾아내지 못하면 동아시아의 참된 역사는 영원히 사장되고 말 것입니다. 그렇게 되면 동아시아의 미래도 언제까지나 불투명한 채로 남아 있게 될 것입니다. 오늘날의 한국에 살고 있는 우리 세대는 이것을 바로잡아야 할 역사적 사명을 안고 태어났다는 것을 분명히 깨달아야 할 것입니다.

발해의 도읍지는 만주에 있지 않았다

　발해가 한창 번성할 때에는 그 주변에 있던 당, 신라, 왜, 거란에 이르기까지 모두 발해에 복속했습니다. 당시 신라의 도읍은 한반도에 있지도 않았고 대륙의 안휘성 봉양현에 있었습니다. 따라서 발해의 도읍 역시 만주에 있지 않았습니다.

　당시 발해에는 오경五京이 있었는데,

1. 상경용천부上京龍泉府는 감숙성 동천시였습니다. 이곳이 바로 부여조선의 영고탑寧古塔이고 요遼의 동단국東丹國의 도읍지였습니다.
2. 동경용원부東京龍原府는 섬서성 대려현인데 이곳은 고구려의 고국천제故國川帝가 천도했던 동황성東皇城입니다. 이곳에는 고구려와 발해의 유적이 지금도 그대로 남아 있습니다.
3. 서경압록부西京鴨綠府는 섬서성 순화현인데 고구려의 황성皇城 즉 국내성國內城이 있던 곳이고 고려의 의주義州였습니다.
4. 중경현덕부中京顯德府는 섬서성 인유현으로 현도, 고구려라는 지명으로 불렸던 곳입니다.
5. 남경남해부南京南海府는 섬서성 부풍현입니다.

　발해의 행정 구역은 5경 15주로 편성되어 있는데, 15주 중 5경은 5주와 겹치고 나머지 10주의 강역은 감숙성, 섬서성이었습니다. 발해의 중심 강역은 서쪽으로부터 감숙성, 동쪽으로는 산서성과 하북성에 이르는 지역이었습니다.

1. 장령부長嶺府는 감숙성 통위현으로 속말말갈 지역입니다.

2. 부여부扶餘府는 감숙성 평량시인데 이곳은 부여조선, 대부여, 북부여의 도읍지였던 곳입니다.

3. 막힐부鄚頡府는 섬서성 요현인데, 이곳은 마한과 막조선의 도읍지였고 고려의 영흥진永興鎭이었습니다.

4. 정리부定理府는 영하자치구 고원현인데 감숙성 돈황현에 있는 백두산이 있는 곳입니다. 따라서 지금 북한에 있는 백두산은 이조가 산동성 임치구에서 한반도 한양으로 도읍을 옮긴 후에 백두산이라는 이름만 옮겨 붙였을 뿐입니다. 그래서 중국은 지금도 백두산이라고 부르지 않고 장백산이라고 합니다. 그러므로 우리 민족의 진짜 백두산은 감숙성 돈황현에 있는 백두산입니다.

5. 안변부安邊府는 감숙성 북도구인데 이곳은 발해의 등주登州였습니다. 발해가 당의 영토로 쳐들어가서 빼앗은 곳입니다. 발해군이 당군에게서 빼앗은 등주는 감숙성의 등주지 산동성 등주가 아닙니다.

6. 솔빈부率賓府는 섬서성 빈현인데 북부여의 도읍지였고, 고구려가 건국한 졸본성卒本城이 이곳입니다.

7. 동평부東平府는 섬서성 농현으로 거란의 요주遼州였고, 요遼라고 불렸습니다. 물길勿吉 7부 중 불열부가 있던 곳입니다.

8. 철리부鐵利府는 감숙성 회령현인데 흑수말갈 지역으로 금의 도읍지였습니다. 발해가 멸망한 후 우리 민족의 강역에서 벗어난 곳입니다.

9. 회원부懷遠府는 감숙성 정원현인데 말갈의 일원인 월희越喜의 땅이었습니다.

10. 안원부安遠府는 감숙성 영현인데 이곳은 북부여가 건국한 곳입니다.

이 밖에도 다음과 같은 5도가 있었습니다.

1. 조공도는 상경 압록부입니다.
2. 영주도는 장령부인데 감숙성 통위현입니다.
3. 신라도는 남해부인데 신라와는 남경의 북쪽에 인접한 패수泪水로 연결 되었습니다.
4. 일본도는 용원부의 동쪽으로 연결되는 해안 도시를 통해 일본과 해상 으로 연결됩니다.
5. 거란도는 부여부에 있는데 감숙성 평량시를 말합니다. 이곳에서 감숙 성 난주시 등 거란의 주요 거점으로 연결됩니다.

그런데도 대하소설 『대발해』는 발해의 강역을 한반도 북부와 요하遼河 이 동以東의 만주로 한정해 놓았는데 그것은 역사적 사실과는 전연 부합되지 않 습니다. 왜냐하면 당이 발해의 황제를 그들 나름으로 발해군공渤海郡公 또는 발해국왕渤海國王으로 책봉한 사실만 보더라도 알 수 있습니다. 당이 말하는 발해군渤海郡은 지금의 감숙성 장랑현이기 때문입니다.

우리는 천진天津 앞바다가 발해인 것으로 알고 있지만 그것도 당대唐代의 옛 지명이 아니고 명대明代 이후에 만들어진 것에 지나지 않습니다. 우리 민 족의 중심 세력이 대륙에서 한반도로 이동하면서 땅 이름도 서쪽에서 동쪽 으로 이동해 간 것입니다.

『신당서』에는 진국振國 즉 발해가 부여, 옥저, 변한 등 해북海北의 여러 나 라를 얻었다고 기록했습니다. 이것은 감숙성, 섬서성, 산서성, 사천성의 땅 을 발해가 차지했다는 것을 말합니다. 특히 옥저의 땅은 섬서성 중부의 땅 을 말하는 것이고 변한은 사천성 북동부의 땅을 말하는 것입니다.

발해의 핵심 영역은 고구려의 그것과 거의 같습니다. 따라서 발해의 유적 을 찾으려면 만주 땅에서 찾아 헤맬 것이 아니라 발해의 중심 영역이었던 대륙의 감숙성, 섬서성, 영하자치구, 산서성, 하북성에서 당연히 찾았어야 합니다.

그런데도 지금까지 기존 식민 사학은 한반도의 북동부와 만주 지역이 마치 발해의 중심 강역인 양 왜곡 날조해 놓았던 것입니다. 만주 지역과 시베리아 연해주는 발해의 영역이긴 했지만 고구려처럼 제후국을 두고 통치했던 곳입니다.

그런데도 불구하고 대하소설 『대발해』의 저자는 만주 지역인 현 동북 3성과 당나라 도읍지였던 시안과 발해만 끝자락인 산동반도에서만 발해 유적을 찾아 헤맸습니다. 이 책의 저자는 서문에 말했습니다.

'그런데 애석하게도 유물과 유적이 철저하게 파괴되어 그 흔적을 찾기 어려웠다. 현재까지 남은 발해 자체 기록은 3대 문황 대흠무의 둘째 공주 정혜, 넷째 공주 정효의 무덤에서 발굴된 비문뿐이다.'

유적과 유물이 철저히 파괴되었기 때문이 아니라 발해의 강역을 잘못 짚은 것입니다. 우리 민족의 남북조 시대인 이때에 발해와 신라는 산동성 북부와 하북성 남부, 그리고 하남성과 산서성의 경계 지역을 놓고 영토 분쟁을 일으키고 있었습니다.

그런데 소설 『대발해』에서는 산동반도에서 발해군渤海軍과 당군唐軍이 여러 차례 접전을 벌이는 것으로 묘사되어 있습니다. 그 당시 당은 산동성 근처에 있지도 않았습니다. 이 소설의 저자는 감숙성의 등주를 산동성의 등주로 착각을 한 것입니다. 감숙성의 등주가 산동성의 등주로 지명을 옮긴 것은 이조가 산동성 임치구에서 한반도 한양으로 도읍을 옮긴 후에 이루어진 것인데 저자는 이것을 몰랐던 것입니다."

"그럼 그때 신라와 당은 어디에 있었을까요?"

"신라는 660년에 나당 연합군에게 망한 백제 영토까지 아울러 하남성, 호북성, 감숙성 일부, 산동성, 안휘성, 절강성, 강서성 지역을 차지하여 한반도의 6배쯤 되는 영토를 확보하고 있었습니다. 당나라는 감숙성 일부, 청해성, 사천성, 귀주성, 호남성, 운남성 등지를 점유하고 있었습니다. 이처럼 중원은 사실상 발해, 신라, 당이 삼분하고 있었던 것입니다."

"그런데 신 · 구당서와 같은 문헌을 참고했는데도 왜 대하소설 『대발해』의 저자는 발해의 도읍지를 만주에서만 찾았을까요?"

"그것은 대륙에서 이조가 철수한 이후 손문 정부가 대륙의 지명을 만주 지역으로 옮겨 놓았기 때문에 그런 일이 빚어진 것입니다. 다시 말해서 명나라판 동북공정은 이미 이때부터 실시되었는데도 이것을 모르고 깜박 속았기 때문입니다.

그와 동시에 이조가 한반도의 한양으로 도읍을 옮기면서 대륙에 있었던 부여, 고구려, 백제, 신라, 고려의 주요 지명들을 그대로 한반도로 옮겨 놓고, 우리 민족의 고대사가 마치 한반도에서만 이루어졌던 것처럼 보이기 위해서 대륙에 있던 왕릉들과 유적들의 일부를 옮기거나 새로 만들어 놓았습니다.

경주의 문무왕릉, 감은사, 첨성대, 태종무열왕릉, 선덕여왕릉, 김유신장군묘, 개성의 왕건릉, 강원도의 경순왕릉, 고구려의 동명왕릉 등이 그것입니다. 또한 『중국고금지명대사전』을 보면 고금의 지명의 이동 경로를 추적할 수 있습니다."

"그런데도 불구하고 『대발해』의 저자가 발해의 영토를 요하 이동의 만주와 한반도 북부와 연해주로만 한정한 이유는 무엇입니까?"

"재야 사학자들의 견해는 무시하고 아직도 일제가 우리 민족을 영원히 자기네 노예로 길들이기 위해서 왜곡 날조해 놓은 반도식민사관를 그대로 고집하고 있는 제도권 사학자들의 견해만을 따랐기 때문입니다.

아무리 제도권 사학자들이라고 해도 작가는 그들의 역사관이 진실이 아닐 때는 과감하게 내쳐 버리고 진실을 밝히는 데 작가의 명운을 걸었어야 했는데, 그렇지 못한 점이 아쉽기 짝이 없습니다. 저자가 그 소설을 쓰기 위해서 피땀 흘린 노력과 투혼을 생각하면 심히 안타깝기 짝이 없는 일입니다.

저자는 서문에서 또 말했습니다.

'수많은 국내외의 역사학자들의 연구 서적과 역사, 철학, 종교, 사상, 정치, 문화 예술 관련 서적과 북한 자료를 2차 자료로 참고했고, 신문, 방송, 잡지, 인터넷에서도 아이디어를 얻었다.'

그러나 결과적으로 반도식민사관을 그대로 복창한 것이 되었으므로 우리 민족의 역사 무대를 요하 동쪽의 만주와 한반도로 한정한 반도사관의 틀에서 한 치도 벗어날 수 없었습니다. 저자가 『대발해』를 집필할 당시에도 국내에는 고구려, 발해, 백제, 신라, 고려가 한반도가 아니라 대륙에 있었음을 알리는 재야 사학자들이 쓴 다음과 같은 저서들이 시판되고 있었습니다.

이병화 지음, 한국방송출판 간행 『대륙에서 8600년 반도에서 600년』
이일봉 지음, 정신세계사 간행 『실증 한단고기』
정용석 지음, 동신출판사 간행 『고구려, 백제, 신라는 한반도에 없었다』
이중재 지음, 명문당 간행 『상고사의 새발견』
오재성 지음, 리민족사연구회 간행 『밝혀질 우리 역사』
——————, 리민족사연구회 간행 『숨겨진 역사를 찾아서』
박창범 지음, 가람기획 간행 『인간과 우주』
——————, 김영사 간행 『하늘에 새긴 우리 역사』
정연종 지음, 죠이정 인터내셔날 간행 『한글은 단군이 만들었다』

(인터넷상에 절판으로 나온 책은 헌책방에 연결하면 구할 수 있습니다. 필자 주)

만약에 이러한 저서들을 읽었더라면 발해의 영역을 요하 동쪽 만주와 시베리아 연해주, 한반도 북부로만 한정하는 결정적인 오류는 범하지 않았을 것입니다. 바로 이 때문에 저자는 지난 500여 년 동안, 이조 집권층의 명에 대한 모화사대사상이 빚어낸 반도사관의 세뇌 작업과 100년 전부터 35년 동안 한반도를 강점했던 일본 제국주의자들이 날조해 놓은, 식민사관의 명에에서 한 치도 벗어날 수 없었던 것입니다.

우리 역사의 진실을, 중원 대륙에서 있었던 그대로 밝혀내는 일이야말로 중국의 동북공정을 이겨낼 수 있는 가장 확실하고도 강력하고 효과적인 대응책입니다. 그와 동시에 우리 자신이 우리의 진정한 역사를 되찾는 일이야말로 우리나라가 앞으로 강대국으로 부상할 수 있는 정신력의 원천을 거머쥐는 가장 탄탄한 길이 될 수 있을 것입니다.

발해의 핵심 지역도 만주에 있지 않았다

원래 고구려는 감숙성, 섬서성, 하북성, 산서성, 백제는 하남성, 산동성, 호북성, 호남성 그리고 신라는 강소성, 안휘성, 사천성, 감숙성, 호북성 그리고 절강성에서 건국 초기부터 멸망할 때까지 역사 시대를 겪었습니다.

따라서 고구려 영토를 그대로 이어받은 발해 영토 역시 고구려와 같을 수밖에 없습니다. 그런데도 대하소설『대발해』의 발해 영역은 겨우 요하 동쪽의 만주와 시베리아 연해주와 한반도 북부로 한정되어 있습니다.

요하가 11세기 이후 요나라가 당시의 아리수라는 강 이름을 자기네 국명인 요遼자를 넣어 요하遼河로 강 이름을 바꾼 것이라는 것만을 알았어도 발해의 영토를 요하 이동以東만으로 한정하지는 않았을 것입니다.

발해는 요나라에 의해 서기 926년에 망했습니다. 따라서 그때에는 만주 땅에 요하라는 강 이름조차 존재하지도 않았습니다. 그때는 바로 요수遼水를 기준으로 하여 요동과 요서가 구분되었습니다. 요수는 지금의 섬서성 농현隴縣과 천양현千陽縣 그리고 보계현寶鷄縣으로 이어지는 천하千河입니다. 요하는 바로 이 요수에서 따온 강 이름입니다.

이조가 대륙에서 철수한 손문 정부에 의해 변조된 것으로 보이는 사마천의『사기』와『후한서』를 읽은 우리나라 일부 재야 사학자들이 주장한 대로 이 요하를 하북성의 난하로만 알았더라도 발해의 동쪽 경계선은 최소한 하북성 난하까지는 넓힐 수 있었을 것입니다."

"내외의 역사 기록 외에도 고구려, 발해, 백제, 신라, 고려가 대륙에 존재했던 국가였다는 증거가 또 있습니까?"

"있고말고요. 그들 다섯 나라가 대륙 국가라는 증거는 『삼국사기』를 비롯한 각종 문헌들에 나오는 역사적 기록 외에도 지진, 홍수, 황충蟲蟲의 피해, 일식, 각 해당 지역의 특산품, 기후의 특성, 당시의 각국 인구 통계 등을 통해서도 입증되고 있습니다.

『삼국사기』를 읽어 본 사람은 누구나 다 아는 일이지만, 황충의 피해가 자주 언급되고 있습니다. 미국의 소설가 펄 벅이 쓴, 중국을 무대로 한 농민 생활을 그린 『대지』라는 소설을 보면 황충이라는 메뚜기 떼가 하늘을 새까맣게 가릴 정도로 엄습하면 농작물은 일시에 쭉정이로 변해 버리는 장면이 나옵니다.

그런데 이러한 메뚜기 떼 내습은 기후의 특성상 한반도에서는 발생하는 일이 없습니다. 중국, 중앙아시아, 유럽, 아프리카 등지에 창궐하는 해충이기 때문입니다. 『삼국사기』에 등장하는 황충 피해 기록은 고구려, 발해, 백제, 신라, 고려가 모두 대륙 국가임을 입증해 줍니다.

『삼국사기』에는 또 경주 토함산에서 화산이 폭발하여 화산재로 3년 동안이나 큰 해를 입었다는 기록이 나오지만 한반도의 경상남도 경주에 있는 토함산에서는 화산이 폭발한 흔적조차 찾아볼 수 없습니다. 그렇지만 중국 대륙에 있는 안휘성 봉양현에 있는 경주 토함산에서는 화산 폭발의 흔적이 지금도 분명히 그대로 남아 있습니다.

중국 대륙 중남부는 원래 지진 피해가 잦은 곳이지만 한국은 그렇지 않습니다. 이것 역시 고구려, 발해, 백제, 신라, 고려가 대륙 국가라는 것을 말해 줍니다. 또 『삼국사기』에는 신라에는 홍수 피해가 막심한데도 백제는 전연 피해를 입지 않은 실례들이 많습니다.

이것은 백제와 신라가 한반도에서처럼 같은 위도상에 좌우에 나란히 존재하지 않았다는 것을 말해 줍니다. 실제로 대륙에서 백제는 하남성과 산동성에 있었고 신라는 안휘성, 강소성, 절강성, 사천성 등지에 있어서 그 위치상 위도와 경도가 달랐기 때문에 가능한 일입니다.

또 『삼국사기』에 등장하는 일식 기록을 서울대 박창범 천문학 교수팀이 컴퓨터로 역추적해 본 결과 『한단고기』와 『삼국사기』의 기록과 일치했고, 일식 관측지역 역시 『삼국사기』에 기록된 고구려, 백제, 신라의 대륙 위치와 같았습니다.

이 밖에도 신라가 당에 보낸 공물들 중에는 나전칠기, 나침반, 견직물, 면직물, 노쭐 등이 있는데 이것은 하나같이 한반도가 아니라, 대륙의 신라 땅에서만 생산되었던 그 지방 특산품이었습니다. 각종 기록에 나오는 영토와 인구 통계 역시 당시 한반도의 것은 당시 대륙의 10분의 1도 안 됩니다. 실례를 들면 다음과 같은 것이 있습니다.

기록에 따르면 15세기 초 세종 때 한반도 평양 인구는 겨우 지금의 일개 읍 정도도 안 되는 16,700명이었습니다. 이 정도의 도시라면 15세기 초 조선의 제2의 도시인 평양부 정도임에는 틀림없지만 대규모 궁궐과 사찰이 있던 고려의 서경西京이었다고는 도저히 인정할 수 없습니다.

그 평양이 만약에 서경이었다면 『삼국유사』와 『고려사』에 등장하는 구제궁九梯宮, 대화궁大華宮, 용언궁龍堰宮, 장락궁長樂宮, 주궁珠宮은 어디로 사라졌단 말입니까? 그리고 담화사曇和寺, 인왕사仁王寺, 영명사永明寺, 중흥사重興寺, 중흥사中興寺, 장경사長慶寺, 중광사重光寺, 흥국사興國寺, 흥복사興福寺, 홍복사弘福寺는 도대체 어디로 증발되었단 말입니까?

세월이 오래되어 풍화 작용으로 마모되었거나 병화兵火의 해를 입었다면, 하다못해 그 화려하고 장대한 궁궐과 사찰들의 주춧돌만이라도 발견되었어야 할 터인데, 그런 것은 눈을 씻고 찾아보아도 보이지 않습니다. 이것을 보고 어찌 고구려가 한반도에 있었던 나라라고 할 수 있겠습니까?

고구려만 그런 것이 아니고 신라 역시 사정은 마찬가지입니다. 『삼국유사』에 따르면 지금의 안휘성 봉양현에 있었던 신라의 도읍 경주에는 석성石城으로 된 성곽城郭이 있는데 바로 이곳에는 영창궁永昌宮, 부천궁夫泉宮, 홍현궁弘峴宮, 평립궁平立宮, 남도원궁南桃園宮, 북원궁北園宮, 선천궁善天宮, 월지궁月池宮, 요석궁瑤石宮, 대궁大宮, 사량궁沙梁宮, 양궁梁宮, 본피궁本彼宮, 수궁藪宮, 청연궁淸淵宮, 차열음궁且熱音宮, 병촌궁屛村宮, 북토지궁北吐只宮, 갈천궁葛川宮, 회창궁會昌宮, 대선궁對仙宮이 있었고 삼십오금입택三十五金入宅이 있었습니다. 다시 말해서 35군데나 되는 김씨 성 가진 귀족들의 대저택이 있었다는 얘기입니다.

그런데 지금 한반도 경주에는 이러한 궁전들과 대저택들이 있었다는 흔적조차 찾아볼 수 없습니다. 아무리 몽골병의 병화로 불타 없어졌다고 해도 그 주춧돌만이라도 있어야 하건만 그것조차 찾아볼 수 없습니다.

신라는 초기에는 한반도 정도의 국토(호북성, 섬서성, 안휘성, 강소성)를 가졌었는데, 통일기의 영토는 탁라乇羅(한반도)를 제외하고도 한반도의 6배 정도의 대륙의 국토를 가진 큰 나라였습니다. 당과 비교할 때 강역의 넓이도 훨씬 넓었고 문화 수준도 월등한, 동아시아 역사에서 큰 비중을 차지했던 나라였습니다.

대외 무역도 활발해서 월성月城에 국제시장을 개설했다고 합니다. 그 당시 한반도 경상북도 경주에 어떻게 국제시장이 개설될 수 있었겠습니까? 우선 그때에는 한반도에는 경주라는 지명조차 없었습니다. 한반도에 한자로 된 지명이 도입되기 시작한 것은 고려 중엽 이후부터니까요.

이조 초기 세종 때 경주의 인구는 고작 6천 명이 채 되지 않았습니다. 신라의 전성기를 8, 9세기라고 볼 수 있습니다. 『삼국유사』에 따르면 그때 월성의 인구가 17만 8936호였습니다. 한 가구를 5명으로 볼 때 89만 4680명입니다. 근 90만의 인구를 가진 대도시입니다. 유동 인구를 포함하여 백만 정도의 인구를 가진 경주가 어떻게 지금의 경상북도 경주라고 말할 수 있겠습니까? 한반도의 경주가 대륙의 경주나 월성이 결코 될 수 없는 이유입니다.

우선 한반도의 경주에는 앞에 예거한 궁전들과 귀족의 대저택이 있었다는 흔적조차 찾아볼 수 없습니다. 이조 5백 년 동안 왕족들이 거처하던 궁전이 서울에는 다섯 개가 남아 있습니다. 1천 년의 역사를 가진 신라는 이씨조선과 비교해 볼 경우, 적어도 4배 이상의 궁궐들이 있어야 사리와 이치에 맞습니다.

서울에서 궁궐들이 차지하는 면적을 가늠해 볼 때, 경상북도 경주 지역의 유적 정도를 가지고는 이곳이 대신라의 월성이나 경주라고는 도저히 믿을 수 없습니다. 지금까지 발굴된 경주 지역 능묘에서는 그 주인이 신라의 왕이라는 사실을 입증해 줄 그 어떠한 실마리도 찾아볼 수 없습니다.

경상북도 경주에 있는 대형 능묘 주변에는 대형 사찰이 단 한 곳도 없습니다. 『삼국사기』를 보면 신라왕들의 능 옆에는 큰 절이 있다고 기록되어 있건만 어떻게 된 것일까요? 성곽의 흔적도 왕릉도 없고, 왕릉 옆에 있어야 할 대규모 사찰의 흔적조차 찾아볼 수 없습니다. 단지 부석사, 해인사, 화엄사, 통도사, 범어사, 쌍계사 그리고 불국사가 왕릉王陵과는 동떨어진 곳에 있을 뿐입니다.

그런데 이들 절들의 진짜 원판은 대륙에 있고 한반도에 있는 것은 복사판에 지나지 않습니다. 대륙 백제에 있던 사찰이 일본에 같은 규모로 건축되었던 것과 같습니다. 백제의 사찰은 한반도에는 없지만 일본에 있는 대규모 사찰과 흡사한 사찰들이 대륙의 산동성 곳곳에 있었다는 것은 그 유적으로 입증되고 있습니다.

한반도의 해인사가 대륙의 해인사의 이름을 그대로 옮겨 놓았다는 것은 대장경판의 보관으로 입증됩니다. 왜냐하면 대륙의 해인사는 대장경판 보관과는 전연 관련이 없기 때문입니다. 고려의 대장경판은 강화 즉 대륙의 강소성 진강시에 있는 선원사에서 제작 보관되었기 때문입니다.

이것만 보더라도 고구려, 발해, 백제, 신라, 고려가 반도 국가가 아니라 대륙 국가라는 것이 틀림없습니다. 더구나 안휘성, 절강성, 강소성과 기타 성들에는 아직도 24기의 신라 왕릉이 그대로 남아 있고 토함산, 경주와 같은 중요한 신라 시대의 지명들 역시 지금도 그대로 대륙 땅 안휘성 등지에 남아 있습니다.

강남 갔던 제비

이처럼 고구려, 발해, 백제, 신라, 고려가 모두 다 대륙에 있었다는 증거는 각종 문헌 외에도 지진, 홍수, 황충의 피해, 일식 기록과 해당 지역의 특산품 등을 통해서도 입증되고 있지만 우리 민족의 언어 습관에서도 찾아볼 수 있습니다."

"처음 듣는 이야긴데요. 구체적으로 실례를 들어 말씀해 주시겠습니까?"

"해마다 봄이 오면 우리는 강남 갔던 제비가 돌아온다는 말을 거의 무의식적으로 씁니다. 여기서 말하는 강남은 도대체 어디를 말하는 것일까요?"

"저 역시 그것이 항상 의문이었습니다. 분명 한반도 내의 한강, 금강, 낙동강, 영산강 남쪽은 분명 아닐 터이고, 도대체 어디를 말하는 것일까요?"

"겨울 추위를 싫어하는 제비가 겨우 한반도의 한강, 금강, 낙동강, 영산강, 섬진강 남쪽까지 겨울을 피해 날아갔다가 봄이 되어 돌아오는 일은 있을 수 없습니다."

"그럼 어딜까요?"

"제비가 겨울 추위를 피해 남하했다가 돌아오는 강은 분명 동아시아에서는 양자강밖에 없습니다. 양자강 유역에는 백제와 신라가 있었습니다. 서기 660년 나당 연합군에 의해 백제가 망한 후에도 통일신라와 고려가 근 7백여 년 동안, 그리고 안파견 한인천제의 한국연방이 생겨난 이후 이조가 1880년대에 대륙에서 철수하기까지 9100년 동안 배달민족 국가의 도읍들은 대륙에서 떠난 적이 없었습니다.

그동안 이 지역에 흩어져 살던 우리 배달겨레 사이에 자연스럽게 형성된 언어 습관이 이씨조선이 서기 1880년대 이후 한양으로 천도할 때 같이 따라온 백성들의 언어 습관이 그대로 지금까지 입에서 입으로 전승되어 굳어진 것입니다.

태산이 높다 하되

그것뿐이 아닙니다. 조선조 중종 때 양사언은 다음과 같은 시조를 읊었습니다.

태산이 높다 하되 하늘 아래 뫼이로다.
오르고 또 오르면 못 오를 리 없건마는
사람이 제 아니 오르고 뫼만 높다 하더라.

여기서 태산泰山은 한반도 안에 있는 산은 분명 아니고 대륙의 산동성에 있습니다. 산동성은 백제의 영역이었고 백제가 망한 뒤에는 신라와 고려를 거쳐 이조 시대까지 우리가 영유했던 곳입니다.

이 장구한 세월 동안에 형성된 언어 습관이 양사언을 통해 태산이 마치 옛날처럼 지금도 우리나라 산인 것처럼 착각을 하고 싯귀에 담았건만 아무도 이상하게 생각하지 않고 입에서 입으로 자연스럽게 회자된 것입니다. 그것은 우리 겨레가 거의 무의식적으로 그 언어 습관을 조상님들로부터 지극히 자연스럽게 물려받았기 때문입니다.

북망산

이러한 예는 또 있습니다. 북망산北邙山입니다. 이 산은 원래 귀인들이 죽으면 장사 지내는 공동묘지였습니다. 하남성 낙양에 있는데 백제의 영역이었고 백제와 고구려가 망하는 격변기에 당이 일시 점령한 일은 있었어도, 그 후 신라, 고려, 이씨조선 왕조까지 내내 우리 영역이었습니다. 그래서 춘향전에도 '어르신네는 북망산천에 돌아가시고...' 하는 구절이 실려 있을 정도입니다.

그리고 50년 전까지만 해도 우리나라에서는 사람이 죽으면 초혼招魂 의식을 했습니다. 우리 조상들은 사람이 일단 숨을 거두면 그의 혼이 육체에서 빠져나가는 것으로 알고 있었으므로 그 혼이 멀리 떠나기 전에 붙잡아야 했습니다.

그래서 사람이 지붕 위에 올라가 죽은 이가 입고 있던 겉옷을 '북망산천'이 있는 북쪽을 향해 흔들면서, 돌아오라고 세 차례 '복復'을 외쳤습니다. 그래서 이것을 고복皐復이라고 합니다. 하남성 낙양의 북망산 남쪽에는 배달국, 단군조선, 부여, 백제, 신라, 고려 그리고 이씨조선 왕조가 있었습니다. 이때 형성된 초혼 의식임을 알 수 있습니다.

한 번 형성된 제례 의식과 언어 습관은 아무리 세월이 흘러도 쉽게 변하지 않습니다. 만약에 우리 민족이 처음부터 한반도에서 살아왔다면 이런 식으로 전해 내려오는 일은 없었을 것입니다. 왜냐하면 '강남, 태산, 북망산천'은 한국과는 위치상으로도 서해를 끼고 있을 뿐만 아니라 경도상 15도, 위도상 3도 한반도보다는 훨씬 남쪽에 있기 때문입니다.

백년하청

이 밖에도 누구라 할 것 없이 우리나라 식자들은 예정되었던 일이 제때에 이루어지지 않고 무한정 지연되는 것을 비꼬는 말로 백년하청百年河淸이란 말을 곧잘 씁니다. 이 말의 본뜻은 누런 황하黃河의 빛깔이 백 년이 흐른들 맑아지겠느냐는 야유가 들어 있는 사자성어입니다.

그런데 여기서 문제가 되는 것은 우리 민족이 처음부터 한반도에서만 살아왔다면 무엇 때문에 한반도에는 있지도 않은 황하를 마치 우리 곁에 있는 강하인 양 비유해서 말했을까 하는 것입니다.

그러나 알고 보면 황하와 양자강은 우리 민족과 더불어 유구한 세월을 같이 살아온 강이었습니다. 다 아시다시피 황하는 하북성, 산동성, 산서성, 하남성, 섬서성을 가로질러 흘러가는 큰 강입니다. 이 지역은 이조선이 1405년에 대륙에서 한반도로 철수하기까지 우리 민족 국가들이 9100년 동안에 대대로 살아왔던 강역이었습니다.

한 번 형성된 언어 습관은 우리 민족의 주류 세력이 비록 그 연고지를 떠났어도 '강남 갔던 제비', '태산이 높다 하되', '북망산천' 그리고 '백년하청'처럼 없어지지 않고 지금까지 아무런 저항감 없이 대대로 입에서 입으로 전해져 내려온 것입니다.

따라서 배달족 국가들이 차지했던 대륙의 감숙성 일부, 섬서성, 산서성, 하북성, 산동성, 하남성, 호북성, 안휘성, 강소성, 절강성, 복건성, 강서성, 호남성 등지에는 이조선이 한반도로 도읍을 옮기기 이전에 만들어진 한족 국가들의 유물과 유적이 전연 발견되지 않습니다. 오직 있는 것이란 명대明代 이후의 유적들과 배달민족 국가들이 그곳에 있지 않았다는 것을 입증하기 위한 조작된 유적들뿐입니다.

그래서 이 지역에 숱하게 남아 있는 배달국, 청구국, 단군조선, 고구려, 백제, 신라, 발해, 고려의 유적들을 보고 그들은 남송의 유적이라고 둘러대고 있습니다. 그러나 그것은 새빨간 거짓말입니다. 남송은 이 지역을 그들의 영토로 차지한 일이 없었기 때문입니다.

전생의 장면들

이것뿐이 아닙니다. 선도수련을 하여 숙명통宿命通이 열린 구도자들은 자기네가 전생에 단군조선 시대나 삼국 시대, 고려 시대를 살았을 경우 대륙에서 살았던 장면들을 볼 수 있습니다. 나는 전생에 고구려, 발해, 신라, 백제에서 산 전생 장면들을 여러 번 보았습니다.

수행자가 보는 화면에는 대체로 두 종류가 있습니다. 그 하나는 과거 생의 화면이고 다른 하나는 미래에 대한 화면입니다. 과거는 이미 확정된 것이므로 고정되어 있지만 미래의 화면은 불확정적인 것이므로 신뢰도가 고작 50프로 정도밖에는 안 됩니다. 어떤 사람은 화면은 무조건 신뢰도가 반밖에 안 된다고 말하지만 그것은 미래에 대해서는 맞는 말이지만 과거에 대해서는 맞는 말은 아닙니다.

내가 수련 중 처음에 과거 생의 화면을 보았을 때였습니다. 처음에는 그 화면의 주변 환경이 한국과는 너무나 다르고 중국과 흡사해서 내가 혹시 전생에는 중국인이 아니었나 하고 생각한 일이 있었습니다. 그러나 대륙에서 있었던 우리 고대사를 알고부터는 그 진실을 알게 되었습니다. 이것은 나뿐만이 아니라 삼공재에서 수련하여 숙명통이 열린 수많은 수련자들이 다 같이 겪은 일입니다.

이처럼 중원 대륙의 중부와 동부는 우리 민족의 역사 시대가 열린 안파견 한인천제의 한국연방 시대부터 9100년 동안 내내 우리 땅이었습니다. 대체로 배달민족은 대륙의 북중부와 동부에 살았습니다. 그래서 우리 민족은 저들을 서토 또는 서토인이라고 불렀고, 저들은 우리를 넓은 동쪽 땅을 차지한 나라 또는 그곳에 사는 사람이라는 뜻으로 해동海東, 해동인海東人, 해동성국海東盛國, 동이東夷, 동방예의지국東方禮義之國 등으로 불렀습니다.

서토인들이 말하는 해동은 그들의 동북쪽에 있던 만주나 아니면 그 시대에 그들이 결코 영유한 일이 없는 대륙 동해안의 서해 너머 한반도의 나라를 지칭한 것이 절대로 아니라는 것을 똑바로 알아야 합니다.

그런데 대하소설 『대발해』는 이 역사적 사실을 외면하고 잘못된 반도사관과 식민사관에서 아직도 벗어나지 못하고 발해의 영역을 겨우 요하 이동의 만주, 연해주, 한반도 북부만으로 국한시킨 것은 역사의 진실을 외면한, 심히 유감스럽고 개탄스럽기 짝이 없는 일이 아닐 수 없습니다."

이때 우창석 씨가 말했다.

"선생님도 소설가시니까 해 보는 말씀인데요, 만약에 선생님께서 김홍신 작가의 처지이고 누가 출판물을 통하여 그 잘못을 지적했다면 어떻게 하시겠습니까?"

"우선 진실 여부를 가리는 것이 급선무입니다. 과연 발해의 핵심 지역이 감숙성과 섬서성에 있었는가를 철저하게 조사해 보고 나서 지적당한 사항들이 과연 사실이라는 것이 입증된다면 그 즉시 개작에 착수할 것입니다. 비록 역사 소설로나마 바른 정보를 제공하는 것은 작가가 독자에게 봉사해야 할 기본적 책무니까요.

그리고 동서고금을 막론하고 이 세상에 완전무결한 사람은 있어 본 일이 없습니다. 잘못을 저지르는 것이 나쁜 것이 아니라 잘못을 저질렀다는 것을 알고도 그것을 고치지 않는 것이 나쁘다고 공자도 말했습니다. 그렇게 한다면 지금까지 그의 작품을 읽고 깊은 감동을 받고 그를 따르는 수많은 독자들도 진정으로 그를 훌륭한 작가로 알고 더욱 더 존경하게 될 것입니다."

"만약에 저자가 계속 반도식민사관을 고수하고 자신의 잘못을 인정하려 하지 않는다면 어떻게 될까요?"

"그건 전적으로 역사를 꿰뚫어 보는 문필가의 통찰력과 혜안에 달려 있는 문제입니다. 그가 그 나름의 작가적 양심으로 계속 반도식민사관을 고집한다면 그거야 우리나라에 언론의 자유가 있는 한 어쩔 수 없는 일이 아니겠습니까. 평안 감사도 제 싫으면 그만이라는데 누가 말리겠습니까? 그러나 그 작품에 대한 시시비비는 독자와 후세의 판단에 맡기는 수밖에 없지 않겠습니까."

우리 민족 역사상 가장 큰 사건

"그건 그렇구요. 단재丹齋 신채호申采浩 선생은 일찍이 우리 민족 역사상 가장 큰 획기적인 사건은 묘청대사妙淸大師의 서경 천도와 건원칭제 시도가 모화사대주의자인 김부식金富軾 일파에 의해 좌절된 것이라고 말했습니다.

그러나 지금 생각해 보면 단재 선생이 그런 말을 할 당시에는 고려가 한반도에는 있지 않았다는 사실을 몰랐으므로 반도사관에서 벗어나지 못했고, 따라서 서경을 지금의 한반도 평양으로 착각한 것이 틀림없습니다.

그렇기 때문에 서경인 한반도 평양을 도읍으로 하여 묘청대사妙淸大師가 우선 요동 땅인 만주 대륙을 회복할 의도를 가진 것으로 알고 그런 말을 한 것 같습니다. 만약에 단재 선생도 서경이 한반도 평양이 아니고 섬서성 서안이라는 것을 알았더라면 그런 말을 하지는 않았을 것 같은데, 선생님께서는 어떻게 생각하십니까?"

"좋은 지적입니다. 단재 선생도 서경이 섬서성 서안이라는 것을 알았더라면 결코 그런 말을 하시지는 않았을 것입니다. 단재 선생은 당연히 묘청대사의 서경 천도 실패보다는 이씨조선이 고려를 쓰러뜨리는 역성혁명을 일으킨 후, 1392년에 지금의 산동성 치박시에 있던 개경에서 개국하여 1880년대부터 한반도 한양으로 천도한 것을 우리 민족 역사상 지금까지 가장 치욕적이면서도 가장 획기적인 큰 사건이라고 보았을 것입니다.

왜냐하면 이 사건은 단지 도읍만 옮긴 것이 아니라 그에 잇달아 동북아 역사에 전반에 엄청난 파장을 몰고 왔기 때문입니다. 이때 손문 정부와 일제 사이에는 거창한 사기 협잡 음모들이 계속 줄을 이었기 때문입니다."

"어떤 음모들이 일어났는데요?"

"우선 우리 민족의 역사가 안파견 한국 시대부터 배달국, 단군 시대와 고구려, 백제, 신라, 발해, 고려를 거쳐 이조 시대까지 대륙에서 이루어졌던 사실을 처음부터 없었던 것으로 만들기 위하여 은밀하게 그 역사 사실을 말살하는 거창한 역사 조작 공정이 소리 소문도 없이 음험하게 감행되었던 것입니다.

물론 일제와 손문 정부가 합작하여 이러한 음모를 자행했을 때는 그들만의 비밀이 영원히 감추어질 것이라고 생각했겠지만 그들은 이렇게 감추어진 불의하고 부당한 음모는 어느 때인가는 반드시 세상에 드러나고 만다는 사필귀정의 이치는 간과했던 것입니다.

이 사실을 우리나라에서 처음으로 공개한 분이 바로 『밝혀질 우리 역사』와 『숨겨진 역사를 찾아서』를 쓴 오재성 재야 민족 사학자입니다. 이 음모로 인하여 무엇보다도 대륙의 서쪽에 있던 지명들이 이조가 원래 자리잡았다가 철수한 자리인 동쪽으로 옮겨오고, 대륙에 있던 이조의 지명들은 한반도로 옮겨진 것입니다. 주요 도시들만 예를 들어 보면 다음과 같습니다.

감숙성 천수시에 있던 연경燕京은 북경北京시 동성구로 옮깁니다. 북경시 동성구는 고려의 연주延州였는데 한반도 평안도 영변으로 옮깁니다.

사천성 성도시에 있던 남경은 강소성 남경시로 옮겨지고, 강소성 남경시의 원래 지명인 금릉金陵은 한반도 경상도 김천으로 옮겨집니다.

섬서성 남정현에 있던 낙양洛陽이 하남성 낙양시로 옮겨지고, 하남성 낙양시의 원래 지명인 연안은 한반도 황해도 연안으로 옮겨집니다.

감숙성 영흥현에 있던 개봉開封은 하남성 개봉시로 옮겨집니다. 이조의 도읍지 개경이 있던 산동성 임치구에는 사천성 영산현에 있던 임치臨淄라는 지명이 옮겨오고, 개경은 한반도 경기도로 옮겨집니다.

한양漢陽이 있던 제남시에는 사천성 남통시에 있던 제남濟南이라는 땅 이름이 옮겨오고, 한양은 한반도 서울로 옮겨왔다가 다시 한성漢城으로 이름이 바뀌게 됩니다.

이조 초기 경주慶州가 있던 안휘성 봉양현에는 사천성 회향현의 지명이 옮겨오고, 경주는 한반도로 옮겨옵니다.

이조 초기의 평양은 섬서성 서안시였는데 그곳에는 감숙성 난주시의 옛 지명인 서안西安이 옮겨오고, 평양은 한반도 평안남도로 옮겨옵니다.

이조 초기 공주公州인 산동성 곡부시에는 사천성 남부현에 있던 곡부라는 지명이 옮겨오고, 공주는 한반도 충청남도로 옮겨옵니다. 이렇게 되자 사천성 남부현 곡부에 있던 공자의 출생지는 졸지에 산동성으로 옮겨와 공자묘까지 버젓이 만들어지게 됩니다. 그리하여 공자는 사천성 남부현에서 출생한 것이 아니고 산동성 곡부에서 태어난 것처럼 공공연히 사기를 치게 됩니다.

사천성 충현에 있던 항주가 절강성 항주시로 옮겨옵니다. 호북성 의성시에 있던 전주全州는 한반도 전라남도 전주로, 호남성 장사시에 있던 나주羅州는 한반도 전라남도 나주羅州로 옮겨집니다.

고구려와 발해의 강역을 위장하기 위하여 섬서성 서안시의 고구려의 도읍지 평양성(장안성)에 감숙성 나주시(명의 서안)와 감숙성 임하현(한의 장안)의 지명을 한 곳으로 옮겨 놓았습니다.

감숙성 장가천현 즉 심양瀋陽의 지명을 요녕성 심양시로 옮겼고, 섬서성 미현인 요양을 요녕성 요양시로 옮겼습니다.

이렇게 대륙에서 이조가 차지했던 강역의 지명들을 한반도와 만주 지역으로 이전함으로써 고려와 이조가 차지하고 있던 지역에는 처음부터 한족 국가들만 존재했던 것처럼 역사를 위장하고 날조했던 것입니다.

이조의 위정자들은 금의 상경인 감숙성 회령현의 지명을 한반도의 함경도 회령으로 옮겨 놓음으로써 마치 말갈의 활동 무대가 한반도의 함경도인 것처럼 위장함으로써 금의 강역을 서에서 동으로 바꿔치기하려 했던 것입니다.

우리 역사 말살 사례

이것 외에도 그들이 우리 민족의 대륙에서의 역사를 말살하기 위해서 자행한 일 중에서 대표적인 것을 꼽으면 다음과 같은 것이 있습니다.

첫째, 진대秦代에 축조된 장성의 규모를 터무니없이 과장했습니다.

진秦이 축조한 장성은 흉노匈奴와 선비鮮卑 그리고 숙신肅愼의 침입을 막기 위해서 만들어진 것입니다. 감숙성 영정현(안문관)에서 시작, 감숙성 유중현을 거쳐 섬서성 양평현에 이르는, 연이 쌓았던 성곽을 단지 연결했을 뿐입니다. 총길이가 500km 정도의 규모에 지나지 않는데, 이것을 마치 감숙성 임조현에서 대륙 동쪽 끝인 하북성 산해관까지 이어지는 것으로 지나치게 과장된 주장을 하고 있습니다.

사실상 진의 강역은 감숙성 동부, 섬서성 남서부, 사천성, 귀주성 북서부, 광서성에 이르는 지역일 뿐, 섬서성 북부, 산서성, 하북성 등지에는 발도 들여놓지 못했습니다. 그러한 진이 어떻게 섬서성 북부와 하북성을 지나 요녕성에 이르는 장성을 쌓았다는 것인지 도대체 말도 안 되는 주장을 하고 있습니다.

감숙성 서쪽의 장성은 한, 고구려, 수, 당, 명대에 조성된 것이고 영하자치구, 섬서성, 산서성, 하북성을 연결하는 장성 역시 주로 명대에 축조된 것입니다.

진나라 이전에 연이 번조선에 침공하여 번조선의 강역에 5개 군을 설치하고 장성을 쌓았는데, 이때의 장성은 감숙성 장가현에서 섬서성 미현에 이르는 150km 정도였습니다. 고구려가 당의 침입에 대비하여 쌓은 장성은 감숙성 평량시에서 섬서성 부풍현에 이르는 150km 규모였습니다.

둘째, 수대隋代에 건설된 운하의 위치를 위장했습니다.

수대에 건설된 운하는 다섯 곳입니다. 광통거廣通渠, 영제거永濟渠, 통제거通濟渠, 우구, 강남하江南河였습니다.

광통거는 수의 새로운 도읍지 대흥과 위하渭河를 연결하는 수로를 확장한 것으로서 감숙성 천수시와 인접한 감숙성 북도구를 연결하는 운하였습니다.

영제거는 수의 주요 도시였던 낙양(섬서성 남정현)의 주변 강들을 거미줄같이 서로 연결시킴으로써 원활한 물자의 운송과 하천의 범람을 막자는 것이었습니다.

통제거는 사천성의 대도시인 도강언시와 덕양시를 연결하는 운하입니다.

우구는 수의 남쪽 최대 도시 성도(사천성 낙산시)의 원활한 인적 물적 교류를 위해서 보수한 것입니다. 이 운하는 춘추전국 시대 오吳가 구축한 것으로서 지금의 성도시를 사이에 두고 동과 서에서 남류하는 민강과 타하를 연결한 것입니다.

강남하는 수의 남쪽 주요 거점 도시였던 건강(사천성 내강시)의 원활한 교통을 위해 만들어졌습니다. 이곳은 수양제가 남쪽 거점으로 전략적 의도를 갖고 발전시키려고 노력했던 곳으로 노현과 내강시를 연결시켰습니다.

고대에 대륙의 주요 도시들은 부근의 큰 강과 운하에 연결시켜 사람과 물자의 원활한 교류가 이루어지게 했습니다. 그 때문에 수대에 건설된 대도시 주변의 운하도 기존 운하를 확장하거나 추가해서 연결한 것이었습니다.

대륙의 중앙과 동부를 차지하고 있던 고구려, 백제, 신라의 경우도 단군조선 이래 홍수에 대비하여 큰 강에 수로를 파서 서로 연결시킴으로써 운송의 편의는 말할 것도 없고 홍수에도 대비했던 것입니다.

그러나 수대에 조성된 운하가 산서성, 하북성, 하남성, 안휘성, 그리고 강소성에 있었다는 주장은 아무 근거도 없는 헛소리에 지나지 않습니다. 왜냐하면 수양제는 산서성, 하북성, 하남성, 안휘성 그리고 강소성에는 한 발자국도 들여놓은 일이 없었기 때문입니다. 따라서 강소성에 수양제의 가묘假墓가 생겨난 것도 이조가 대륙에서 철수하여 한반도로 이전한 후 제멋대로 만들어진 것입니다.

셋째 명은 소설『삼국지』,『수호지』,『열국지』의 주인공들의 활동 무대가 대륙 전체인 것처럼 날조하게 하였을 뿐만 아니라 이들 소설들의 창작과 보급에 국가적 지원을 아끼지 않았습니다.

명에 대한 사대주의와 반도사관에 세뇌당한 이조의 유생들은 말할 것도 없고 아직도 반도사관의 영향에서 벗어나지 못한 한국인들은 지금도 이러한 소설들에 매혹당하여 독자는 계속 늘어나고 있는 추세이건만, 우리는 이들 소설 뒤에는 중국의 가공할 만한 중화사상 즉 국가 이기주의가 도사리고 있다는 것을 전연 모르고 있습니다.

더욱이『수호지』의 내용은 서기 660년에 백제가 나당 연합군에 의해 망한 후에 일어난 백제 부흥 운동을 서토의 소설로 각색한 것입니다. 그 시대에 한족은 산동성 지역에는 얼씬도 하지 못했건만 마치 한족의 독무대라도 되는 것처럼 위장했습니다.

양산박梁山泊이 있었다는 산동성 양산현은 백제 부흥 운동의 본거지였던 임존성任存城이 있던 곳입니다. 그리고 백제의 흑치상지黑齒常之 장군이 바로 수호지의 주인공 송강松江으로 둔갑한 것입니다.

『열국지』에 등장하는 춘추전국의 무대도 사실은 감숙성, 섬서성, 사천성, 귀주성을 벗어날 수 없습니다. 왜냐하면 춘추전국의 북서쪽과 북쪽에는 흉노와 선비, 숙신이 있었고, 동쪽으로는 기자조선奇子朝鮮, 기자조선箕子朝鮮, 예맥濊貊이 있었고, 남동쪽에는 왜倭가 있었고, 사천성에는 변한弁韓이, 섬서성에는 진한辰韓, 산동성과 하남성에는 마한馬韓이 있었기 때문입니다.

그런데도 불구하고 이들 소설들의 무대가 대륙 전체인 것처럼 만든 것은 우리나라가 한국연방, 배달국, 청구국, 단군조선, 고구려, 백제, 신라, 발해, 고려, 이조가 엄연히 대륙에 군림했던 역사적 사실을 말살하기 위한 명나라 판 동북공정이었습니다."

우리는 대륙의 선주민족

"우리 조상들은 한족보다 적어도 4천 년 앞서 동북아 대륙에서 처음으로 홍익인간弘益人間 재세이화在世理化의 기치를 내걸고 역사 시대를 연 선주민족先住民族입니다. 한국연방의 안파견 한인천제로부터 7대 3301년 후 배달국 14대 자오지한웅천황 즉 치우천황대에 이르기까지 약 4천여 년 후에야 비로소 한족에 의해 자기네 선조로 추앙되는 황제헌원黃帝軒轅이 배달국의 제후국 군주가 되었습니다.

『한단고기』「삼성기전三聖紀全」에 나오는 배달국의 도읍인 삼위태백三危太白의 태백은 바로 평양으로서 지금의 감숙성 평량시입니다. 이곳이 바로 우리 민족이 대륙에 처음 정한 도읍입니다. 말하자면 우리 민족이 처음으로 대륙 진출의 교두보로 확보한 곳입니다.

그 후 진시황이 건원칭제하기까지 근 7천 년 동안 내내 우리 민족은 대륙을 일방적으로 지배하여 왔습니다. 당요唐堯, 요순堯舜은 말할 것도 없고 하, 은, 주를 거쳐 춘추전국 시대의 열국들은 모두가 배달국, 청구국, 단군조선의 제후국들이었고 해마다 조공을 바쳤던 사실이 『한단고기』에 자세히 나옵니다.

그러다가 진이 망하고 한을 거쳐 수와 당대 이후는 점차 대륙의 서쪽은 한족, 동쪽은 배달족이 지배하는 방식으로 대륙을 양분하여 다스려 왔습니다. 그러다가 고구려, 백제, 신라, 발해, 고려를 거쳐 이조에 이르러 우리 민족이 선주민족으로 대륙에 첫발을 들여놓은 지 9100년 만에 한반도로 철수하는, 우리 민족사상 초유의 획기적이고도 치욕적인 사건을 겪게 된 것입니다.

우리는 지난 600년 동안 이러한 역사적 사실을 새까맣게 모르고 살아왔습니다. 그 이유는 일본 침략자들이 한국 침략을 합리화하고 한국인을 자기네 노예로 영원히 부려먹기 위해서 반도사관을 이용하여 식민사관을 날조하여 우리 민족을 세뇌 교육했기 때문입니다.

그러나 이제는 그 사실을 만천하에 밝혀야 할 때가 되었습니다. 왜냐하면 자주 독립국가의 국민으로서 우리의 미래를 정확히 내다보기 위해서는, 우리의 과거 역사의 진상을 실제로 있었던 그대로 똑바로 알아야 할 필요가 있기 때문입니다.

등산을 해 보면 누구나 다 아는 일이지만, 높이 오르면 오를수록 더 넓은 시야를 확보할 수 있습니다. 그와 같이 우리는 과거의 역사를 멀리 그리고 정확히 알면 알수록 미래를 보다 넓고 깊고 멀리 조망할 수 있는 능력을 갖게 되어 있습니다. 우리의 미래를 조망해 보기 위해서는 대륙에서의 우리 민족의 역사를 있는 그대로 정확히 알아야 합니다. 여기에 대륙사관의 필요성이 대두됩니다."

"선생님, 그 대륙사관은 언제부터 우리나라에서 일어나기 시작했습니까?"

"안호상 박사, 박시인 박사, 임승국 박사, 박창암 장군 등이 재야 민족 사학자로 활동하던 1980년대까지만 해도 대체로 우리 민족사의 강역을 만리장성 이북으로 보는 것이 일반적인 추세였습니다. 이것이 바로 만주사관이었습니다.

그러나 1980년대에 접어들면서 그동안 지하에 숨어 있던 『한단고기』가 대량으로 출판되면서부터 재야 사학들 사이에서 대륙사관이 서서히 움트기 시작했습니다. 『겨레 역사 6천년』을 펴내신 안호상 박사, 『조선상고사』를 쓰신 문정창 선생, 『알타이 문화기행』을 집필하신 박시인 박사, 단군의 역사를 바로 세운 최태영 선생, 『한민족의 뿌리 사상』을 낸 송호수 박사, 『부도지』와 『한단고기』를 낸 김은수 선생, 『한단고기』 주해서를 쓰신 임승국 박사, 『단군실사에 관한 고증연구』를 쓴 이상시 변호사 등이 대륙사관 연구의 선구자들입니다.

그리고 이들의 논문을 발표할 수 있는 지면을 제공한 분이 바로 필자의 장편소설 『다물』의 주인공 최만주의 실제 모델인 박창암 장군이었습니다. 박 장군은 자신의 사재인 논밭과 산림과 빌딩까지 매각하여 결국은 무일푼이 되기까지 〈자유〉라는 월간잡지를 1970년대와 80년대, 90년대 2000년대까지 꾸준히 발간함으로써 민족사관 보급에 힘썼습니다.

그리고 위에 말씀드린 선두 주자들의 바로 뒤를 이어 1990년대 이후에 활약한 분들이 있습니다. 고려의 오연총 장군의 후손이며 『숨겨진 역사를 찾아서』와 『동이민족사』를 쓴 오재성 재야 사학자, 『상고사의 새발견』을 출간한 이중재 선생, 『고구려, 백제, 신라는 한반도에 없었다』를 펴낸 기상학자 정용석 님, 『실증 한단고기』를 낸 이일봉 재야 사학자 등이 있습니다. 이러한 재야 사학자 여러분들의 대륙사관 시동의 기초 공사를 해 놓았기 때문에 이병화 저 『대륙에서 8600년, 반도에서 600년』 같은 빼어난 역사책이 나올 수 있었던 것입니다."

"그런데 어떤 사람은 제가 대륙사관을 설명하면 이런 질문을 합니다."

"어떤 질문인데요?"

"고구려의 평양이 대륙 한복판인 섬서성 서안시에 있었다면 당나라는 어디에 있었느냐는 겁니다. 섬서성 서쪽은 감숙성과 신강위구르자치구이고 그 서쪽은 사막인데, 그곳에 당이 있을 수 있느냐는 겁니다."

"지금의 섬서성 전체를 고구려 단독으로 차지했던 것은 아니고 섬서성과 감숙성을 고구려와 당이 공유하고 있었으므로 두 나라는 국경을 맞대고 있었습니다. 당시 고구려는 섬서성과 감숙성 일부와 그곳에서 동쪽으로 산서성, 하북성 지역을 차지하고 있었고 당은 섬서성과 감숙성에서 고구려와 국경을 공유하고 있었고 서남쪽으로는 사천성 일부까지 차지하고 있었으므로 사막으로까지 나앉을 필요는 없었습니다.

다시 말해서 섬서성과 감숙성 서남 부분을 차지한 당은 대륙의 서남부를 차지하고 있었고 고구려는 그 동쪽 부분을 다스리고 있었다고 보면 됩니다. 그래서 서토인들은 예부터 우리나라를 보고 동쪽에 사는 큰 활을 가진 어진 사람의 나라 즉 동이, 동방예의지국 또는 해동성국 등의 별칭을 썼습니다."

"그렇다면 선생님, 수와 당이 고구려를 침공할 때 어떻게 수륙 양쪽으로 쳐들어올 수 있었습니까? 섬서성과 감숙성 지역에는 바다가 없는데 어떻게 수군을 30만 명이나 동원하여 서해를 건너 평양까지 쳐들어올 수 있었을까요?"

"반도사관에 세뇌당한 채 역사를 보면 그런 의문을 품을 수도 있을 것입니다. 그러나 고구려의 평양의 위치를 한반도 북서부의 평안도 평양이 아니라 지금의 섬서성 서안으로 보면 상황은 180도 달라집니다.

서기 598년에 수는 고구려의 섬서성 지역으로 쳐들어왔습니다. 그러나 고구려군은 수의 총사령관 즉 총관을 죽이고 마침내 승리를 쟁취했습니다. 그러자 그해에 수문제는 30만 대군을 동원하여 다시 쳐들어왔습니다.

이번에는 섬서성 보계현에 있는 요택遼澤 지역으로 육군이 쳐들어왔는데 이곳이 바로 그때에는 요동 지역이었습니다. 얼마 전에 '연개소문'이라는 텔레비전 드라마에서는 요택을 하북성 지역에 있는 것으로 묘사되어 있는데 지리를 잘못 짚은 것입니다. 그 당시의 요택은 섬서성 보계현에 있는 요택이었습니다.

또 수군隨軍은 감숙성에 있는 패수浿水인 지금의 위하渭河에서 배를 타고 동쪽 섬서성의 고구려 지역으로 쳐들어갔습니다. 이때 육군은 물난리로 군량 보급이 끊어지고 설상가상으로 전염병까지 창궐하여 퇴각하지 않을 수 없었습니다.

게다가 수군은 고구려 수군水軍의 지연遲延, 청야淸野 작전으로 물길이 막혀 고전하다가 바람과 풍랑으로 한꺼번에 몰살당했습니다. 수군의 제1차 고구려 침공은 섬서성 서남에서 시작되었습니다. 만주와 한반도 평안도에서 일어난 전쟁이 결코 아니었습니다. 단지 반도사관에 사로잡힌 사학자들이 그렇게 제멋대로 소설을 썼을 뿐입니다.

서기 612년에 수문제의 고구려 1차 침공에서의 패전에 뒤이어, 이번에는 수양제가 130만이나 되는 대군을 동원하여 수륙 양면으로 고구려를 침공했습니다. 이때 고구려는 20만의 군대로 대항했습니다.

이때 수의 육군은 섬서성의 요수(지금의 천하) 지역을 통과하여 쳐들어왔고, 수군水軍은 감숙성에서 패수 즉 지금의 위하渭河를 통해 섬서성으로 쳐들어왔습니다. 섬서성 부풍현 즉 해성海城으로 쳐들어왔던 수군은 을지문덕 장군에게 살수薩水 즉 지금의 감숙성 탕욕하湯欲河에서 대패하여 전멸당하고 말았습니다.

우리 역사에 빛나는 이른바 살수대첩薩水大捷입니다. 살수는 평안도 청천강이 아니라 감숙성 탕욕하입니다. 반도사관에 뚜드려 맞추다 보니 그렇게 되었던 것입니다. 그때의 조선술과 항해술 수준으로는 수가 비록 대륙의 동부를 차지하고 있었다 하여도, 서해를 넘어 한반도 평양까지 수십만의 군대를 한꺼번에 나를 만한 능력은 있을 리가 없습니다.

한편 살수 동쪽으로 쳐들어온 수양제의 육군은 지금의 섬서성 기산현에 있던 성城이고 고구려의 심장부인 평양성(섬서성 서안) 입구의 비사성卑沙城을 포위 공격했으므로 매우 위급한 상황이었습니다. 이때 고구려는 수에서 망명해 온 수의 문신인 곡사정斛斯政을 수의 진지로 보내는 한편, 조의선인皂衣仙人인 일인一仁을 보내 소매 속에 감추었던 작은 활을 쏘아 수양제를 명중시켰습니다.

수양제가 쓰러지자 혼비백산한 측근들은 그를 작은 배에 싣고 섬서성 보계시로 도망갔고, 수양제는 그곳에서 철수를 명령했습니다. 한족의 사서에는 나오지 않지만 『한단고기』에는 상세하게 실려 있습니다. 여기서도 자국의 수치를 숨기기로 유명한 한족들의 저 유명한 휘치필법이 유감없이 구사된 것입니다."

"그럼 그 후에 벌어진 나당 연합군의 소위 한반도의 백제, 고구려 침공도 모두 다 대륙 안에서 벌어진 일이라는 말씀인가요?"

"물론입니다."

"그런데 언제부터 역사의 진실이 그처럼 왜곡되고 날조되기 시작한 것일까요?"

"틀림없이 이조가 대륙에서 철수한 후 일제가 조선을 효과적으로 지배하기 위하여 반도식민사관으로 백성들을 세뇌하기 시작하면서 시작된 일입니다. 불감청이언정 고소원이라고 손문 정부는 여기에 얼씨구나 하고 장단을 맞추어 마음놓고 자기네 사서들을 반도사관에 맞추어 고쳐 쓰고, 대륙에서의 우리 역사와 유적들을 파괴 말살하고 그곳이 본래부터 자기네 영토인 것처럼 땅 이름들을 이리저리 옮기고 역사서와 유적들을 날조하기 시작한 것입니다.

사마천의 『사기』와 『한서』「지리지」도 그때 변조되었고 중화사상에 알맞게 주석과 집주를 새로 달았던 것입니다. 만약에 이러한 변조된 역사책을 읽고 우리 민족이 대륙을 지배했던 9100년의 역사를 부인하려 드는 사람이 있다면 그 사람은 영락없이 일제 침략과 중화사상을 두둔한 것밖에는 되지 않을 것입니다."

광개토경호태열제의 훈적비와 진흥왕 순수비

"그건 그렇구요. 고구려의 광개토경호태열제 훈적비가 압록강 중류인 집안에 있고 신라의 진흥왕 순수비가 북한산에 있는 것은 어떻게 된 것일까요? 광개토경호태열제 훈적비는 고구려의 평양이 섬서성 서안이라면 당연히 그쪽에 있어야 하고, 진흥왕 순수비 역시 신라가 있던 안휘성이나 하남성에 있어야 하지 않을까 생각됩니다."

"옳은 지적입니다. 이들 두 개의 비석이 만주와 한반도에서 각기 나타난 것을 보면 만주반도사관을 뒷받침해 주는 것 같은 인상을 주기에 충분합니다. 그러나 『한단고기』와 『삼국사기』에 따르면 국강상광개토경평안國岡上廣開土境平安호태열제好太列帝의 훈적비는 당연히 섬서성 순화현에 있어야 하고, 신라 진흥왕 순수비는 하남성 등봉시의 숭산嵩山에 있어야 합니다."

"그런데 무엇 때문에 지금은 만주의 집안과 서울의 북한산에 있어야 합니까?"

"내가 보기에는 이조가 대륙에서 철수한 뒤에 일제가 반도식민사관을 합리화하기 위하여 이러한 역사 날조 사기극을 극비리에 저지른 것이 아닌가 생각합니다."

"진흥왕 순수비는 조그마하지만 광개토대왕의 훈적비는 그 무게만도 엄청난 것인데 그런 일을 저지를 수 있었을까요?"

"그들은 그럴 만한 능력도 있었고 이유도 충분히 있었습니다. 일제는 반도식민사관을 합리화하기 위하여 경주 해변가 바다 한가운데 있는 바위섬에 문무왕릉을 축조하고 이를 관리할 김천사를 지었고, 태조 이성계의 행적지를 곳곳에 재현시키는가 하면 고려 태조의 능을 비롯하여 공민왕릉을 축조했습니다. 우리 민족의 역사가 처음부터 주로 한반도 안에서만 일어난 것처럼 위장하기 위해서였습니다.

한편 손문 정부는 이것을 절호의 기회로 삼아 우리가 다시는 대륙에 발들여놓을 틈새를 주지 않으려고 만주가 우리 민족의 고대의 강역이었던 것처럼 위장하는 데 특별한 노력을 기울이기 시작했습니다. 그 일환으로 대륙에서 이조와 접경하고 있던 요양, 요동, 요서 등지가 만주에 있었던 것처럼 위장하는 데 주력했고, 고대의 능묘들이 많이 흩어져 있는 압록강 중류 지방에 광개토경호태열제의 훈적비를 옮겨 놓았을 가능성은 충분히 있습니다.

세상만사에는 반드시 흥망성쇠가 있는 법입니다. 1368년에 건국하여 한때 그 세를 과시했던 명 역시 16대 276년 만에 수명이 다하여 1644년에 망해갈 무렵, 한때 고구려와 발해의 복속민이었던 만주족이 역사의 전면에 떠오르기 시작했습니다. 이러한 역사의 진운에 지혜롭게 대처했어야 할 이조의 위정자들은 전연 그렇게 하지 못했습니다.

서기 1636년 병자호란 때였습니다. 청태조는 명과의 관계를 끊고 자기네와 같이 명에 쳐들어가 대륙을 나누어 다스리자고 인조仁祖에게 간청했건만 끝내 거절당했습니다. 이조로서는 절호의 기회였건만, 삼전도의 굴욕을 무릅쓰면서도 이를 끝내 거절했습니다. 청태조는 아무래도 이해할 수 없는 일이라고 머리를 절레절레 흔들었다고 합니다."

"왜 꼭 그래야만 했을까요?"

"명분은 명에 대한 모화사대주의적 충성 때문이었습니다. 국가 간에는 영원한 우의란 있을 수 없고 있는 것이란 오직 국익뿐이라는, 만고에 변함없는 냉혹한 이치를 그 당시 위정자들은 망각하였기 때문에 그러한 우愚를 범한 것입니다. 말하자면 이조는 하늘이 일부러 마음먹고 차려 준 밥상을 무참하게도 거절한 것입니다.

하늘의 의도를 거스르면 반드시 그에 합당한 인과응보라는 재앙이 있게 마련입니다. 아니나 다를까 그로부터 정확히 274년 후인 1910년 이조는 마침내 일본에게 나라의 주권을 송두리째 빼앗기는, 우리 역사상 최초의 국가적 치욕을 당하게 됩니다.

일제의 침탈에 저항하는 의병과 독립군과 독립투사들은 말할 것도 없고 2차 대전 말기에는 채 꽃도 피워 보지 못한 한국인 처녀 20만 명이 일본군의 성의 노예로 끌려가 참담하게 희생되었습니다. 결국은 이 나라 정치꾼들의 잘못으로 죄 없는 국민들이 맨몸으로 굶주린 야수 앞에 내몰린 꼴이 되었습니다.

1945년 우리는 연합군의 힘으로 일제의 식민지 기반에서 벗어났건만 국토는 남북으로 분단되었고, 그로부터 5년 뒤에는 북한의 김일성 군대와 뒤이어 중공군의 남침으로 삼천리강토는 쑥밭이 되었습니다.

미국을 위시한 유엔군의 도움으로 개성은 북쪽으로 넘어가고 동쪽은 38선보다 위쪽으로 올라간 휴전선에서 3년간의 전쟁은 멎었고, 그 후에도 북한의 도발행위는 수없이 자행되어 오다가 2010년 3월 26일에 천안함 격침 사건이 야기되었습니다. 역사를 되돌아보면 모두가 위정자들이 하늘이 내려 준 절호의 기회를 외면하고, 국가적 위기에 제대로 대처하지 못한 우매한 처사가 빚어낸 결과임을 알 수 있습니다."

"우리나라 위정자들은 옛날이나 지금이나 국민들의 지혜를 따라가지 못하는 것 같습니다. 정말 지금이라도 각성해야 할 것입니다."

"그 각성이 문제입니다. 그 각성이라는 것이 국익보다 사욕이 앞설 때는 언제나 국가적 재난이 닥쳐오게 되어 있습니다. 홍익인간하고 멸사봉공하려는 천지화랑天指花郞 정신이 사익을 누를 때만이 진정한 지혜는 발휘될 수 있습니다."

"명심하겠습니다. 지금까지 선생님께서는 고구려와 신라의 도읍에 대해서는 말씀해 주셨지만 이들 고구려, 백제, 신라의 세 나라가 대륙에서 어떻게 터전을 잡았고 그 영토는 어떠했고 그 위상은 어떠했는지에 대해서는 말씀이 없었습니다. 그에 대해서 좀 자세히 말씀해 주시겠습니까?"

초강대국 고구려의 유적과 유물

"해방 후 어느덧 65년의 세월이 흘렀건만 아직도 이 나라의 사권을 장악하고 있는 우리나라 식민 사학자들은 입으로는 실증사학을 표방하면서 『삼국사기』에 기록된 고구려, 백제, 신라의 건국 시기를 믿지 못하여, 이들 세 나라의 건국 시기를 서기 2세기 이후로 보고 있습니다.

이들이 『삼국사기』를 받아들일 수 없는 이유는 한반도와 만주에서는 서기전 1세기에 이들 세 나라들이 건국되었다는 유물이나 유적이 전연 발굴되지 않았기 때문입니다. 한반도와 만주에서 유적과 유물이 발굴되지 않으면 그 이외의 장소에서라도 당연히 찾았었어야 하건만, 반도사관이라는 좁은 대롱으로만 역사를 보는 데만 익숙해진, 우물 안 개구리가 다 된 그들은 전연 그럴 엄두조차 내지 못하고 있습니다.

고구려의 건국은 『삼국사기』에 따르면 서기전 37년이고, 『한단고기』에 따르면 서기전 58년인데, 고구려는 북부여를 계승한 국가이므로 북부여의 멸망 시기와 일치하는 서기전 58년이 정확합니다. 『한단고기』와 『삼국사기』에 의하면 고구려는 시조 동명성제가 졸본卒本에서 건국했습니다. 졸본은 지금의 감숙성 빈현입니다.

그 후 고구려는 작은 나라들을 아우르고 수많은 외침을 이겨내면서 꾸준히 나라를 발전시켜 마침내 19대 광개토경호태열제와 20대 장수홍제호태열제가 등장하는 서기 5세기 이후에는 동아시아의 초강대국으로 발전했다가 서기 668년에는 나당 연합군에게 멸망당하고 맙니다.

　고구려의 중심 강역은 감숙성, 섬서성, 산서성이었습니다. 5세기 이후 고구려는 사천성, 요녕성은 물론이고 길림성과 한반도, 백제의 산동성, 하남성, 호북성, 호남성과 신라의 안휘성, 강서성, 절강성, 강소성, 복건성, 대만, 오키나와, 일본열도, 구주까지도 통치했습니다.

　그 후 서기 612년 수의 2차 침공을 받았을 때는 을지문덕 장군이 한반도의 평안도 청천강이 아니라 대륙의 감숙성 청수현 지역을 흐르는 지금의 탕욕하湯欲河인 살수薩水에서 통쾌한 승리를 거둔 일도 있습니다. 이른바 살수대첩입니다. 살수가 청천강이라는 것은 이조 이후 반도사관에 따른 역사 왜곡 변조의 결과일 뿐입니다.

　7세기의 고구려는 연개소문淵蓋蘇文의 지휘하에 섬서성, 감숙성, 산서성, 하북성, 요녕성, 내몽골자치구, 신강위구르자치구를 차지함으로써 당으로서는 생사를 걸고 고구려와 전쟁을 하지 않을 수 없게 되었습니다. 고구려는 한때 당의 도읍지인 지금의 감숙성 화정현인 만년과 역시 지금의 감숙성 임하현인 장안까지 쳐들어감으로써 오늘날까지도 한족의 간담을 서늘케 했던 초강대국이었습니다.

　고구려가 대륙에 존재했었다는 고고학적 유물, 유적은 섬서성 서안시에 수없이 널려 있습니다. 한족들에 의해 심히 파손되기는 했어도 지금도 여전히 남아 있습니다. 진시황릉이라고 한족들이 주장하는 곳을 호위하기 위해 만들어졌다는 병마용갱兵馬俑坑에 대한 그들의 설명은 허무맹랑한 거짓말투성이입니다.

　그중 하나가, 기원전 2세기 진시황 때 만들어졌다는 물건이라면서 전시된 것들 중에 군마에 쓰이는 등자鐙子는 진시황대로부터 5백 년 후에나 등장하는 3세기 이후의 발명품임이 틀림없습니다.

　이곳은 고구려 평양의 도읍지로서 한단 시대부터 우리 민족의 가장 오래

된 근거지인 서경西京입니다. 병마용갱릉은 고구려의 장수홍제호태열제의 능이 확실하고, 경제景帝의 능이라고 잘못 알려지고 있는 능은 광개토경호태열제의 능으로 추정됩니다.

당태종의 능이라고 잘못 알려진 무덤은 산봉우리이므로 실제 무덤이 아니고, 그 사당 안의 무덤은 연개소문 장군의 무덤으로 추정되고 있습니다. 이곳 서경은 진시황대나 당대에는 우리 민족 외에는 어느 나라도 감히 발을 들여놓은 일이 없는 곳이기 때문입니다.

또한 섬서성 서안시 한복판에 있는 소위 당대에 쌓았다는 장안성 성곽을 둘러본 사람의 말을 들어 보면 그 누각의 처마에서는 우리 선조들의 독특한 건축 방식으로서 우리의 옛 건물에만 보이는, 지붕의 무게를 분산시키기 위한 장치인 공포栱包가 있는가 하면 단청丹靑이 보이고, 성곽에는 곳곳에 우리나라 성곽에만 보이는 치가 있다고 합니다.

그뿐 아니라 고려 시대의 발명품인 청기와와 함께 무궁화 문양이 뚜렷이 새겨져 있는 것도 보인다고 합니다. 그러나 이러한 고구려의 유적과 유물은 한반도와 만주에서는 전연 발견되지 않습니다. 그 이유는 고구려는 처음부터 끝까지 대륙에서 일어났고 대륙에서 발전했다가 망한 국가였기 때문입니다.

해상 강국 백제연방의 위상

우리나라에서 교과서를 집필하고 있는 식민 사학자들은 백제가 한반도 경기도 한강 남쪽에서 건국했다가 한성을 거쳐 충남 공주로, 그다음엔 부여로 도읍을 옮겼고 그곳에서 660년에 나당 연합군에게 멸망한 것으로 지금도 믿고 있습니다.

그런데 이러한 믿음을 뒷받침할 만한 유물이나 유적이 한반도에서는 전연 발견되지 않았습니다. 백제가 도읍했던 것으로 그들이 추정하는 풍납토성에서 발굴된 유물을 보아도 백제의 것이라고 인정할 만한 것은 아무것도 없습니다.

풍납토성에서 발굴된 유물 중에 '대부大夫'라고 새겨진 것이 나왔는데, 대부는 북부여의 관직명이지 백제의 관직명은 아닙니다. 더구나 한반도에서는 백제의 왕궁 터라고 인정할 만한 유적이 아직 단 한 건도 나타나지 않는다는 겁니다. 반도사관 신봉자들에게는 참으로 기이한 일이 아닐 수 없습니다.

『삼국사기』에 따르면 백제는 기원전 18년에 하남위례성河南慰禮城에서 십제十濟라는 나라 이름으로 건국되었고 뒤에 백제百濟로 바뀌었습니다. 하남위례성은 한반도가 아니라 대륙의 산동성 비성시에 있습니다. 여러 곡절 끝에 백제는 서기 5년 온조왕이 한산漢山 밑에 책성柵城을 쌓고 그곳으로 천도합니다.

이곳을 한산성漢山城이라고 하는데, 이곳이 바로 지금의 산동성 태안시입니다. 이곳에는 지금도 백제의 궁궐터가 고스란히 남아 있습니다. 이때 온조

왕은 한산 지역을 흐르는 한수漢水의 서북에도 성을 쌓고 별궁을 지었는데 이곳이 바로 지금의 산동성 신태시입니다. 이곳에는 지금도 성과 궁궐터가 그대로 남아 있습니다.

『신당서』'백제편'에는 동서 두 곳의 한성에 관한 기사가 실려 있습니다. 동한성東漢城은 산동성 태안시, 서한성西漢城은 하남성 동봉시였습니다. 하남성 동봉시에는 지금도 백제의 유적이 고스란히 남아 있습니다.

백제는 서한성에서 강성한 국가로 부상했으며, 이때 섬서성의 남부를 차지하고 뒤이어 감숙성 남동부까지 영토를 확장합니다. 『양서』'백제전'이 말하는 요서 지역을 백제가 다스렸던 서기 370년에서 380년 사이의 이른바 요서 경략은 이를 두고 하는 말입니다.

백제는 요서를 지배하는 동안 서연西燕을 멸망시켰고, 요서 지역에 있던 부여에도 심한 타격을 가했습니다. 식민 사학자들의 반도사관에 따르면 한반도에 있던 백제가 감숙성 지역까지 쳐들어갔다고 해야 이치에 맞는데 그게 어디 가능한 일이겠습니까? 중국 사서들에 등장하는 백제의 요서군遼西郡과 진평군晉平郡은 동쪽으로는 감숙성 창수현에서 서쪽으로는 유중현에 이르는 지역을 말합니다.

서기 392년 광개토경호태열제의 공격을 받은 백제는 하남성의 북서부 일부 지역을 고구려에 내주었고, 475년 고구려의 장수홍제호태열제의 공격을 받은 백제의 개로왕은 아단성阿旦城에서 전사합니다. 결국 이 해에 백제의 문주왕은 웅진熊津 즉 지금의 산동성 곡부시로 천도합니다. 아단성은 지금의 하남성 신밀시로 추정됩니다.

서기 538년 백제의 성왕聖王은 사비성으로 도읍을 옮기는데 이 사비성은 지금도 산동성 추성시에 있습니다. 이곳은 남양호라는 거대한 호수에 접해 있는데, 고대에는 이곳으로 황하가 흘렀습니다. 이곳 근처에 백마강白馬江이 흐르고 주변에는 백제의 왕릉이 여러 곳에 흩어져 있습니다. 백제의 여러 성곽과 건축물을 비롯한 유적들이 지금도 그대로 남아 있고, 백마강 하구에는 『삼국유사』에 기록된 기암괴석들이 있어서 백제가 멸망할 때 과연 삼천 궁녀가 능히 몸을 던져 빠져 죽을 만한 바위들이 있습니다.

그렇지만 한반도에 이름만 옮겨 놓은 공주의 백마강에는 그럴 만한 기암 괴석 같은 것은 눈을 씻고 찾아보아도 보이지 않습니다. 더구나 산동성 사비성에는 백제 궁터의 유적들이 그렇게도 많이 널려 있건만 한반도에서는 백제 궁궐의 주춧돌 하나도 찾아볼 수 없습니다."

무령왕릉의 내력

"선생님, 그럼 공주에서 발견된 백제의 무령왕릉武寧王陵은 어떻게 된 겁니까?"

"무령왕릉이 발굴된 것은 1971년이었습니다. 아직도 식민사관에서 벗어나지 못한 우리나라 고고학자들은 충청남도 공주 송산리 고분군 중에서 한 묘를 발굴했는데, 그 묘지에서 나온 묘지도판墓地陶板과 유물을 근거로 그 묘지가 백제의 25대 무령왕武寧王의 능이라고 굳게 믿고 있습니다.

무령왕의 능이 공주에 있다면 공주가 바로 백제의 도읍이었던 웅진熊津일 것이고 그렇게 되면 백제가 한반도에 있었을 가능성이 커지게 될 것입니다. 그러나 『삼국사기』, 『일본서기』의 기록들을 종합해 보면 백제는 결코 한반도에 있던 나라가 아니라는 것을 알 수 있습니다.

사마왕 즉 무령왕은 도왕島王이었다는 것입니다. 다시 말해서 한반도를 다스리는 왕이었던 것입니다. 이때 백제는 대륙과 한반도와 일본열도에 영토를 가지고 있던 연방국가였는데, 백제의 24대 동성왕東城王의 뒤를 이은 무령왕은 한반도를 통치하다가 대륙으로 건너가 백제연방의 왕으로 등극했던 것입니다.

무령왕은 42세에 대륙에 건너갔고, 63세에 죽어서 고향인 한반도에 왕비와 함께 묻혔던 것입니다. 공주 송산리 고분 발굴을 근거로 백제의 무령왕릉이 한반도에 존재하므로 한반도가 백제의 중심이었다고 주장하는 것은 우리나라 식민 사학자들의 학문적 시야가 한반도에만 국한되어 있어서 그 이상의 것은 도무지 볼 수가 없다는 것을 웅변적으로 말해 주는 사례가 아닐 수 없습니다.

활동이 활발했던 서기 1세기부터 7세기 사이에 백제와 이웃했던 나라는 수없이 많습니다. 초기에 백제는 마한馬韓, 중마한中馬韓, 고구려, 서나벌徐那伐, 기준箕準이 세운 후조선後朝鮮 등과 인접해 있었습니다.

그리고 중기에는 고구려, 계림鷄林, 신新, 후한後漢, 조위曹魏, 진晉, 후연後燕, 서연西燕, 남연南燕, 북위北魏 등 북조北朝 국가들과 촉蜀, 오吳, 송宋, 제齊, 양梁, 진陳, 등의 남조南朝 국가들 그리고 신라, 가락, 가야, 왜倭, 임나任那 그리고 한반도의 탁라乇羅와 접촉 교류했습니다.

말기의 백제는 수, 당, 고구려, 신라, 한반도의 탁라 그리고 일본열도의 왜와 교류했습니다. 각종 기록에 나타나는 백제는 동아시아의 중요 국가로서 국제 관계는 매우 복잡한 양상을 띠고 있습니다.

백제는 초기에는 산동성 일부의 좁은 영토를 차지하고 있었지만 차차 강역을 넓혀나가 하남성, 산동성 전 지역은 물론이고 호북성, 호남성, 섬서성, 감숙성, 산서성, 강서성, 복건성 등지로 뻗어나갔을 뿐만 아니라 한반도와 일본열도까지 세력이 미쳤던 강대국이었습니다.

백제가 멸망할 때의 영토 역시 산동성, 하남성, 호북성, 호남성을 차지하고 있었고 일본열도와 한반도를 빼놓고 대륙의 강역만도 한반도의 2배 정도로 추산됩니다. 만약에 식민 사학자들의 주장대로 백제가 전라도와 충청도에 있었다면 위에 언급한 수많은 나라들과 국경을 접해 있으면서 역사 활동을 할 수 없었을 것입니다."

"그런데도 불구하고 우리나라의 식민 사학자들은 백제가 대륙에 있었던 것이 아니고 한반도의 충청도와 전라도에 있었다고 우기는 이유는 어디에 있을까요?"

"대륙에 있었던 백제를 한반도에 있었다고 거짓말을 한 주범은 한반도를 식민지로 지배하려는 일제입니다. 우리 역사를 제대로 전하지 않은 책임은 그 누구보다도 이조 이래 지금에 이르기까지 제도권 안에 기생하고 있는, 일제가 양성해 놓은 식민 사학자들에게 있습니다.

이렇게 된 근본적인 이유는 우리 역사가 한국연방 이래 이씨조선이 망할 때까지 9100년 동안 시종일관 대륙에서 이루어졌건만, 서세동점 시 대영제국과 일제에 의해 대륙에서 국맥을 잇지 못하고 한반도로 도읍을 옮기면서 대륙의 강역을 상실했기 때문입니다.

이씨조선은 영토뿐만이 아니고, 어리석게도 우리 민족의 혼에 해당되는 대륙에서의 역사까지도 스스로 말살해 버렸던 것입니다. 『삼국사기』를 비롯하여 중국 측의 『양서』, 『자치통감』, 『남제서』 등 여러 기록을 살펴보면 백제가 대륙의 강국임을 알 수 있습니다.

『삼국사기』를 쓴 김부식 자신도 이 책의 집필을 끝낸 1145년 백제의 영토였던 산동성 임치구에 있던 고려의 수도인 개경에서 살고 있었습니다. 김부식이 비록 명에 대한 사대주의를 주장했다고 해도 그의 사관은 반도사관과는 전혀 관련이 없습니다.

『삼국사기』에는 서기 660년 백제가 멸망할 당시 5부部 37군郡 200성城 76만 호戶로 기록되어 있습니다. 이 기록으로 추산해 보면 백제는 350만 이상의 인구를 가진 국가였습니다. 그런데 이씨조선 세종 때 15세기 초 전라도와 충청도 인구는 11만 3천 명에 지나지 않았습니다.

서기 1673년에 제작된 『조선팔도고금총람도』에 수록된 충청도와 전라도 지역의 성읍은 총 60개에 지나지 않았습니다. 한반도의 성읍은 대부분은 16세기 말 임진왜란과 17세기 초 정묘호란 때 만들어진 것으로 확인되었습니다. 1593년 명의 원병으로 조선에 온 명의 송경락 장군은 당시 조선의 실정을 살펴보고 주요 도시에 성곽을 수축할 것을 건의한 것을 조정이 받아들인 일이 있습니다.

당시 전라도와 충청도에 구축되어 있던 기존 성읍은 10개가 채 되지 않았습니다. 이러한 사실들을 기초로 판단해 볼 때 충청도와 전라도가 백제의 중심 강역이라는 식민 사학자들의 주장은 터무니없는 망상이 아닐 수 없습니다.

또 한 가지 지적하지 않을 수 없는 것이 있습니다. 당은 백제를 멸망시키기 위해서 13만 대군을 동원했다는 기록입니다. 그 당시 그만한 병력을 한꺼번에 한반도로 실어 나를 수 있는 조선술과 항해술을 보유한 국가가 지구상에 과연 존재했는가 하는 것입니다.

그뿐만 아니라 15세기 초의 인구가 13만도 채 안 되는 지역으로 거주 인구보다도 많은 병력을 동원하여 정벌할 만한 가치가 있었겠느냐 하는 것입니다. 당의 역사 기록에서 서해를 왕래하는 선박을 제조했다는 기록은 전연 찾아볼 수 없습니다. 실제로 당의 군사들은 바다를 항해하기는커녕 바다조차 구경한 일이 없었습니다. 왜냐하면 당의 영토는 바다를 전연 끼고 있지 않았기 때문입니다.

그 당시 실제로 백제로 쳐들어간 당은 섬서성의 한수漢水를 통해 배를 타고 백강구白江口인 호북성 양양현으로 군대를 보내어, 하남성의 백강을 통해 내륙으로 들어가는 한편, 하남성에서 산동으로 진격하여 산동성 추성시에 인접한 산동성 문상현에 있는 황산벌에서 백제군과 전투를 벌였던 것입니다.

한반도 충청도에 있는 황산벌은 이름만 따온 복사판이고, 진짜 원판은 대륙의 산동성 추성시 근처에 있습니다. 그리고 당과 백제는 대륙과 서해와 한반도를 오고간 전쟁을 치른 것이 절대로 아니라는 것을 알아야 할 것입니다.

우리는 지금까지 너무나도 허무맹랑한 순전히 왜곡 날조된 반도사관의 주장을 지각없이 그대로 받아들여 세뇌된 최면 상태에 있으므로, 그 어리석음에서 한시바삐 깨어나야 합니다. 백제가 대륙에 존재했다는 사실은 다음 사항을 읽어 보면 더욱 확실히 알 수 있습니다.

즉 당의 웅진도독부熊津都督府와 안동도호부安東都護府가 대륙의 섬서성에 있었기 때문에 연개소문의 아들 연남생과 백제 의자왕의 아들 부여융의 묘가 하남성 낙양시 맹진현에 있는 북망산에 있습니다.

우리 민족에게는 죽어서 북망산에 묻혀야 한다는 오랜 속담이 전해 옵니다. 우리 민족이 9100년 동안이나 대륙에서 살지 않았더라면 이런 속담이 생겨날 리가 없습니다. 연남생은 당의 안동도호부에서 죽었고, 부여융은 웅진도독부에서 죽었습니다.

당은 백제를 멸망시킨 후 서기 663년 백제의 웅진(산동성 곡부시)에 도독부를 설치했다가 백제 부흥 운동이 일어나고 또 신라가 이곳을 무력으로 점령함으로써 서기 675년에 건안(섬서성 봉안현)으로 옮겼습니다. 또 서기 668년에 신라와 함께 고구려를 멸망시킨 당은 평양성(섬서성 서안시)에 안동도호부를 설치했지만 신라의 공격을 받고 서쪽으로 물러나, 서기 676년에 요동성(섬서성 미현)으로 옮겼다가 서기 677년에 다시 신성(섬서성 보계시)으로 옮깁니다.

부여융은 서기 676년부터 678년까지 웅진도독으로 있었고 그 후에는 안동도독으로 있다가 고구려의 옛 땅에서 죽었습니다. 고구려의 옛 영토가 식민 사학자들이 알고 있는 바와 같이 요녕성에 있었다면 요녕성에서 죽은 부여융이 하남성 북망산에 묻힌 것이 됩니다. 그러나 부여융은 요녕성에서 죽은 것이 아니고 섬서성에서 죽고 하남성 북망산에 묻힌 것입니다. 부여융과 연남생이 죽었을 때는 당이 신라를 공격하여, 하남성 낙양 땅도 일시적이지만 당의 영토였습니다.

백제가 대륙에 존재했던 나라임은 『삼국사기』와 『신당서』에 실려 있는 다음과 같은 기사로도 충분히 입증됩니다.

'당은 백제를 멸망시키고 그 땅에 5개 도독부를 설치했는데 웅진熊津, 마한 馬韓, 동명東明, 금련金蓮, 덕안德安이라는 지명을 가진 5개 도독부였다.'

한반도의 어느 곳에 웅진, 마한, 동명, 금련, 덕안이라는 땅 이름을 가진 곳이 있는지 우리나라 식민 사학자들은 전연 설명을 못하고 있습니다.
웅진은 산동성 곡부시로서 백제의 도읍지였고 고려의 공주公州였습니다.
마한은 산동성 하택시로서 마한의 도읍지였습니다.
동명은 하남성 제원시로서 비류백제의 도읍지였습니다.
금련은 하남성 신양시였습니다.
덕안은 하남성 상덕시로서 백제의 도읍지였습니다.

당의 도호부 또는 도독부의 규모는 한반도의 충청도와 전라도를 합친 면적보다도 더 넓습니다. 만일 백제가 한반도의 충청도와 전라도였다면 도독부를 다섯 군데나 설치할 이유가 도대체 어디에 있겠습니까. 당이 옛 백제 땅에 설치한 도독부의 숫자만 보아도 백제의 중심 지역이 한반도가 아니고 대륙의 산동성, 하남성, 호북성, 호남성에 걸쳐 있었던 것임을 충분히 납득할 수 있습니다.
식민 사학자들이 백제의 도읍지로서 하남위례성과 한성이 있었다고 추정하는 한반도의 한강 유역에서는 백제의 유물임을 입증하는 유적이나 유물이 전연 발견되지 않았고, 백제의 도읍인 웅진이나 사비성으로 알고 있는 한반도의 부여에서도 왕궁 터나 왕릉 그리고 사찰의 흔적을 전연 찾아볼 수 없습니다.
단지 부여에 있는 정림사지 5층 석탑과 말구유로 쓰였던 석기에 당의 소정방이 백제를 평정했다는 문구가 새겨져 있고, 무령왕릉이 발굴되었을 뿐입니다. 정림사지 5층 석탑에 새겨진 기록이나 말구유에 새겨진 글귀가 한

나라를 평정하고 남긴 흔적이라고는 보기에는 아무래도 무리가 있습니다.

한반도에는 우선 백제가 축성한 것으로 보이는 도성의 흔적이 전연 없고, 궁궐터라고 인정할 만한 유적도 전연 없습니다. 그런데도 불구하고 백제가 한반도에 있었다고 식민 사학자들이 아무리 고집해 보았자 그들만의 한낱 희망 사항에 그치고 말 것입니다.

신라의 발전

『삼국사기』에서 신라는 서기전 57년에 혁거세赫居世 거서간居西干이 서나벌徐那伐이라는 국호로 건국했다고 되어 있습니다. 그러나 우리나라의 각급 학교의 역사 교과서를 집필하고 있는 식민 사학자들은 신라의 건국 시기를 믿을 수 없다면서 제멋대로 무시하고 있습니다.

그리고 그들은 신라가 한반도의 경상도 경주에서 건국되었다고 믿고 있지만 그럴 만한 근거는 어디에도 없습니다. 다만 신라의 유물이나 유적으로 추정할 수 있는 것이 경주 지역에서 적지 않게 발견되므로 이를 근거로 신라가 한반도에 존재했었다고 믿고 있지만, 그들 유적 유물의 어느 것도 신라의 것임을 확증할 만한 것은 아무것도 없습니다.

경주 부근에는 거대한 무덤들이 상당수 있지만 그중 어느 것도 신라왕의 것임을 입증하지 못하고 있을 뿐만 아니라 지금부터 2천 년 이전의 유적이나 유물도 발견되지 않습니다. 『삼국사기』의 기록이 잘못 해석되었거나 신라가 한반도에 존재했던 나라가 아닌 것이 확실합니다.

이보다 더 의심스럽기 짝이 없는 것은 한반도의 경주 지역에는 『삼국사기』에 나오는 금성金城, 월성月城, 명활성明活城의 흔적조차 찾아볼 수 없고, 신라의 궁궐로 추정할 수 있는 건물 유적이나 주춧돌 하나 찾아볼 수 없다는 것입니다.

『삼국사기』에는 신라의 월성에는 박朴, 석昔, 김金의 세 성씨의 왕족들이 거처하던 궁궐이 20개가 있다고 하는데도 한반도 안에서는 그 어디서도 그런 유적을 찾아볼 수 없습니다. 7세기 말부터 『삼국유사』가 탁라乇羅라는 이름을 쓴 한반도가 신라의 영향권 안에 있었다는 것은 사실입니다. 그러나 신라는 한반도에 도읍을 가진 나라가 아니었던 것은 분명합니다.

대부분의 식민 사학자들은 신라의 건국지가 한반도라고 알고 있지만, 일부 재야 사학자들은 벌써부터 신라가 한반도에서 첫발을 내디던 나라가 아니고 대륙에서 시작된 나라임을 정확하게 꿰뚫어 보고 있었습니다. 그럼 도대체 신라는 어디에서 시작된 나라일까요?

우리 민족의 각종 사서에 나타나는 신라의 도읍지와 그 영토는 다음과 같습니다.

『삼국사기』에는 신라가 서기전 57년에 서나벌徐那伐이라는 곳에서 나라를 세웁니다. 서나벌은 원래 진한辰韓의 도읍지였습니다. 진한 사람들은 선도산仙桃山에서 태어나 진한으로 온 박혁거세朴赫居世를 거서간居西干으로 추대합니다. 진한의 도읍지인 서나벌은 섬서성 자양현입니다.

서기전 39년 사천성 양중시에 있던 변한이 서나벌에 항복함으로써 서나벌은 변한을 아우르고 서나벌 근처에 금성金城을 쌓고 서기전 36년에 이곳으로 천도합니다. 서나벌은 서기 55년에 국호를 계림鷄林으로 바꿉니다. 계림은 원래 김알지金閼智가 태어난 곳으로서 섬서성 자양현에 있는 땅 이름이었습니다. 김알지는 서나벌의 4대 탈해이사금脫解尼師今의 세자였지만 왕은 되지 못했습니다. 김알지는 옛 고죽국孤竹國의 영토였던 섬서성 장가천현에 있던 황룡국黃龍國의 유민流民이었습니다.

서기 101년 계림은 섬서성 자양현에서 안휘성 회원현인 월성月城으로 도읍을 옮기고, 서기 300년에는 조위曹魏가 점령했던 섬서성 서안인 낙랑樂浪과 섬서성 상주시에 있던 대방帶方의 항복을 받게 됩니다. 계림은 서기 309년에 드디어 신라新羅로 나라 이름을 바꿉니다. 신라 역시 호북성 형주시인 낙랑樂

浪의 땅 이름입니다.

신라는 서기 475년 고구려의 침입을 받고 명활성明活城으로 천도합니다. 이곳이 바로 안휘성 잠산현입니다. 서기 488년 이번에는 월성月城으로 도읍을 옮깁니다. 이처럼 신라는 섬서성에서 나라를 세웠다가, 동쪽으로 멀리 떨어진 안휘성으로 서울을 옮긴 것입니다.

이것을 보면 신라가 수도를 옮기지 않았다는 잘못된 생각은 대륙의 지명들을 한반도로 옮겨 놓은 주범인 반도사관에서 연유된 것임을 알 수 있습니다. 이로 인해 반도사관은 우리의 역사 강역을 너무나도 사실과는 다르게 축소시킨 결과 신라는 도읍을 옮기지 않았다는 식으로 조작하거나 날조할 수밖에 없었던 것입니다.

신라는 대륙의 안휘성 회원현에 무려 811년 동안이나 도읍을 정하고 있었으므로 그곳에는 신라의 유적과 유물들이 사방에 즐비하게 널려 있습니다. 그러나 한반도 경상도 경주에는 금성, 월성, 명활성의 유적이 전연 눈에 띄지 않습니다.

『삼국유사』에 등장하는 귀족들의 대저택의 흔적조차도 찾아볼 수 없습니다. 한반도 경주는 이씨조선의 15세기 초의 인구가 6000명입니다. 그런데 이곳이 지금으로부터 1400년 전에 17만 호가 살았던 월성이라고는 누구도 상상할 수 없는 일입니다.

『삼국유사』에는 다음과 같은 이야기가 실려 있습니다.

신라 30대 문무왕의 동생 거득공車得公이 문무왕의 명을 받고 전국의 현지 실정을 알아보려고, 말하자면 암행어사가 되어 여러 고을을 둘러보았습니다. 이때 호남성 상덕시에 있는 무진주에서 그 지역을 관할하는 안길安吉이라는 관리의 신세를 지게 되었습니다.

고마움의 표시로 거득공은 안길에게 월성에 오면 자기 집에 한번 들르라면서 자기 집 위치를 자세히 가르쳐 주었습니다. 이때 거득공은 자기 집이 월성 안에 있는 황룡사黃龍寺와 황성사皇聖寺 사이에 있다고 가르쳐 주었습니다.

나중에 안길이 월성으로 찾아가 보니 그곳은 궁궐이었다고 합니다. 한반도 경상도 경주 일원에는 황성사는 흔적도 찾아볼 수 없고, 황룡사는 경주시 동쪽 산속 깊은 곳에 있었다는 아주 조그마한 절터만 전해지고 있습니다.

한반도의 경주를 보고 아무리 신라의 월성이라고 주장해도, 유감스럽기 짝이 없는 일이지만, 그럴 만한 증거가 하나도 남아 있지 않습니다. 또 일연 스님이 『삼국유사』를 집필할 때 고려에 실제로 있었다는 신라 때 창건된 절들이 지금 한반도에는 단 한 군데도 남아 있지 않고 그 터만 남아 있다고 전하여지지만 그 말도 믿을 것이 못 되는 실정입니다.

일연 스님은 대륙에서 태어나 대륙에서 사망한 사람입니다. 대륙에 있던 절들이 한반도에 있을 리가 없습니다. 우리는 경주 불국사, 양산 통도사, 합천 해인사, 구례 화엄사, 영주 부석사 등이 신라의 절이라고 알고 있지만 이 절들과 똑같은 이름의 절들이 대륙에 있다고 가정한다면 한반도에 있는 이 사찰들이 신라의 사찰들이라고 보기는 어렵다고 말할 수밖에 없게 될 것입니다. 실제로 『삼국유사』에 나타나는 기록과 일치하는 불국사와 석굴사는 안휘성 천주산 부근인 안경시의 태호현과 종양현에 남아 있습니다.

또 『삼국유사』에는 이차돈異次頓이 순교할 때 갑자기 나뭇가지들이 부러져 원숭이들이 떼 지어 울었다는 전설이 실려 있습니다. 그런데 여기서 주목되는 것은 그 전설이 생겨난 배경이 한반도가 아니라는 것입니다. 한반도에는 원숭이가 자연 상태로 산 일이 없기 때문입니다.

사실상 신라의 월성이 있던 안휘성 회원현은 북위 33도이고, 한반도 경주는 북위 36도로서 대륙의 월성은 한반도보다 온난한 지역입니다. 『삼국유사』 천룡사天龍寺 조에는 '계림에는 두 줄기의 객수客水와 한 줄기의 역수逆水가 있다'는 기록이 있습니다. 객수는 다른 지역으로부터 흘러 들어온 강물이고 역수는 객수와는 반대로 거꾸로 흐르는 강물을 말합니다.

그런데 한반도에 있는 경주에는 시내에 흐르는 강과 물줄기 다른 강이 하나도 없다는 것은 무엇을 말하는 것이겠습니까? 그리고 대륙의 월성 지역 주변에는 호수가 산재해 있어 물줄기가 거꾸로 흐르는 강이 실제로 있습니다. 이것은 무엇을 말하는 것일까요? 우창석 씨는 어떻게 생각하십니까?"

"그건 삼척동자가 들어도 신라의 수도는 한반도에 있는 경주가 아니라 대륙에 있는 경주라는 것을 인정할 수밖에 다른 도리가 없겠는데요."

"그럼 신라 영토의 범위는 어디까지였는지 알아보도록 하겠습니다. 이것을 알아내는 것은 지금까지 감추어진 우리 역사의 수수께끼를 풀 수 있는 열쇠가 되기 때문에, 우리나라 고대사 연구자들의 핵심 과제이기도 했습니다.

누구나 다 알다시피 신라는 당과 연합해서 서기 660년에 백제를 멸망시키고 그로부터 8년 뒤인 서기 668년에는 고구려를 역사의 무대에서 사라지게 했습니다. 그 후 신라는 당과의 영토 전쟁을 치른 결과 백제의 옛 영토는 전부 다 차지했지만 고구려의 영토는 결국 발해가 차지하게 되어, 고구려 영토에 대해서는 당도 신라도 전연 손을 댈 수 없었습니다.

그러나 신라는 고구려가 망할 때의 도읍지였던 장안성, 즉 섬서성 서안시에 있는 평양성만은 서기 676년부터 936년 멸망할 때까지 줄곧 자국의 영토로 편입하여, 그곳에 패강진浿江鎭을 설치하여 제후를 임명하고 특별히 관리했습니다.

백제와 고구려가 멸망하자 대륙에는 신라, 발해, 당의 세 나라가 정립하게 됩니다. 이들 세 나라 중 신라와 당은 호북성, 섬서성, 호남성, 광동성 지역에서 접경했고, 신라와 발해는 산동성, 산서성, 섬서성에서 국경을 마주 대함으로써 문자 그대로 대륙의 삼국 시대가 시작됩니다.

신라는 그 영토를 9개 주로 나누었습니다. 이때 우리가 유의해야 할 것은 도읍지인 월성을 중심으로 하는 직할 지역이 있어서 10개 행정 구역이 된다는 것입니다. 따라서 이 직할 지역도 여느 한 주에 못지않다는 것입니다.

신라의 강역은 다음과 같습니다.

1. 경도京都: 안휘성 회원현을 주심으로 하는 안휘성 중북부 지역
2. 양주梁州: 안휘성 화현을 중심으로 하는 안휘성 남동부와 강소성 중남부 지역
3. 상주尙州: 절강성 구주시를 중심으로 하는 절강성 지역
4. 진주晉州: 강서성 남창시를 중심으로 하는 강서성 지역
5. 웅주熊州: 산동성 곡부시를 중심으로 하는 산동성 중동부 지역과 하남성 동부 지역
6. 전주全州: 호북성 의성시를 중심으로 하는 하남성 남동부 지역과 호북성 지역
7. 무주武州: 호남성 상덕시를 중심으로 하는 호남성 전역
8. 한산주漢山州: 산동성 태안시를 중심으로 하는 하북성 남동부와 산동성 북부
9. 삭주朔州: 하남성 안양시를 중심으로 하는 하북성 남부와 하남성 북부 지역
10. 명주溟州: 하남성 산문협시를 중심으로 하는 하남성 북서부와 산서성 남부 지역

이처럼 신라는 모두 10개 지역으로 나뉘어 있었습니다. 신라는 원래 섬서성 자양현(서나벌)에서 나라를 세웠고 안휘성 회원현 월성으로 천도했으며, 다시 안휘성 잠산현으로 도읍을 옮겼다가 월성으로 되돌아간 것입니다.

신라는 1천 년 가까운 세월에 걸쳐 나라를 다스리는 동안 전쟁으로 인한 지리적 변동이 있었는데 그 내용은 땅 이름으로 남아 있습니다. 삽량주歃良州, 상주上州, 하주下州, 강주康州, 청주靑州, 서원경西原京, 중원경中原京, 정천군井泉郡,

신주新州, 패서도浿西道 등인데 섬서성, 감숙성, 사천성에 있던 신라의 땅 이름입니다.

삽량주歃良州는 사천성 양평현, 하주下州(완산주라고도 했다)는 사천성 영창현, 상주上州는 섬서성 자양현으로 금성金城이 있던 곳입니다. 고구려, 백제, 당과 각축전을 벌였던 곳입니다.

강주康州는 복건성 청주입니다. 청주는 광동성 광주시로서 신라의 영토였으나 당의 영토로 편입됩니다.

서원경西原京은 감숙성 유중현입니다.

중원경中原京은 감숙성 예현으로 백제, 고구려, 당, 발해가 다투던 곳입니다.

정천군井泉郡은 섬서성 한성현으로서 발해의 강역이었습니다.

신주新州는 감숙성 예현 지역입니다.

패서도浿西道는 고구려의 장안성(섬서성 서안시)으로서 고구려가 망한 후 신라가 차지했던 곳입니다.

그 후 삽량주歃良州는 양주(안휘성 화현)로, 상주上州는 상주尙州(절강성 구주시)로, 강주와 청주는 진주瞢州(강서성 남창시)로, 서원경西原京은 청주(산동성 요성시)로, 중원경中原京은 충주忠州(산동성 래무시)로, 하주下州는 강서성 의춘시宜春市로 옮겨지게 됩니다.

대륙에서의 통일신라의 강역은 한반도의 6배 정도로 짐작되는데 산동성, 하남성 전역, 산서성 남동부 일부, 안휘성, 절강성, 강서성, 강소성, 호남성 전역, 호북성과 복건성, 광동성 그리고 한반도인 탁라乇羅였습니다.

산동성에는 우산于山(산동성 유산시), 호남성 남부에 탐라耽羅(호남성 형양시), 한반도에 탁라가 있었습니다.

신라의 월성月城에 있던 황룡사黃龍寺 구층탑에는 구한九韓이 표기되어 있었다고 『삼국유사』는 말합니다. 그것은 신라가 이들 나라들과 국경을 접해 있거나 소유하고 있었음을 말하는 것인데 단국丹國, 중화中華, 여적女狄, 말갈靺鞨,

예맥濊貊, 응유應遊, 탁라乇羅, 오월吳越, 왜倭였습니다.

단국은 영하자치구와 감숙성의 오환烏桓의 나라이고, 중화는 감숙성 임하현을 중심으로 하는 한족의 나라이며, 여적은 후대의 여진女眞으로 섬서성 연안시를 중심으로 하는 지역을 차지한 나라이고, 예맥은 하북성 남부와 하남성 북부를 지칭하는 지역의 나라를 말하고, 탁라는 한반도에 있던 나라를 말하며, 오월은 사천성 합천시를 중심으로 하는 양자강 유역의 나라이고, 왜는 광동성, 복건성 지역에 있던 나라였습니다. 이들이 모두 신라가 영토 확장 과정에서 접촉했던 지역에 있었던 나라들입니다.

신라와 당, 백제와 왜에는 같은 혈통의 사람들이 섞여서 살았습니다. 진한辰韓 때에는 진秦의 유민들이 감숙성에서 섬서성의 서나벌로 이주했고, 섬서성과 사천성의 신라인들은 당으로 편입되기도 했습니다.

그런가 하면 백제가 중기 이후에 진출한 호북성과 호남성은 원래 왜의 강역으로서 이곳에 살던 상당수의 왜인들이 백제로 편입되었습니다. 한편 산동성과 하남성의 백제인들은 호북성과 호남성을 거쳐 광동성과 복건성 지역의 왜의 영토와 일본열도로까지 건너갔습니다.

신라 김씨 왕조와 가락 김씨 왕조의 조상은 한족漢族의 조상과 같습니다. 신라와 당이 군사적으로 연합했고 백제와 왜가 서로 도운 것은 전략적인 측면도 있겠지만 혈통이 같다는 것도 무시할 수 없습니다.

신라의 강역은 『삼국사기』「지리지」, 『고려사』「지리지」, 그리고 『세종실록지리지』에 아주 상세하게 기록되어 있습니다. 이들 사서들에는 신라의 강역뿐만 아니라 고구려와 백제, 고려, 이조 초기의 대륙에서의 강역이 아주 상세히 기록되어 있습니다."

위국휘치필법

"그런데도 불구하고 만주사관을 주장하는 한 재야 사학자는 지금 만주에서 벌어지고 있는 홍산 문화 유적, 우량하 유적, 하가점 하층 문화 유적 등의 발굴을 들어 만주가 우리 고대 국가의 모체라고 주장하고 있습니다. 선생님께서는 이것을 어떻게 보십니까?"

"역사학은 각 시대에 기록된 문헌을 기본 연구 자료로 삼습니다. 따라서 이러한 문헌 이외의 고고학적 발굴 성과는 문헌 사학의 보조 역할은 할 수 있겠지만 그 이상은 될 수 없습니다. 왜냐하면 아무리 획기적인 발굴이 이루어졌다고 해도 그 당시의 기록에 나타나지 않는 한 그 유적은 그만큼 기록될 가치가 없었다고 보아야 할 것이기 때문입니다."

"『만주원류고』를 주요 자료로 그 사학자는 이용하고 있는데 이것은 어떻게 생각하십니까?"

"『만주원류고』는 중국 사학계에서도 등외 사료로 취급되어 이십오사에도 끼지 못하는 참고 사료일 뿐입니다."

"그리고 그 사학자는 사마천의 『사기』와 『후한서』를 읽은 후대 사관들이 쓴 주석, 집주, 집해들을 인용하여 고구려, 백제, 신라, 고려가 대륙에 존재했었다는 것은 순전한 허구요 망상에 지나지 않는다고 강변하고 있습니다. 선생님께서는 이에 대해서는 어떻게 생각하십니까?"

"한족들은 사마천 이래 위국휘치필법爲國諱恥筆法으로 한족 국가와 접한 이웃

나라들의 역사를 자기네 국익에 알맞게, 소설 쓰듯이 제멋대로 조작 날조하고 깎아내리는 방식을 전통적으로 구사하기로 내외에 이름이 나 있습니다. 이 방면에서 한족은 타의 추종을 불허합니다. 일본이 자국의 이익을 위해 독도를 일본 땅이라고 생억지를 부리는 것도 그 방면의 대선배인 한족에게서 배운 것임을 알아야 합니다.

사마천의 『사기』와 『후한서』는 우리나라의 역사를 중화사상에 알맞게 왜곡 날조한 역사책으로 유명합니다. 명은 소설 『삼국지』, 『수호지』, 『열국지』 등을 대량으로 유포하는 데 국가적 지원을 아끼지 않았습니다.

왜냐하면 이들 소설들에 나오는 대륙 무대에는 실제로 대륙에 있어야 할 고구려, 백제, 신라는 아예 처음부터 아예 없었던 것처럼 쏙 다 빼 버리고 그 자리엔 실제로 있지도 않았던 한족 국가들만이 활동했던 것처럼 허위 조작 날조했던 것입니다. 『사기』와 『후한서』, 그에 대한 주석, 집해, 집주 역시 우리나라에 관한 한 이러한 종류의 소설의 범주에 든다고 할 수 있습니다.

내가 보기에 이러한 사서들을 인용하는 것은 사기꾼의 변명만 듣고, 사기꾼을 고발한 사람의 말은 들으려고 하지 않는 것과 같습니다. 『삼국사기』, 『고려사』, 『세종실록지리지』, 『신당서』, 『요사』, 『금사』, 『송사』, 『원사』와 같이 고구려, 백제, 신라, 고려의 대륙 존재 사실을 입증하는 사료들이야말로 사기꾼을 기소한 사람의 고발장이라고 말할 수 있습니다.

그런데 지금 우리가 접할 수 있는 『삼국사기』 판본은 고려 때 인쇄된 것은 하나도 없습니다. 이조 중기 이후에 인쇄된 것이 전해지고 있을 뿐인데, 이들은 고려 때 대륙에서 인쇄된 것과는 차이가 있습니다. 왜냐하면 『삼국사기』가 저술된 것은 대륙에서였고 저술 당시의 판본에는 삼국이 대륙에 있었던 정황을 확인할 수 있는 흔적들을 여러 곳에서 발견할 수 있었을 것이기 때문입니다.

이조 중기 이후에 출판된 『삼국사기』라 해도 그 내용 전부를 고친 것은 아니고 반도사관과 부합되도록 일부 지명과 방향만을 고쳤을 뿐입니다. 그리고 다행스러운 것은 세종 때까지만 해도 위정자들이 우리 역사를 위장하거나 감추려는 의도는 없었던 것으로 보입니다. 그 덕분에 『세종실록지리지』를 통해서 오늘날 우리는 잃어버릴 뻔했던 우리 역사의 전모를 과거에 있었던 그대로 복원할 수 있게 된 것입니다.

이야말로 하늘의 도움이 아닐 수 없습니다. 한 민족의 역사는 그 민족의 정신과 혼의 원천입니다. 어떤 민족이든지 비록 역경에 처하여 조국을 잃고 세계를 떠돌며, 외국인과 섞여 사는 동안 자기네 언어는 잃어버리는 일이 있을지언정, 자기네 진정한 역사만 잊지 않고 있으면 어느 때인가는 반드시 재기할 수 있습니다.

그 본보기가 바로 이스라엘입니다. 그들은 나라를 잃고 무려 2천 년 동안이나 세계를 유랑하느라고 민족의 고유 언어까지도 깡그리 잊어버렸지만 이스라엘 역사만은 잃지 않았습니다. 그 때문에 그들은 2천 년이 지난 후에도 나라를 되찾고 언어까지 복원하여 지금 사용하고 있습니다.

그런 의미에서 우리는 역사가 얼마나 소중한 것인가 하는 것을 새삼 깨달아야 할 것입니다. 역사를 되찾는 것은 민족의 혼을 되찾는 일이기 때문입니다. 따라서 역사를 잃어버린 민족은 얼을 잃어버린 민족, 다시 말해서 얼 빠진 민족이 될 수밖에 없습니다.

한때 동북아 대륙에서 강대국으로 군림했던 배달족의 한 갈래인 요, 금, 청의 주인이었던 거란족과 만주족 공동체를 현재에 와서 지도에서 찾아볼 수 없게 된 이유가 바로 그들이 역사를 제대로 보존하고 활용하는 데 실패함으로써, 그 혼을 잃어버리고 역사를 보전한 다른 민족에게 쉽사리 흡수 동화되어 버렸기 때문입니다.

우리는 그렇게 되지 않기 위해서라도 우리 역사를 있었던 그대로 보전하는 일이 급선무임을 깨달아야 합니다. 더구나 중국은 지금 동북공정이라는 역사 왜곡 날조 작업을 벌여 고구려와 발해를 중국의 한 지방 정권으로 폄하하려고 혈안이 되어 있고, 중국을 본받은 일본은 엉뚱하게도 우리 영토인 독도를 자기에 영토라고 생억지를 부리면서 교과서에까지 싣고 있습니다.

이처럼 중국과 일본은 과거의 무력 침략 못지않게 우리 역사를 침탈하고 있습니다. 이처럼 한중일 세 나라가 치열한 국사 전쟁을 벌이고 있는 이때에 우리나라의 역대 정사正史인『한단고기』,『삼국사기』,『고려사』,『조선왕조실록』중『세종실록지리지』는 말할 것도 없고 중국의 25사에까지도 지금으로부터 1백여 년 전까지 대륙에 우리 강역으로 분명 기록되어 있는 역사적 사실을 인정하지 않는 사학자가 있는 것은 유감스러운 일이 아닐 수 없습니다.

그는『사기』와『한서』의 본문은 제쳐 놓고 훨씬 후대의 명대의 사관들이 가필한 것으로 보이는, 공정성이 심히 의심되는 몽상과 픽션을 혼합한 것 같은 주석, 집해, 집주 따위만 인용하여 우리가 6백 년 전까지 대륙을 지배했던 각종 기록상의 사실을 거짓이며 환상이라고 강변하고 있습니다.

이것은 시대착오적인 중화주의자와 일본의 국수주의자를 도와주는 것밖에 되지 않는다는 것을 알아야 할 것입니다. 우리가 앞으로 강대국으로 부상하는 데 우리의 진정한 과거사 복원이 필수불가결한 이유가 바로 여기에 있다는 것을 알아야 할 것입니다.”

“그래서 오늘날 세계 어느 나라든지 자국의 역사를 학교에서 필수 과목으로 가르치고 있건만 유독 한국만은 국사를 선택 과목으로 정하는 바람에 대한민국이 언제 세워졌는지, 6·25가 남침인지 북침인지 구별 못 하는 학생들이 늘어나고 있는 통탄할 일이 아닐 수 없습니다.”

“그래서 무슨 일이 있든지 국사는 국영수와 같이 반드시 필수 과목이 되어야 합니다. 국사가 선택 과목이 되면 애국심이 없는, 얼빠진 국민들만을 대량으로 양성하게 될 것입니다. 얼빠진 국민들을 가지고는 언제 우리가 또

백 년 전처럼 나라를 빼앗길지 모릅니다. 교육 당국자들은 이 점 크게 반성하고 각성해야 할 것입니다. 그럼 이제 대륙에서의 고려의 위상에 대해서 말할 차례죠?"

조선의 호칭 문제

"그렇습니다. 그런데, 고려 문제를 다루기 전에 한 가지 짚고 넘어가야 할 일이 있습니다. 선생님께서는 근년 들어 1392년에 세워진 우리나라를 조선 대신에 과거에 쓰이던 대로 이조李朝니 이씨조선李氏朝鮮이니 하는 용어를 쓰십니다.

그 이유는 그냥 조선이라고만 쓰면 과거사에 등장하는 단군조선檀君朝鮮, 기자조선奇子朝鮮, 기자조선箕子朝鮮, 위만조선衛滿朝鮮, 진조선眞朝鮮, 막조선莫朝鮮, 번조선番朝鮮, 고조선古朝鮮, 후조선後朝鮮과 구분이 안 되니까 이들과 구분하기 위해서라도 이성계가 세운 나라는 이씨조선, 이조선 또는 이를 생략해서 이조라고 과거처럼 쓰시는데, 혹시 독자들 중에 항의하는 사람은 없었습니까?"

"항의라기보다는 왜 남들은 다 조선이라고 쓰는데 유독 나만은 이조, 이조선, 이씨조선이라고 쓰는지 의문을 제기하는 사람은 있었습니다. 그때 나는 항상 다음과 같이 해명합니다.

우리는 견훤甄萱이 세운 '백제'를 '후백제'라고 씀으로써 원래의 백제와 구분해서 쓰는 것과 같이, 이성계가 세운 조선 역시 그대로 쓰면 그전에 쓰이던 위에 열거한 국명들과 혼돈이 일어나므로 이씨조선, 이조선 또는 생략해서 이조라고 쓰는 것이 가장 합리적이고 이치에 맞는다고 말합니다.

어떤 사람은 그것은 일제가 쓰던 호칭이라고 말하지만 절대로 그렇지 않습니다. 일제의 침탈 이전부터 이씨조선이라는 호칭은 여러 문헌에 이미 등장합니다. 단재 신채호 같은 꼿꼿한 항일 애국자요 민족 사학자도 이씨조선과 이조라는 호칭을 즐겨 사용했습니다."

"그것은 저도 알고 있습니다."

"우리는 1948년에 세워진 현 북한 정권을 단지 '북한'이라고 부르지만 이 것은 지역 명칭이지 나라 이름은 될 수 없다고 봅니다. 북한은 대한민국을 '남조선'이라고 부르지만 그것 역시 지역 명칭이지 나라 이름은 될 수 없습니다.

그렇다고 해서 그들이 주장하는 정식 명칭 그대로 '조선민주주의인민공화국'이라는 국호를 그대로 불러 주는 것도 이치에 맞지 않습니다. 왜냐하면 그들은 민주국가도 아니고 인민의 나라도 공화국도 아닌, 사실상의 공산주의 세습 독재국가에 지나지 않기 때문입니다. 따라서 선전 문구와도 같은 국명을 그대로 불러 줄 수도 없는 일입니다.

그러나 우리 헌법에는 불법 정권이라고 규정되어 있다고 해도 이미 63년이나 현실적으로 그 실체를 유지해 온 정권을 계속 '북한'이라고 부르는 것도 이상합니다. 그래서 저는 김일성이 3대를 이어갈 모양인 북한을 김씨조선, 김조선, 생략해서 김조로 쓰게 될 날이 오지 않을까 하는 생각을 해 봅니다."

"일리 있는 견해시군요. 앞으로 많은 세월이 흐른 뒤에는 그렇게 쓰일 가능성이 충분히 있겠는데요. 그건 그렇고요. 정작 제가 말하고 싶은 것이 있습니다. 이씨조선 또는 이조 대신에 '근세조선'이라고 쓰는 재야 사학자도 있는데 선생님께선 어떻게 생각하십니까?"

"그 호칭은 나도 좀 생각해 보았는데 적합하지 않다고 봅니다."

"왜요?"

"근세近世라는 용어는 시간을 한정하는 낱말입니다. 지금은 '근세조선'이라고 쓰면 이씨조선을 지칭하는 것으로 누구나 인식할 수 있겠지만 지금부터 몇백 년 또는 천 년쯤 뒤에는 지금의 근세조선이 그때에도 혼돈 없이 같은 의미로 그대로 쓰일 수 있게 될지 의문입니다. 왜냐하면 그때 가서는 이미 지금의 근세는 중세 또는 고대로 바뀔 수도 있을 것이니까요. 그렇게 되면 또 혼란이 일어날 가능성이 있습니다."

"그러니까 국명은 어디까지나 고유명사를 섞어 써야지 시한 또는 지역 명사를 쓰면 안 되겠군요."

대륙에서 살아온 고려의 흔적들

"그렇습니다. 그럼 다음엔 대륙에서의 고려의 위상에 대해서 말하겠습니다. 『삼국사기』와 『고려사』를 유심히 읽어 보면 누구나 고려가 대륙에서 건국되었고 요, 금, 원, 명 등과 각축전을 벌이면서 생존, 발전하다가 이조에 의해 멸망당한 나라라는 것을 알게 됩니다. 고려는 서기 918년 지금의 산동성 치박시인 송악松嶽에서 개국했습니다.

그 무렵 북송은 개봉開封(감숙성 영흥현)에 도읍했고, 요는 감숙성 난주시, 정서현 등에 도읍했으며, 금은 감숙성 회령현, 천수시, 영흥현 등에 도읍했습니다. 북송은 고려와 양자강을 통해서 사신을 교환했습니다.

고려로 파견되었던 남송의 서긍徐兢이라는 벼슬아치가 고려를 다녀와서 그 체험담을 쓴 『고려도경高麗圖經』이라는 책을 읽어 보면 고려가 대륙에 있었다는 실마리를 쉽게 찾을 수 있습니다. 서긍이 서기 1123년에 송악과 이웃해 있는, 새로 옮긴 도읍인 개경(산동성 임치구)에 가서 보고 느낀 체험담을 1124년에 기록으로 남긴 것이 바로 『고려도경』입니다.

그런데 이 책의 원본은 금이 북송의 도읍지인 개봉(감숙성 영흥현)으로 쳐들어갈 때 불타 없어지고 다행히도 부본이 겨우 한 권 남아서 중간되었는데, 고려의 정황을 그린 그림은 그때 없어졌습니다. 이 책도 대륙에 있던 고려의 존재를 감추려고 변조되었지만, 근본적인 개작은 아니어서 원본에 담겨 있던 사실을 묘사한 부분이 상당량 남아 있습니다.

우선 개경 즉 송도를 관통하여 흐르는 강이 북쪽으로 흐른다고 이 책에는 기록되어 있습니다. 한반도 개성에는 성읍을 관통하는 강도 없고 단지 작은 하천만이 남쪽으로 흐르고 있을 뿐입니다. 그리고 당시 개경 근처에 있는 대규모의 절을 19군데나 둘러보았다고 서긍은 기록했는데, 현재 한반도 경기도 개성에는 19군데의 절은커녕 단 한 곳도 남아 있지 않고 다만 한 곳의 절터만 남아 있다고 합니다. 우연이라고 그냥 보아 넘기기에는 도저히 수긍이 되지 않을 뿐 아니라, 반도사관 신봉자들이 보기에는 생각해 볼수록 괴상야릇한 일이 아닐 수 없을 것입니다.

지금 우리에게는 고려 때 저술된 『고려사』는 단 한 권도 전해지지 않습니다. 또 고려 때 만들어진 고려의 강역 지도 역시 한 장도 없습니다. 지금 우리에게 있는 것이라곤 이조 때 만들어진 고려 지도가 전해지고 있고, 이조 시대에 편찬된 『고려사』가 전해지고 있는데 여러 번에 걸쳐서 고쳐 쓴 흔적이 보입니다.

그렇게 전해진 사서들을 살펴보아도 고려의 역사가 대륙에서 이루어졌다는 것을 너무나도 쉽게 알아볼 수 있습니다. 역사에 대하여 문외한인 보통 사람들도 조금만 주의를 기울여 읽어 보면 고려가 한반도에 있던 나라가 아니라는 것을 금방 알아차릴 수 있습니다.

우선 고려의 땅 이름은 이조의 땅 이름과 너무나 다릅니다. 그뿐만 아니라 『고려사』에 나오는 고려 때의 궁궐과 대규모 사찰들이 한반도에서는 흔적조차 찾아볼 수 없습니다. 고려는 확실히 이조가 승계한 나라인데도 전연 별나라에서 온 것처럼 생소합니다.

그뿐만 아니라 고려는 태봉泰封을 이은 나라이고, 태봉은 동주東州(산동성 덕주시)에서 건국했습니다. 그러나 천백 년 전 태봉의 도읍지였다고 식민 사학자들이 주장하는 한반도 철원에 가보면 문화재라고는 눈을 씻고 찾아보아도 씨도 보이지 않습니다. 기록에는 궁예弓裔의 사치는 도를 넘어 궁궐 역시 지극히 호화찬란했다고 했는데 지금 강원도 철원에서는 그 궁궐이 도대체 어디로 사라졌는지 흔적은커녕 하다못해 주춧돌 하나 찾아볼 수 없습니다.

한반도 강원도는 세종 때 인구가 3만 명 정도였습니다. 그러나 당시 철원에는 천 명 정도의 주민이 살고 있었는지도 의심이 됩니다. 그런 곳이 어떻게 태봉의 도읍이 될 수 있었는지 이해할 수 없습니다. 생각다 못해 일부 사학자들은 태봉의 유적지가 비무장 지대 안에 있다고 하면서 그곳을 발굴해야 한다고 하는데 실상을 몰라도 너무 모르는 소리입니다."

"그럼 태봉의 유적지는 도대체 어디에 있을까요?"

"대륙의 산동성 덕주시가 태봉의 도읍지였고 고려의 동주東州였다는 것이 정답입니다. 이곳에는 지금도 대규모의 궁궐을 비롯한 우리 조상의 문화재들이 고스란히 그대로 남아 있습니다. 대륙에서는 이 유적들이 남송의 궁궐 유적이라고 말하고 있지만 남송은 산동성 어느 곳에서도 자기네 영토를 보유했던 사실이 없습니다.

서기 1010년 요는 섬서성의 대동강 즉 지금의 위하渭河를 건너 고려의 서경西京(섬서성 서안시)을 지나 산동성 임치구에 있던 개경開京으로 쳐들어왔습니다. 이때 고려의 현종은 호남성 정사시에 있는 나주羅州로 피난길을 떠나게 됩니다. 이 나주는 한반도에 있는 전라남도 나주가 절대로 아닙니다.

당시의 피난 경로는 『고려사』에 상세히 나와 있습니다. 그리고 고려의 개경 즉 지금의 산동성 임치구에는 고려의 옛 성곽과 궁궐 유적이 그대로 남아 있습니다. 대륙에서는 이 유적도 남송의 황제가 쓰던 궁성이었다고 둘러대고 있지만 이 지역 역시 남송이 차지한 일이 없었다는 것이 역사의 진실입니다.

서기 1232년 고려는 23대 고종 때 몽골의 침입으로 강화江華로 임시 천도했는데, 이때의 강화는 한반도 인천시에 소속된 강화가 아니라 대륙의 강소성 진강시를 말합니다. 고려는 이곳에서 원에 대항하여 39년 동안을 끈질기게 버팁니다.

그때 임시 수도 강화는 개경 못지않은 큰 도읍지로 탈바꿈하게 됩니다. 개경에 있는 궁궐과 대규모 사찰은 물론 이름까지도 그대로 강화에 옮겨 짓게 됩니다. 개경에서 강화로 건너가는 길목에 강도江都라는 도시를 건설했는데 이곳에 쌓았던 성곽은 지금도 그대로 강소성 양주시에 남아 있습니다.

이곳은 양자강을 사이에 두고 강화(강소성 진강시)와 마주보고 있는 위치입니다. 우리 민족은 예부터 생활 근거지를 옮길 때는 그전 땅 이름을 그대로 쓰면서, 주거 환경도 옛 모습을 그대로 재현시키려고 노력했습니다. 고려를 계승한 이조도 대륙에서 한반도로 옮겨오면서 땅 이름도 같이 옮겨왔습니다.

우리 민족만 그런 것이 아니고 영국인들도 아메리카 대륙으로 이민할 때 그들의 지명도 함께 옮겼습니다. 이것은 당연한 생활 전통에서 비롯된 것이지만 우리 민족의 주류 세력이 대륙에서 한반도로 이동한 것은 역사상 가장 획기적인 사건이었습니다.

특이했던 것은 이조의 집권층은 자기네의 잘못을 감추려고 이 사실을 밝히지 않고, 우리 역사가 마치 처음부터 한반도 안에서만 영위되었던 것처럼 대륙에서의 역사 사실들을 감추어 버린 것입니다. 이것은 민족을 기망한 사기 협잡 행위가 아닐 수 없습니다.

민족을 배반한 거창한 사기극이요 일종의 범죄 행위임에 틀림없습니다. 지난 1백여 년 세월을 감쪽같이 속아 왔던 우리는 이제 그 가면을 속속들이 벗겨내고 역사의 진실을 있었던 그대로 백일하에 속속들이 밝혀내려는 것입니다. 이 일이야말로 지금의 우리 세대가 당연히 맡아서 수행해야 할 숙명적인 과제가 아닐 수 없습니다. 우리가 앞으로 세계사의 전면에 나서서 강대국으로 부상하는 데 반드시 거치지 않을 수 없는 필수 과정이기 때문입니다.

대륙의 강화에는 선원사禪源寺라는 절이 있었는데, 이곳에서 서기 1236년부터 1251년까지 팔만대장경을 만들어 보관했다고 기록은 전합니다. 이 대장경판은 충주忠州(산동성 래무시)로 옮겨졌다가 이조 태조 때 한반도 한양에 있던 지천사支天寺(서울 탑골 공원에 있던 절)에 보관되었다가, 합천 해인사 안에 장경각이 지어진 서기 1398년에 해인사로 옮겨진 것입니다.

고려에는 1010년부터 1083년 사이에 제조된 『초조대장경初雕大藏經』이 있었는데, 이것은 안휘성 수현에 있던 팔공산八公山 부인사符仁寺에서 만들어졌습니다. 이 초조대장경은 서기 1231년 몽골이 침입했을 때 지금의 안휘성 회원현인 경주 월성에 있던 황룡사의 9층탑과 함께 불타 버렸습니다."

"그렇다면 몽골군은 한반도에는 침입한 일이 없었다는 말씀인가요?"

"그렇고말고요. 그 당시 한반도에는 탁라乇羅라는 다소 엉성한 제후국이 있기는 했지만 고려의 속국으로서 몽골군의 관심거리도 되지 못했습니다."

"그렇군요."

"좌우간 『한단고기』, 『삼국사기』, 『삼국유사』, 『고려사』, 「세종실록」이 쓰여질 때까지만 해도 우리 민족의 주류 세력은 전부 다 대륙에서 역사 시대를 영위했다는 것으로만 알면 틀림없습니다. 우창석 씨도 태어나서 지금까지 수십 년 동안 길들여져 온 반도사관에서 하루아침에 벗어나기가 결코 쉽지만은 않을 것입니다.

그런데 그 당시 불타고 남은 초조대장경 일부(1715판)가 지금도 일본 교토京都에 보관되어 있습니다. 이것은 고려 말 왜구가 안휘성 지역에서 훔쳐 간 것으로 보입니다. 한반도 강화에는 아무래도 궁궐이었다고는 보기 어려운 현감 정도 되는 관리가 집무했을 것 같은 건물이 달랑 한 채 있습니다. 또 식민사학자들이 선원사 터라고 주장하는 곳도 있기는 합니다.

그러나 『고려사』에 보면 강화에는 궁궐로는 경안궁慶安宮, 용암궁龍嵒宮, 여정궁麗正宮, 수창궁壽昌宮, 장봉궁長峯宮, 진암궁辰嵒宮이 있었고 사찰로는 선원사禪源寺, 건성사乾聖寺, 용장사龍藏寺, 묘통사妙通寺, 법왕사法王寺, 보제사普濟寺, 봉은사奉

恩寺, 복령사福靈寺, 왕륜사王輪寺, 안화사安和寺, 천수사天壽寺, 혈구사穴口寺, 흥국사興國寺, 현성사賢聖寺가 있었습니다.

『고려사』를 읽어 보면 고려의 임금들이 39년 동안 머물렀던 강화의 궁궐들이 이조 5백 년 동안의 한양의 궁궐들보다 더 규모가 크고 더 많았다는 것을 알 수 있습니다. 그런데도 불구하고 인천시에 속해 있는 강화에는 식민 사학자들이 고려의 궁터라고 우기는 곳이 그나마 달랑 단 한 곳밖에 없으니 그 나머지는 도대체 어디로 증발했다는 말입니까? 제아무리 후안무치한 식민 사학자라고 해도 인천시 강화가 39년 동안 몽골의 침략을 끈질기게 버텨낸 고려의 임시 수도였다고 말하기는 낯간지러울 것입니다.

현재 인천시 강화에는 서기 372년에 창건되었다는 전등사傳燈寺와 서기 639년에 지어졌다는 정수사精水寺 그리고 서기 635년에 건축되었다는 보문사普門寺와 서기 416년에 세워졌다는 적석사積石寺는 그대로 남아 있건만, 그보다도 썩 후대인 서기 1245년에 지어졌다는 선원사禪源寺만은 그 자취도 흔적도 보이지 않는 것은 수상한 일이 아닐 수 없습니다.

선원사가 지어지기 전 5세기와 7세기에 지어졌다는 절들은 전부 다 멀쩡하게 남아 있는데 13세기 중반에, 그것도 팔만대장경을 만들고 보관했었다는 선원사만이 남아 있지 않은 사실을 현실로 인정하기는 참으로 난감한 일이 아닐 수 없습니다.

결국은 인천시에 속해 있는 강화는 고려 시대의 강화가 아니라는 것이 여지없이 드러납니다. 그러나 대륙의 강소성 진강시에 있었던 강화에는 대규모 궁궐들이 지금도 즐비하고, 큼직큼직한 사찰들도 옛 그대로의 고려의 모습을 보여 주고 있습니다. 과연 어느 쪽이 진정한 고려의 강화였는지 독자 여러분은 판단해 보시기 바랍니다.

고려 조정이 강화로 피난했을 때 청기와를 만들어 그곳에 있던 궁궐들과 사찰들의 지붕을 이었다고 『고려사』는 말하고 있건만, 한반도에서는 그 청기와 한 조각 발견되지 않았습니다. 우리는 고려청자와 청기와가 녹색인 것으로 알고 있습니다. 그렇다면 고려 사람들은 파랑과 초록 즉 청靑과 녹綠을 구분하지 못했을까요? 그럴 수는 없을 것입니다. 바로 그 청기와와 청자靑瓷는 지금 대만의 고궁박물관에 보관되어 있습니다. 장개석 정부가 대만으로 옮겨갈 때 가져간 것입니다.

서기 1290년 충렬왕은 합단哈丹(원나라의 반군)의 침입으로 또다시 강소성의 강화로 천도했다가 1291년에 산동성의 개경으로 복귀했습니다. 서기 1390년 공민왕은 다시 한 번 산동성 제남시 역성구인 한양으로 천도하려다가 실패하고, 고려는 결국 1392년에 대륙의 개경에서 이성계의 반란군에 의해 멸망합니다. 같은 해에 산동성에서 새 나라를 세운 이조는 1880년대에 한반도 한양으로 도읍을 옮기기 시작하여 대륙의 우리나라 땅 이름도 한반도로 옮깁니다.

고려의 행정 구역

『고려사』를 읽어 보면 고려의 행정 구역은 초기에 10도道 12주州로 편제되었다가 서기 1018년 현종 때 5도호부 75도로 개편되었고, 그 후 4도호부 8주로 바뀌었고 다시 8도 체제가 되었다가, 13세기에는 5도 양계兩界로 바뀌었다고 기록되어 있습니다. 이 5도 양계 체제는 공민왕 때 12도로 개편되었다가 멸망했습니다.

이조의 8도 체제는 고려의 행정 구역 체제에서 유래된 것인데, 고려와 이조가 근본적으로 다른 것은 고려는 대륙을 지배했던 행정 편제였고, 이조의 8도는 겨우 한반도만을 관장했다는 것입니다.

대륙과 한반도의 지형이 전연 다르기 때문에 대륙의 땅 이름을 한반도로 옮길 때 여러 가지 어려움이 뒤따랐지만 적절하게 조정하는 지혜가 구사되었습니다. 지금 우리가 그 변화된 내용을 파악하기 어려울 정도로 제법 그럴듯하게 대륙의 지명들은 한반도 상황에 이리저리 꿰어 맞추게 되었습니다.

이조의 행정 체제가 갖춰진 한반도의 상황은 고려의 5도 양계에 가장 근접한 것이기 때문에 『고려사』「지리지」의 5도 양계 체제를 약간 변형시킴으로써 고려가 마치 한반도에 있었던 것처럼 얼버무려 놓았습니다.

따라서 반도사관에 입각한 오늘날의 한국사에서는 고려의 행정 구역을 논하는 데 있어서 초기의 10도 12주, 5도호부 75도, 4도호부 8주, 8도, 12도 체제는 전연 설명되지 않고 있습니다. 우리나라 식민사학자들은 이에 대해 상세히 설명할 엄두조차 내지 못하고 있습니다.

그나마 고려의 5도 양계 체제도 변조된 것을 전연 감지하지 못하고 있습니다. 고려의 개경은 황제가 살던 황도皇都로서 동경東京이었고, 경주慶州는 남경南京, 평양平壤은 서경西京이었습니다.

고려의 5도호부는 다음과 같습니다.

1. 안동도호부安東都護府: 초기에는 상주尙州(절강성 구주시), 후기에는 안동安東(절강성 항주시)
2. 안서도호부安西都護府: 초기에는 감숙성 장가천현, 후기에는 하남성 정주시
3. 안남도호부安南都護府: 초기에는 영암靈岩(호남성 소산시), 후기에는 부평富平(광동성 낙창시)
4. 안북도호부安北都護府: 영주寧州(하북성 석가장시)
5. 안변도호부安邊都護府: 산서성 원성시였습니다.

4도호부는 5도호부에서 안변도호부가 제외됩니다. 6도 양계는 다음과 같습니다.

1. 왕경개경부王京開京府: 개경부開京府(산동성 임치구)
2. 양광도楊廣道: 양주楊州(산동성 제남구 장구시)

3. 경상도慶尚道: 경주慶州(안휘성 봉양현)

4. 전라도全羅道: 전주全州(호북성 의성시)

5. 서해도西海道: 해주海州(하남성 정주시)

6. 교주도交州道: 교주交州(하북성 형주시)

7. 북계北界: 영주寧州(섬서성 석가장시)

8. 서계西界: 평양平壤(섬서성 서안시)

대륙 고려의 지명이 한반도로 옮겨지면서 대륙의 서계西界가 반도에서는 동계東界와 북계北界로 나뉘고, 또 대륙의 북계는 한반도에서는 서계가 됩니다. 『고려사』「지리지」에는 양계가 동계와 북계로 되어 있는데 이것은 조작된 것입니다.

다시 말해서 한반도에 지명을 옮겨 놓은 상황을 기초로 해서 재편성하여 기록된 것입니다. 『고려사』에 동계에 속한 것으로 되어 있는 동주, 영흥진, 함주, 길주 등은 평양과 함께 서계에 속해 있었고 북계에 속해 있는 평양, 영주, 연주 중 평양은 서계에 속해 있었습니다.

이상으로 고구려, 발해, 백제, 신라, 고려가 한반도에 있던 나라들이 아니고 대륙에서 시작되어 대륙에서 끝난 나라들이라는 것을 누구나 다 알 수 있을 것입니다."

이십오사에 등장하는 우리나라

"지금까지 선생님께서는 우리 민족이 안파견 한인천제 때의 한국연방부터 배달국, 단군조선, 고구려, 발해, 백제, 신라, 고려, 이조 말기까지 9100년 동안 동아시아 대륙에서 살아온 것을 『삼국사기』, 『삼국유사』, 『고려사』, 『세종실록지리지』, 『한단고기』 등을 기본 사료로 입증해 오셨습니다.

그리고 이들 우리나라 사서 외에도 가끔 서토의 이십오사二+五史를 인용해 오셨습니다. 그 이십오사에서 말하는 우리나라 역사에 대해서 좀 자세히 말씀해 주셨으면 합니다."

"그러죠. 사마천의 『사기史記』, 『한서漢書』, 『후한서後漢書』, 『삼국지三國志』, 『진서晉書』, 『송서宋書』, 『남제서南齊書』, 『양서梁書』, 『위서魏書』, 『주서周書』, 『남사南史』, 『수서隨書』, 『구당서舊唐書』, 『신당서新唐書』, 『구오대사舊五代史』, 『송사宋史』, 『명사明史』 등이 있고, 부여조선의 후예로 대륙을 지배했던 북위北魏 등의 『북사北史』, 거란족의 『요사遼史』, 말갈족의 『금사金史』, 만주족의 『청사고清史稿』, 몽골족의 『원사元史』와 『신원사新元史』가 있습니다.

이들을 한데 모은 소위 이십오사에는 외전外傳으로 조선족朝鮮族에 관한 기사가 실려 있습니다. 이들 기록들에는 우리나라 역사가 대륙에서 이루어졌음을 아주 구체적으로 입증해 주고 있습니다. 『사기』, 『한서』에는 부여조선에 관한 기록들이 실려 있고, 『후한서』에는 부여, 읍루, 고구려, 동옥저, 예, 마한, 진한, 변한에 관한 기사들이 실려 있습니다.

이들 역사책에는 우리나라의 고대 국가들이 한반도에 있었다는 기록은 단 한 군데도 없습니다. 그 대신 우리의 고대 국가들이 대륙의 중부와 동부를 중심으로 퍼져 있었음을 말해 주고 있습니다. 바로 이 때문에 죽으나 사나 반도사관에만 매달려 있는 우리나라 식민 사학자들은 이십오사를 이용하기는 고사하고 그에 대하여 언급하는 것조차 금기시하고 있는 실정입니다. 따라서 한국사 연구의 거대한 원천을 포기할 수밖에 없는 처지입니다.

『사기』 '조선열전'을 요약하면 다음과 같습니다. 한漢과 위만조선衛滿朝鮮은 지금의 섬서성 위하渭河인 패수浿水를 경계로 하여 남북으로 대치하고 있다가 한이 위만조선을 멸망시키고 그 자리에 사군四郡을 설치했다는 것입니다.

그런데 위만조선을 침공할 때의 한의 장군인 양복楊僕과 순체荀彘는 어떻게 된 셈판인지 위만조선을 멸망시킨 공으로 상을 받기는 고사하고 기시棄市라는 극형을 당합니다. 기시는 사형에 처하여 시체를 시장에 전시하는 형을 말합니다.

그리고 한의 위만조선 침공 때 위만조선의 신하로서 위만조선 왕 우거를 살해하고 항복했다는 참參과, 그 이전에 이미 한에 항복했다는 한음韓陰, 왕협王唊, 로인路人 그리고 우거의 아들 장長과 로인의 아들 최最를 각각 위만조선 지역의 제후로 봉했다는 내용입니다.

더욱이 수상한 것은 이때의 사군은 구체적 땅 이름은 표시되지 않고 다만 홰청, 적저荻苴, 평주平州, 기幾, 온양溫陽 등 다섯 군데의 지명이 나옵니다. 홰청은 감숙성 장가천현, 기는 감숙성 장현이고 평주는 감숙성 진안현, 적저는 섬서성 주지현, 온양은 섬서성 미현입니다. 모두가 위만조선의 강역입니다.

이상과 같은 『사기』의 기록은 여러 가지 의문을 일으키게 합니다. 첫째는 위만조선을 멸망시켰다는 한의 장군들에게 상을 못 줄망정 사형을 집행한 사실입니다. 둘째는 위만조선의 장군과 재상들을 그곳의 제후로 책봉했다는 것입니다. 셋째는 한이 설치했다는 사군의 행정 구역 땅 이름이 등장하지 않는 점입니다.

『사기』의 기록으로 판단해 볼 때 한사군이 기자조선의 중심부에 설치되었던 것으로는 인정하기 어렵고, 이런 식으로 역사를 기술하면서 그들이 차지하려고 계획했던 곳을 차지하지 못하자 마치 그 지역을 통치라도 했던 것처럼 변조한 것으로 보입니다.

결국 위만조선의 지배층이 한의 침공을 계기로 죽거나 밀려나고 원주민이 그 자리를 대신 차지하는 정치 형태로의 정치적 변동이 있었음을 말해 줄 뿐입니다. 이 시기는 서기전 108년부터 서기전 86년까지의 시기이고 서기전 86년부터는 평주도독부平州都督府와 동부도위부東部都尉府의 2부 체제로 바뀌었고, 그 이후에는 그 치소도 지금의 섬서성 천하千河인 요수遼水의 서쪽으로 옮겼습니다.

이것은 사실상 한사군이 설치되지 않았다는 것을 반증하는 것이 됩니다. 그러나 『삼국사기』에 따르면 서기 44년 요동에 있던 낙양 지역이 한에 의해 점령되었다고 합니다. 이후 고구려와 한漢, 그리고 고구려와 조위曹魏, 고구려와 서진西晉 사이에 요서, 요동 지역을 서로 뺏고 빼앗기는 각축전을 거듭하다가 서기 313년에 드디어 고구려의 완승으로 끝납니다.

서기 343년에는 전연前燕이 침입하여 고구려가 일시적이나마 요서를 전연에게 내어주게 됩니다. 고구려는 이때부터 요서 지역을 전연, 백제, 후연 등에게 빼앗겼다가 15대 미천제美川帝 때에 이르러 다시 회복하고 패망 당시까지 영토로 확보할 수 있었습니다.

『한서』의 내용도 『사기』와 크게 다르지 않습니다. 『사기』와 다른 점은 『사기』에 등장하지 않는 한사군漢四郡의 땅 이름이 나타나는데, 바로 이것 때문에 『한서』는 그 신빙성을 의심받지 않을 수 없습니다.

왜냐하면 『사기』를 쓴 사마천은 위만조선이 망할 때와 같은 시대를 살다 간 사람입니다. 그가 직접 보거나 사건 당사자들로부터 얻어들은 사실을 기초로 쓴 것이 『사기』 '조선열전'입니다. 그러한 그가 쓴 『사기』에 등장하지 않는 한사군의 땅 이름이 그가 죽은 지 2백여 년 뒤에 써진 『한서』와 『후한서』에 등장한다는 것은 의도적인 날조가 아닌 이상 있을 수 없는 일이기 때문입니다.

그리고 『후한서』에는 신찬(臣瓚, 265~316)이라는 정체불명의 필자가 인용한 『무릉서茂陵書』의 주註가 바로 한사군을 한반도 안으로 끌어들인 원흉의 구실을 하고 있습니다. 결론적으로 말해서 이러한 사실들은 한족들이 번조선의 중심 지역을 차지하려는 열망이 만들어 낸 일종의 희망 사항이나 망상을 기록한 것이라고 밖에는 생각되지 않습니다.

문제는 『사기』나 『한서』에 나타나는 위만조선, 한사군 그리고 위만조선 제후들의 강역이 섬서성과 감숙성의 요동遼東, 요서遼西라는 것입니다. 하북성이나 한반도나 만주의 요녕성과는 아무런 관계가 없습니다.

『후한서』 '동이열전'에는 부여扶餘, 읍루挹婁, 고구려高句麗, 구려句麗, 동옥저東沃沮, 북옥저北沃沮, 예濊, 마한馬韓, 진한辰韓, 변진弁辰에 대한 기록이 나타납니다.

『삼국지』, 『위서』 '오환선비동이전烏桓鮮卑東夷傳'에도 같은 나라들의 기록이 있습니다. 이들 기록들을 검토해 보면 배달족에 속하는 모든 나라들은 한반도와는 아무 상관없이 시종일관 대륙에서 활동했던 나라들임을 알 수 있습니다.

특히 삼한三韓 지역에는 진秦나라의 유민들이 대거 이주하여 살았다고 합니다. 만약에 우리나라 식민 사학자들이 주장하는 대로 삼한이 한반도 남쪽에 있었다면 당시 대륙의 진秦나라가 있던 감숙성에서 한반도 남부까지 진나라 피난민들이 들어와 살았다는 것이 되는데 이것은 상식적으로도 말이 안 되는 일입니다.

삼한의 위치는 마한이 서쪽, 진한이 동쪽 그리고 변진이 남쪽에 있다고 기록되어 있습니다. 이것은 우리나라 고대사와 관련된 모든 기록의 거의 대부분이 마치 한반도에 우리의 고대 국가들이 있었던 것처럼 위장하기 위해서 후대에 원래의 기록을 변조했음을 말해 주고 있습니다.

위치나 강역에 대한 부연 설명 부분과 동서남북의 위치를 나타내는 글자들은 15세기 명대 이후 판본이 바뀌면서 변조된 것임을 알 수 있습니다. 『후한서』와 『삼국지』의 경우도 예외가 아닙니다. 명대 이후 발간된 판본일 경우 변조된 것으로 보아야 합니다.

『삼국사기』, 『삼국유사』, 『고려사』 역시 이조가 대륙에서 철수하여 한반도에 정착한 이후에 발간된 판본들은 똑같이 변조되었음은 말할 것도 없습니다. 방향과 위치를 나타내는 글자들이 변조되었다는 것은 다음 사실에서 확인할 수 있습니다.

삼국 중 변한弁韓은 기자조선箕子朝鮮 강역에서 건국된 나라였고, 사천성의 가릉강嘉陵江을 중심으로 한 지역에 세워졌던 나라입니다. 마한馬韓은 건국 이후 하남성 전 지역에 걸쳐 있던 나라였습니다. 진한辰韓은 섬서성 남동부를 중심으로 활동했던 나라였습니다. 따라서 마한은 동쪽, 변한은 서쪽, 진한은 가운데로 표시되어야 하는데, 마한이 서쪽에 위치한 것으로 나타납니다.

이들 국가들은 서기전 232년 진조선이 멸망하고 북부여가 건국되었는데, 서기전 194년에 위만의 침입으로 그 유민들이 남쪽으로 진출한 진한과, 서기전 323년 기자조선에 나라를 넘겨주고 남동쪽으로 진출한 마한(산동성 하택시), 그리고 번조선이 멸망하자 기자조선이 건국한 변한을 말합니다. 삼한의 강역은 서쪽으로 사천성 양중시에 도읍했던 변한이 있었고, 변한과 마한 사이의 섬서성 자양현에 진한이 있었습니다.

서기전 57년에 박혁거세는 북부여 강역인 감숙성 평량시에서 섬서성 자양현에 걸쳐 있던 진한의 도읍지로 와서 서나벌을 건국했고, 서기전 18년 비류백제에 있던 온조가 산동성 비성시인 하남위례성으로 이동하여 백제를 건국했습니다. 이때의 비류백제는 하남성 제원시에 있었습니다.

삼한 중에 진한이 제일 먼저 서나벌이 되었고, 뒤이어 변한이 기원전 39

년에 신라에 합병되었으며, 마한이 서기 10년에 백제에 합쳐집니다. 고구려, 백제, 신라를 제외한 나라들 중 『후한서』와 『삼국지』에 나타나는 부여, 구려, 읍루, 동옥저, 예도 고구려, 백제, 신라와 상당 기간 병존했습니다.

서기 1세기부터 4세기까지 북쪽에서는 고구려 연방국이, 남쪽에서는 백제, 신라, 가락 및 가야 여러 나라 그리고 왜가 있었고, 서쪽에서는 한나라 연방과 촉한蜀漢, 조위曹魏, 손오孫吳의 한족 삼국이 등장하면서 서로 각축전을 벌였습니다.

『삼국사기』와 『삼국유사』에 나타나는 초팔국草八國, 다벌국多伐國, 음즙벌국音汁伐國, 실직곡국悉直谷國, 포상팔국浦上八國, 이서국伊西國, 골벌국骨伐國 등이 당시 신라와 백제에 흡수되지 않은 마한, 진한, 변한의 후예입니다.

비록 휘치필법을 구사하기는 했지만 『사기』, 『후한서』, 『삼국지』에 나오는 기록이 신빙성이 없는 것이 아닙니다. 단지 반도사관과 만주사관에 사로잡힌 사람들이 잘못된 선입견을 가지고 우리의 상고사를 해석하려 함으로써 역사의 진실을 제대로 인식할 수 없었을 뿐입니다.

『사기』, 『후한서』, 『삼국지』의 어느 부분에서도 삼한과 그 북쪽의 부여 나라들이 한반도나 만주에 있었다는 기록은 전연 찾아볼 수 없습니다. 이들 서토의 사서들이 기록한 지역에는 애당초 한반도나 만주 같은 것은 끼어들 틈조차 없었기 때문입니다.

서기 6세기까지는 왜도 대륙에 있었음을 이들 서토의 사서들은 한결같이 말해 주고 있습니다. 『후한서』와 『삼국지』에 진한과 변진이 왜와 접하고 있었다는 기록이 그 사실을 뒷받침해 주고 있습니다. 『후한서』와 『삼국지』의 기록 중에서 삼한이 대륙에 있었음을 입증하는 특이한 기사가 하나 있습니다. 마한에서 면綿을 재배했다는 기사가 그것입니다. 고대에 한반도에서 면을 재배했다는 기록은 어디서도 찾아볼 수 없기 때문입니다.

『송서』, 『남제서』에 나타난 고구려, 백제

이상이 대체로 『사기』, 『한서』, 『후한서』, 『삼국지』 등에 나타난 우리의 고대 국가들에 관한 기록입니다. 그다음 『송서』에는 어떤 기록이 나오는지 살펴보기로 하겠습니다.

『송서宋書』는 서기 420년에서 479년까지의 기록이 수록되어 있는데 고구려, 백제에 대한 기록이 나옵니다. 『송서』에는 송나라에서 고구려의 장수홍제호태열제長壽弘濟好太烈帝를 송나라의 사지절使持節 산기상시散騎常侍, 독평영이주제군사督平營二州諸軍事 고구려왕高句麗王 낙랑공樂浪公으로 책봉했다는 기사가 나옵니다.

이때 고구려가 평영이주平營二州, 즉 지금의 섬서성 미현을 중심으로 하는 요동遼東 지역과 감숙성 청수현을 중심으로 하는 요서遼西 지역을 영토로 소유하고 있었음을 말해 주고 있습니다.

또 백제는 고구려와 함께 요동 동쪽에 있었는데 고구려는 요동을 공략하고 백제는 요서를 공략해서 귀속시켰다는 것이고, 백제가 다스리던 곳이 요서의 진평군晉平郡 진평현晉平縣이라는 내용이 적혀 있습니다. 진평군 진평현은 대륙의 감숙성 동부 즉 요서 지역이었습니다. 『송서』의 기록으로 고구려와 백제가 대륙에 있던 나라임을 확실히 알 수 있습니다.

『남제서南齊書』에는 고구려, 백제 그리고 가라加羅 관련 기사가 실려 있는데, 백제와 남제와의 관계를 정확히 전해 주고 있습니다. 남제는 서기 479년부터 502년까지 이어진 왕조인데 대륙의 사천성과 귀주성을 중심으로 활동했습니다. 이 나라는 그 당시 한족의 정통성을 계승한 유일한 왕조였습니다.

서기 265년부터 420년까지의 한족은 조위曹魏, 촉한蜀漢, 손오孫吳의 삼국 시대를 거쳐 대륙의 서북쪽 강역을 차지했던 북조北朝의 서진西晉(서기 265~316)과 대륙의 남서쪽을 차지했던 남조南朝의 동진東晉(서기 317~420)으로 이어지고, 북조는 서진의 멸망과 함께 한족 국가들은 몰락하고 선비鮮卑

와 몽고리蒙古里가 일어나 각축하다가 선비의 북위北魏로 통일되어 6세기 초까지 계속됩니다.

한편 남조는 동진이 멸망하고 서기 420년에 송宋, 479년에 남제南齊, 502년에 양梁으로, 그다음에는 진陳으로 서기 5세기 초까지 사천성을 중심으로 겨우 명맥을 이었던 것입니다. 따라서 이때의 고구려, 백제, 신라, 가락, 가야제국, 그리고 왜는 대륙의 북서부와 동부와 남부에서 강성해지면서 광활한 영토를 차지함으로써 사실상 대륙의 주인이었습니다. 특히 그중에서도 고구려의 영토 확장이 두드러진 때였습니다.

이 시기의 고구려의 영토는 서쪽으로는 감숙성, 섬서성을 중심으로 동쪽으로는 산서성과 하북성, 북쪽으로는 내몽골자치구, 동쪽으로는 길림성과 한반도, 남동쪽으로는 일본열도의 구주 지방, 남쪽으로는 하남성과 호북성, 호남성, 산동성의 백제의 영토, 안휘성과 강소성의 신라 영토와 강서성의 가야제국 영토, 그리고 광동성, 복건성, 대만, 오키나와의 임나제국의 영토도 통치했던 것입니다.

고구려는 이 시기에 부여조선 이래 최대의 영토를 장악했던 것으로 모든 역사 기록들은 전해 주고 있습니다. 이때의 고구려야말로 동아시아 대륙의 유일한 초강대국이었습니다. 한편 한족은 이 시기에 왕조의 명맥이 거의 끊어질 뻔했던 최악의 시기였습니다.

멋모르고 『삼국지』 탐독하는 한국 독자들

따라서 이 시기의 한족의 역사는 빈약할 수밖에 없었습니다. 한족들은 명대에 들어와서 이 사실을 감추고 마치 이때에도 대륙에서 한족들의 왕조가 왕성한 활동을 한 것처럼 위장하기 위해서 『삼국지』라는 소설을 국비를 들여 대대적으로 펴내게 됩니다.

조위, 촉한, 손오의 한족의 나라 3국이 활동하던 시기는 서기 220년부터

265년까지 불과 45년에 지나지 않습니다. 당시 대륙에는 고구려가 섬서성과 감숙성을 중심으로 감숙성의 조위曹魏와 접경하고 있었고, 백제는 산동성과 하남성 지역에, 그리고 신라는 안휘성과 강소성 지역을 차지하고 있었고, 가야제국이 강서성과 절강성, 왜가 호남성, 광동성, 복건성 지역을 차지하고 있었습니다.

당시의 조위는 감숙성, 사천성 북부, 섬서성 남서, 호북성 남서 지역에 있었고, 촉한은 사천성 서부 지역에 있었습니다. 그리고 손오는 사천성 남부와 귀주성 지역을 장악하고 있었을 뿐입니다.

그럼에도 불구하고 한족들이 쓴 소설『삼국지』에는 그 시대에 마치 한족 국가들이 대륙 전체를 무대로 활동했던 것처럼 뻔뻔스럽게 위장하고 있습니다. 더구나 이 소설은 대대적으로 해외 수출까지 하고 있습니다. 그 내용이야말로 휘치필법諱恥筆法의 극치라고 아니할 수 없습니다.

더욱 한심스러운 것은 일제의 반도식민사관으로 세뇌당한 우리나라 식자들은 멋도 모르고 소설『삼국지』를 열심히 탐독함으로써 지금도 모화사대사상에 자꾸만 심취해 들어가고 있다는 엄연한 현실입니다.

『남제서』에는 서기 479년부터 502년까지의 23년 동안의 기록이 전해지고 있습니다. 이 기록에 따르면 백제 24대 동성왕은 5명의 제후에게 작위 등급을 올려 주면서 남제의 황제인 무제에게 승인을 요청합니다.

이때에 광양태수廣陽太守, 조선태수朝鮮太守, 대방태수帶方太守, 광릉태수廣陵太守, 청하태수淸河太守라는 작위 명이 나오는데 이 작위 명에는 각 지역의 땅 이름이 들어 있습니다. 이 땅 이름으로 백제가 대륙을 차지하고 있었다는 것이 입증됩니다.

광양은 감숙성 천수시, 조선은 하남성 광산현, 광릉은 사천성 만현시, 대방은 호북성 죽산현, 청하는 감숙성 무산현입니다. 특히 광양은 백제가 차지하기 바로 전에는 고구려의 영토였던 곳이고, 백제가 요서 지역을 차지했을 때 요서 지역으로 통하는 요충지에 속합니다. 한반도에서는 아무리 찾아보아도 광양廣陽, 조선朝鮮, 대방帶方, 광릉廣陵, 청하淸河라는 땅 이름이 없습니다.

또 『남제서』에는 북위가 기병 수십만을 동원하여 백제로 쳐들어갔다는 기록이 있는데, 이 기록은 『삼국사기』의 기록과도 일치합니다. 『삼국사기』에는 24대 동성왕 10년 즉 서기 488년에 북위가 백제에 쳐들어왔으나 패퇴했다고 기록되어 있습니다.

지금까지 우리나라 식민 사학자들은 백제사를 다룰 때 이 기록을 무시하거나 아니면 대륙에 있던 북위가 서해를 건너 한반도 서남부에 있던 백제로 쳐들어왔다고 해석하고 있습니다. 우리 역사인 『삼국사기』만 정신 차리고 제대로 읽어 보았어도 누구나 백제가 한반도에 있었다는 것은 말이 되지 않는다는 것을 알아차렸을 것입니다.

북위가 백제에 쳐들어왔을 때 백제의 도읍지는 산동성 곡부시에 있던 웅진熊津이었습니다. 당시 북위는 청해성 낙도현에 있었습니다. 청해성에 있던 북위가 백제의 서쪽 강역인 감숙성 남동 지역으로 쳐들어갔던 것입니다.

대륙의 사천성에 영토를 가지고 있던 양梁의 역사를 기록한 『양서梁書』(서기 502~557년), 감숙성과 청해성을 근거지로 했던 후위後魏 또는 북위北魏라고도 일컫던 나라의 역사인 『위서魏書』(서기 386~581년), 북위를 이은 서위西魏와 북주北周의 역사를 다룬 『주서周書』(서기 505~581년), 송宋, 제齊, 양梁, 진陳의 역사를 다룬 『남사南史』(서기 420~589년), 후위後魏에서 수隨까지의 역사를 수록한 『북사北史』(서기 386~618년)에는 고구려, 백제, 신라의 기사가 실려 있습니다.

『양서』에는 백제가 왜倭에 가깝고 문신을 한 사람이 상당수 있다고 했습니다. 사용하는 말에는 한족의 말도 섞여 있고 진과 한의 유풍도 남아 있다고 하여 백제가 틀림없이 대륙에 있었음을 입증하고 있습니다. 『양서』에는 신라의 언어가 한족의 언어와 흡사하다고 기록되어 있습니다.

한반도에서 사라진 백제의 성씨들

『북사』에는 백제의 성씨 중에서 8개 성씨가 대성大姓이라고 기록되어 있습니다. 사씨沙氏, 연씨燕氏, 려씨荔氏, 해씨解氏, 진씨眞氏, 국씨國氏, 목씨木氏, 묘씨苗氏인데 현재 남한에는 연씨燕氏, 진씨眞氏, 국씨國氏가 있기는 한데 지극히 희귀한 성씨에 속합니다. 백제가 한반도에 있던 나라라면 그 나머지 다섯 성은 도대체 어디로 증발했다는 말입니까?

아무리 생각해 보아도 백제는 대륙에서 『삼국사기』의 기록대로 서기전 18년에 건국하여 국가를 영위하다가 대륙에서 660년에 망했고, 통일신라와 고려로 이어져 내려오다가 이씨조선 말기에 한반도로 이동해 왔기 때문에 현재 남한에는 대륙에서 흔하던 백제의 성씨가 극히 드물 수밖에 없게 된 것입니다.

『북사』에는 또 '백제의 남쪽에서 바다로 석 달 동안 가면 탐모라국이 있다'는 기록이 있습니다. 석 달을 항해해야 닿을 수 있다는 기록은 과장된 것으로밖에 볼 수 없지만 탐모라국은 지금의 호남성 남부 지역을 말합니다.

『수서隨書』(서기 581~618년)에 백제에는 신라, 고구려, 왜인들이 섞여 살고 있는데 한족들도 더불어 살고 있다고 기록되어 있습니다. 남쪽의 진陳을 평정하고 돌아오던 수나라 군함이 표류하다가 동쪽의 탐모라국에 닿았는데 이곳이 바로 백제의 영토였다고 합니다. 탐모라 즉 탐라耽羅는 한국의 식민 사학자들의 주장대로 우리나라 제주도가 아니라 대륙의 호남성 남부 지역을 말합니다. 수나라 군함이 자기 나라로 돌아갈 때 백제의 영토를 지나가게 되어 백제에서는 필요한 물자를 후하게 공급해 주었다는 기록도 보입니다.

수나라 양제煬帝 때 일입니다. 한국의 식민 사학자들이 주장하는 대로 수나라가 서해를 건너 한반도 평안도에 있는 고구려를 침공한 것이 아니고, 지금의 섬서성 농현, 천양현, 보계현으로 이어지는 천하千河인 요수遼水를 건너 같은 섬서성에 있는 고구려를 침공한 것입니다.

이때 겉으로는 수나라를 지원하겠다던 백제의 무왕武王은 국경에 군사를 배치하고 삼엄한 경계를 펼치면서도 수나라 군사를 돕지 않았다고 『수서』에는 기록되어 있습니다. 이때 백제와 고구려는 한국의 식민 사학자들이 주장하는 대로 고구려와 백제가 한반도에 남북에 위치하고 있었다면 고구려를 침공하던 수의 군대가 백제의 군사 활동 상황을 정확하게 파악하기 어려웠을 것입니다. 그러나 실상은 백제가 섬서성의 남동부에 군대를 배치하고 두 나라의 정세를 관망하고 있었던 것입니다.

『수서』의 신라에 관한 기록에도 주목할 만한 내용이 보입니다. 신라의 오곡과 과일, 새와 짐승 그리고 산들이 대륙의 한족 나라들의 환경과 같다는 것입니다. 신라가 한반도에 있었다면 대륙의 자연 및 생활환경이 절대로 같을 수가 없습니다.

『구당서舊唐書』(서기 613~907년) 백제 관련 기사에는 백제가 대륙에 있었다는 뚜렷한 근거를 남겨 놓고 있습니다. 즉 백제의 영토는 백제가 멸망한 후 신라와 발해말갈이 나누어 차지하게 되었다는 내용입니다.

우리나라 식민 사학자들은 지금까지 신라가 한반도에서 삼국을 통일했다는 말도 안 되는 억지를 부려 왔고, 국민들은 또 그런 줄 알고 받아들일 수밖에 없었습니다. 백제가 한반도에 있었다는 터무니없는 주장도 보통 국민들은 그대로 수용해야만 했습니다.

그런데 『구당서』에 나타난 기사들을 읽어 보면 한국 식민 사학자들의 주장이 말짱 다 거짓말이라는 것을 인정하지 않을 수 없게 될 것입니다. 당이 말하는 발해말갈渤海靺鞨은 대진大振 즉 발해渤海(서기 698~926)를 말합니다. 『구당서』의 기사를 반도사관으로 해석하면 발해말갈이 한반도의 충청, 전라 지역을 그 영토로 편입시켰다는 말이 됩니다.

『구당서』의 기록은 틀린 것이 아닙니다. 왜냐하면 대진大振 즉 발해말갈은 감숙성, 섬서성, 산서성, 하북성을 중심으로 국가를 운영했기 때문이며, 이

기사는 백제가 차지하고 있던 사천성 북동부를 발해가 차지했다는 것을 설명한 대목입니다. 또한 변한 지역 즉 사천성을 차지했던 제齊의 황제 이정기李正己가 발해인이었음을 입증하고 있습니다.

『구당서』의 신라에 관한 기사에는 서기 660년에 당 고종이 백제를 공격할 때 소정방蘇定方을 웅진도대총관熊津道大總管에 임명하고 수군과 육군 10만을 거느리게 했으며, 신라의 태종무열왕을 우이도행군총관嵎夷道行軍總管으로 임명했다고 했습니다.

신라와 백제가 한반도에 있었다면 7세기의 한반도의 인구 상황을 추정해 볼 때 전라도와 충청도 인구는 10만이 채 되지 않는 것으로 보아야 합니다. 왜냐하면 14세기 이조 건국 시 이 지역의 인구가 10만이 채 되지 않았기 때문입니다. 인구가 10만도 채 안 되는 지역에 10만의 군대로 쳐들어간다는 것은 상식적으로도 말이 안 되는 얘기입니다.

여기서 말하는 웅진도대총관이란 당시 대륙의 산동성 곡부 지역에 있던 백제의 도읍지 웅진 지역을 관할하는 군사령관을 말하는 것이고, 우이도행군총관이란 사천성 무현과 사천성 옛 라국羅國 지역의 군사령관을 지칭하는 것입니다. 이것을 한국의 식민 사학자들이 한반도 지역이라고 주장하는 것은 상식에 어긋나는 터무니없는 억지일 수밖에 없습니다.

『고구려, 백제, 신라는 한반도에 없었다』는 저서를 낸 재야 사학자 정용석 씨는 그 사실을 기상학자의 입장에서 과학적으로 입증하고 있습니다. 과학을 존중한다는 한국의 식민 사학자들은 당연히 귀를 기울여야 할 일입니다. 그런데도 통 귀를 기울이려 하지 않으니 괴변이 아닐 수 없습니다.

『신당서新唐書』의 내용은 『구당서舊唐書』와 대동소이합니다. 『신당서』는 고구려 침공과 발해에 대하여 『구당서』보다 상세히 기록하고 있습니다. 그 골자는 서기 666년 당 고종이 고구려를 침공하면서 독고경운을 압록도행군총관鴨綠道行軍總管으로, 곽대봉은 적리도행군총관積利道行軍總管으로, 유인원을 필열도행군총관軍列道行軍總管으로, 신라의 문무왕을 해곡도행군총관海谷道行軍總管으로 임명하고 조趙와 연燕에 있던 군량을 요동으로 운반하도록 했다는 내용입니다.

여기에 나타나는 압록도, 적리도, 필열도, 해곡도, 조, 연 등의 땅 이름은 한반도에는 없는 대륙에만 있는 것입니다. 모두가 감숙성과 섬서성 지역인데 압록도는 섬서성 빈현에서 영수현으로 가는 길이고, 적리도는 섬서성 인유현에서 섬서성 함양시로 통하는 길이며, 필열도는 섬서성 봉상현에서 섬서성 무공현으로 연결되는 길이며, 해곡도는 섬서성 보계시에서 섬서성 주지현으로 이어진 길을 말합니다.

모두가 감숙성에서 고구려의 핵심 지역인 평양성이 있던 섬서성 서안시 지역으로 향하는 길을 나타낸 것을 알 수 있습니다. 조趙는 감숙성 민현, 연燕은 감숙성 천수시를 중심으로 하는 지역을 말합니다. 결국은 섬서성의 고구려를 공격하기 위해서 가장 가까운 곳에 인접한 당의 감숙성의 식량을 섬서성 서부 즉 평양(섬서성 서안시) 입구로 옮겨간다는 내용입니다.

『신당서』에는 발해에 관한 기사도 나오는데, 발해에 대해서는 이미 상세히 언급했으므로 여기서는 결론만 말하겠습니다. 발해는 바로 고구려의 연장이며 따라서 섬서성이 그 중심 강역입니다.

한반도 북부와 만주 지역이 발해의 영토라고 한국의 식민 사학자들은 주장하고 있고 교과서에도 그렇게 쓰고 있는데, 이것은 큰 착각이요 잘못일 뿐만 아니라 민족에게 크나큰 죄를 짓는 역사 날조 행위라는 것을 꼭 알아야 할 것입니다.

당이 멸망한 후 대륙의 한족들은 또 한 번의 위기를 맞게 됩니다. 북쪽에는 오대五代가 남쪽에는 십국十國이 난립하게 되어, 북쪽에서는 발해를 멸망시킨 거란이 강자로 떠올라 북쪽의 한족 국가들을 위협하게 됩니다. 그리고 남쪽에서는 조선족의 후예들이 여기저기서 일어나 서로 싸우게 됩니다.

따라서 이 시기의 한족의 역사는 지극히 빈약할 수밖에 없었고, 그들이 기록한 조선족에 대한 역사도 부족할 수밖에 없게 됩니다. 이 시기로부터 명明이 건국할 때까지 대륙의 역사에서 한족의 비중은 엄청나게 약화되어 마치 바람 앞에 등불의 처지가 됩니다.

남쪽의 십국의 역사에서는 조선족 국가에 대한 기록이 없지만, 북쪽의 5개 왕조에서는 그 기록이 보입니다. 『구오대사舊五代史』에서 고구려에 대한 기사가 보이는데 무엇 때문에 고구려 기사가 이때 등장하는지 이해하기 어렵습니다. 발해말갈과 흑수말갈 그리고 신라가 등장하는데 아주 간략합니다.

『신오대사新五代史』에는 발해와 신라의 기록이 보입니다. 우리가 우리 역사를 제대로 파악하기 위해서는 대륙의 역사를 제대로 공부해야 합니다. 왜냐하면 20세기 초까지 우리나라의 영토의 대부분이 대륙에 있었기 때문입니다. 우리 역사 연구의 어려움이 바로 여기에 있습니다.

우리 상고사에 한족의 상고사가 부분적으로 중첩되어 있어서 고대사는 그야말로 한족과 조선족의 씨름판으로 점철되었고, 중세까지도 우리 역사는 대륙에서 북서와 남서의 여러 민족들과의 치열한 전쟁으로 이어졌기 때문입니다.

대륙에 있던 우리 민족은 그 지배층의 일부만 한반도로 옮겨오면서 역사의 맥을 끊어 놓고 말았습니다. 결국은 그 당시 대부분의 우리나라 백성들은 그대로 대륙에 남겨둔 채 지배층만 한반도로 이주했기 때문에 지금 대륙의 인구 중 상당수가 배달민족입니다.

그 증거로 지금 대륙 주민들 중에서 몽골 반점이 없는 영아의 비율은 겨우 40프로밖에는 안 된다고 합니다. 그렇다면 그 나머지 몽골 반점이 있는 60프로의 영아들은 전부 다 대륙에 있던 우리나라 백성들의 후예인 조선족임에 틀림없습니다. 핏줄로 따지면 한족보다는 배달족이 20프로나 더 많은 것이 현실입니다.

『송사』, 『요사』, 『금사』, 『원사』, 『명사』에 등장하는 고려와 이조

송宋(북송이라고도 함. 서기 978~1127)과 남송南宋(서기 1127~1279) 시대의 『송사宋史』에는 고려에 관한 기록이 보입니다. 송은 고려에 사신을 보내면서 외교 관계를 유지했습니다.

『송사』에는 고려가 대륙에 있었다는 사실을 알 수 있는 기록이 여기저기 눈에 띕니다. 우선 서기 962년경에 고려 태조가 송에서 고려에 사신을 보낸 사실을 기록하면서, 송의 태조가 고려 태조를 현도주도독玄菟州都督 고려국왕으로 책봉했다는 것입니다.

우리나라 식민사학자들은 고려가 한반도에서 건국했기 때문에 옛 고구려의 영토를 차지하지 못했다고 합니다. 그렇다면 무엇 때문에 송은 고려가 고구려의 영토인 현도玄菟를 차지한 것으로 알고 있었던 것일까요?

현도주玄菟州는 요동遼東과 요서遼西 두 곳에 있었는데 송나라가 말하는 현도는 요동에 있던 현도, 즉 감숙성 인유현을 중심으로 하는 요동 지역을 뜻합니다. 이것은 고려가 대륙의 고구려 영토를 그대로 승계한 국가였음을 나타내는 것입니다.

왜냐하면 한반도의 평양, 철원, 개성은 현도군과는 너무나도 먼 지역이기 때문입니다. 또 고려는 사부四府 팔목八牧으로 이루어졌다고 하면서 인구가 210만 명이라고 했습니다. 그때가 서기 1175년경입니다. 15세기 초 한반도 즉 조선의 인구가 80만 정도인 것을 감안한다면 고려가 한반도에 있지 않았음을 확실히 알 수 있습니다.

『송사』는 고려가 한반도에 있지 않았음을 알리는 이보다 더 정확한 사실을 알려 주고 있습니다. 즉 송에서 고려로 사신을 파견할 때 고려의 도읍지 개경으로 가는 수상로水上路를 표시한 것이 바로 그것입니다.

감숙성 영흥현에 도읍하고 있던 송에서 고려에 사신을 보낼 때 가릉강嘉陵江을 통해서 양자강으로 들어가 호북성의 동정호 지역으로 가는데, 가릉강에

서 동정호 지역까지는 3일이 걸립니다. 계속해서 양자강을 따라 번양호를 지나고 양자강 하구를 거쳐 가는데 동정호에서 양자강 하구까지는 5일이 소요됩니다.

양자강 하구에서 배를 타고 흑산도黑山島를 지나 예성강에 닿게 됩니다. 양자강 하구에서 흑산도를 거쳐 예성강까지는 이틀이 걸립니다. 예성강에서 벽란정에 상륙하여 40리 거리의 개경까지 간다고 했습니다.

물론 여기에 나오는 흑산도黑山島는 한반도 서해에 있는 섬이 아니고 산동 반도 봉래시 북쪽에 있는 섬을 말하는 것이고, 예성강 역시 한반도 황해도에서 발원하여 서해로 흘러드는 강이 아니라 산동성에서 해안으로 동류하는 지금의 소청하小淸河를 말합니다. 개경은 산동성 임치구에 있는 황성皇城입니다.

우리는 지금까지 이러한 내력도 모르고 대륙에서 반도로 이동시킨 땅 이름만을 토대로 역사를 공부하다 보니 감쪽같이 속을 수밖에 없었습니다. 이씨조선을 세운 정치꾼들이 자기네 잘못을 얼버무리기 위해서 날조해 낸 반도사관에 국민들은 감쪽같이 속아올 수밖에 없었던 사연입니다.

『요사遼史』를 읽어 보면 요는 서기 993년 여진의 땅인 압록강 동쪽 수백 리 강역을 고려에 할량했다고 기록되어 있습니다. 이때의 압록강은 이 강에서 동쪽 서쪽으로 가르지 않고 남과 북으로 가른 것으로 보아 한반도 북부의 압록강은 분명 아닙니다.

『고려사』에는 강동 6주가 나타납니다. 이때의 강동 6주는 한반도 서북부를 말하는 것이 아니고 지금의 대륙의 섬서성 위하淸河인 대동강大同江 북쪽 땅을 말합니다. 따라서 강동 6주는 지금 섬서성에서 흐르는 천하天河에서 동쪽의 압록수 즉 지금의 섬서성의 경하涇河 사이의 지역입니다.

『요사』에는 서기 1058년 고려 국왕을 삼한국공三韓國公으로 책봉했다고 했는데, 이때의 삼한이란 섬서성, 산서성, 하북성, 산동성, 하남성, 안휘성, 강소성, 호북성, 호남성, 강서성, 절강성 지역을 말합니다. 이것으로 보아 고려가 대륙에서 삼한 다시 말해서 마한, 진한, 변한과 여기서 파생된 고구려, 백제, 신라의 옛 영토를 전부 다 승계하고 있었음을 확인할 수 있습니다.

『금사金史』를 읽어 보면 고려의 영토는 압록강 이동의 갈뢰로曷瀨路 이남인데 동쪽과 남쪽이 바다에 면해 있다고 했습니다. 고려가 한반도에 있었다면 분명히 서쪽이 바다에 면해 있다고 해야 되는데 그와는 정반대입니다. 따라서 『금사』역시 고려가 대륙에 있었음을 명확하게 입증해 주고 있습니다.

금의 수도가 바로 감숙성 회령현입니다. 이곳은 원래 발해와 고구려에 속해 있었습니다. 나당 연합군이 고구려를 멸망시키자 동모산에 근거를 둔 속말말갈이 강대해져서 대씨大氏 성의 발해가 등장했습니다.

서기 926년 요遼가 발해를 멸망시켰고, 흑수말갈인 금이 요를 정복하여 그 후예들이 모두 금에 귀속되었습니다. 이때의 속말말갈粟末靺鞨은 감숙성 장랑현에 근거를 둔 말갈을 말하고, 흑수말갈黑水靺鞨은 금의 도읍지인 감숙성 회령현을 중심으로 하는 지역의 말갈족을 일컫습니다.

백두산, 우산국, 탐라국의 진상

금나라 도읍지 가까이에 백두산白頭山이 있는데 이 백두산이 우리 민족의 영산인 바로 그 백두산입니다. 다시 말해서, 우리 민족의 진정한 백두산은 대륙의 영하자치구에 있는 육반산六盤山 지대의 고미산高美山(2,942미터)을 말합니다.

그렇다면 한반도 함경북도와 만주에 걸쳐 있는 우리가 자주 찾아가는 백두산은 어떻게 된 것일까요? 그 백두산은 고려 때까지는 백두산이 아니고 이씨조선이 한반도로 이전한 때부터 이름만 옮겨다 붙인 것에 지나지 않습니다. 지금까지 애써 백두산 관광을 한 사람들에게는 좀 미안한 얘기지만 진실은 진실 그대로 알아야 할 것입니다. 사필귀정이니까요.

서기 1107년 고려 때 윤관 장군이 여진을 정벌하고 9성을 쌓았던 선춘령

先春嶺은 한국의 식민 사학자들이 주장하는 함경도나 만주 땅이 아니고 바로 섬서성 중부와 북부 지역입니다.

『원사』는 탐라耽羅에 대하여 자세히 기록해 놓았습니다. 물론 『원사』에도 고려가 한반도에 있었다는 기록은 찾아볼 수 없습니다. 그렇지만 『원사』에서 말하는 탐라는 한반도 남단에 있는 제주도濟州道가 아니라 대륙에 있는 제주濟州입니다.

탐라 즉 제주는 호남성 남부 지역을 말합니다. 원래 고려에 속해 있었는데 원이 1274년부터 1301년까지 직접 통치했습니다. 당시에는 탐라총관부耽羅總管府였습니다. 고려의 반란군 삼별초가 탐라로 갔다는 것은 지금의 한반도 제주도로 간 것이 아니고 대륙의 호남성 남부 지역인 탐라로 간 것을 말합니다.

여기서 우리가 꼭 짚고 넘어가야 할 것이 있습니다. 우리가 울릉도를 우산국于山國으로 알고 있고 제주도를 탐라국耽羅國으로 알고 있는데, 울릉도에 사람이 살게 된 것은 이씨조선 후기입니다. 사람이 살지 않았던 작은 섬을 우산국于山國이라는 이름을 가진 나라라고 한다면 이것이 과연 한국의 식민사학자들이 노상 입에 달고 사는 실증적인 과학이라고 할 수 있을까요?

우산국은 산동반도의 유산시를 중심으로 활동했던 작은 나라를 말하는 것입니다. 신라의 울진蔚津(지금의 강소성 희안시)에서 바닷길로 가면 닿는 곳입니다. 우산국은 서기 512년 신라 지증마립간智證麻立干 때 신라에 귀순했고, 탐라국은 서기 663년에 문무왕 때 신라에 항복합니다.

물론 우산국과 탐라국은 모두가 대륙에 있던 나라입니다. 탐라국은 신라에 복속되기 전에는 백제에 속해 있었습니다. 백제와 신라는 모두 대륙에 있었지 한반도에는 없었기 때문입니다.

『명사明史』는 기록이 비교적 정확합니다. 단지 부여조선에 대하여 진조선, 막조선, 번조선이 있었다는 것을 모르고 있고, 기자조선과 위만조선만을 기록하고 있습니다. 이것은 한족의 선대의 기록과 일치하는 것으로 그들의 전래의 기록에 충실했을 뿐입니다.

고려에 대해서는 정확하게 기록해 놓았습니다. 평양이 서경이었고 송악이 동경이었음을 사실대로 기록해 놓았습니다. 우리나라의 정사인 『고려사』에도 고려의 개경을 동경이라고 적지 못하고 한반도의 경주가 동쪽에 있으므로 고려의 동경이라고 기록해 놓은 것과 비교해 보면, 고려의 후손인 우리에게는 참으로 수치스럽기 짝이 없는 일이 아닐 수 없습니다.

고려의 송악 즉 개경은 동경입니다. 우리의 기록이 타민족의 기록에 의존해야 하는 현실이 개탄스러운 일입니다. 고려에는 서경은 평양(섬서성 서안시), 동경은 개경(산동성 임치구), 남경은 경주(안휘성 봉양현) 이렇게 삼경三京이 있었습니다. 그리고 개경 가까이에 새로운 도읍인 한양을 건설합니다.

동경인 개경은 산동성 임치구 즉 동경 118.5도, 북위 37도에 위치하고 있습니다. 한반도의 개성의 대륙의 지명은 송악군(동경 126.5도 북위 38도)인 점을 감안하면 대륙보다 위도상으로 1도 경도상으로 8도가 차이 나는 곳으로 대칭되게 땅 이름이 옮겨져 왔음을 알 수 있습니다.

다른 지명들도 이처럼 서쪽에서 동쪽으로 또 남북으로 대륙에 있던 지역의 위치를 중심으로 한반도에 적정하게 옮겨진 것으로 보면 쉽게 이해할 수 있을 것입니다. 섬서성의 땅 이름이 함경북도로, 섬서성과 하북성의 지명이 평안남북도로, 하남성의 지명이 황해도와 강원도로, 산동성의 지명이 경기도, 충청도 지역으로 옮겨졌고, 안휘성, 강서성, 강소성, 절강성의 지명이 경상북도와 경상남도로, 호북성과 호남성의 지명이 대부분 전라도로 정교한 검토를 거쳐 옮겨진 것입니다.

『명사』에는 명이 임진왜란과 정유재란 때 이조선을 돕기 위해 파병한 내용이 기록되어 있습니다. 여기에서 우리는 우리 역사의 숨겨진 부분을 확인할 수 있는 결정적 단서를 발견할 수 있습니다.

서기 1593년 임진왜란 때 명에서 파견된 송경략 장군이 살펴본 결과 당시 이조선에는 거의 대부분의 도시에 성곽이 축조되어 있지 않았다는 사실을 알아내고, 우리 정부에 주요 도시에 축성할 것을 건의한 사실이 『명사』에는 기록되어 있습니다.

　『삼국사기』에 보면 백제가 멸망할 때 200개 도성이 있었다고 하는데, 임진왜란 당시 한반도의 주요 도시에는 성곽이 없었다면 백제와 고구려가 한반도에 있지 않았다는 사실이 그대로 드러나는 것이 아닐 수 없습니다.

기득권 사수하려는 식민사학자들

사실 우리는 지난 1백여 년 동안 반도사관으로 반복적으로 철두철미하게 세뇌 교육을 받아 왔으므로 그것이 아무리 진실이 아니라고 해도 그것을 하루아침에 갑자기 뒤집기는 어려울 것입니다. 너무나도 황당무계하게 생각되어 반도사관을 버리고 대륙사관을 하루아침에 선뜻 받아들이기 어려울 것입니다."

"그럼 이조가 대륙에서 한반도 한양으로 천도하기 전에 한반도는 어떠한 상황이었습니까?"

"한반도는 일찍이 단군조선 때부터 대륙과 교류했는데 삼국 시대에는 탁라乇羅라는 제후국이 있었습니다. 탁라는 서기 5세기 이전에는 단군조선의 후국이었고 그 이후에는 고구려의 지배하에 있었으며, 6세기 중반부터 백제의 영향권이었는데 이 무렵 공주에 사마왕의 능이 조성된 것으로 보입니다.

무령(사마)왕은 살아 있을 때는 대륙 백제에서 왕위에 있었지만 왕을 그만둔 뒤에는 공주에 와서 살다가 사망한 것으로 보입니다. 탁라는 7세기 후반부터는 신라의 영향권으로 편입됩니다.

광개토경호태열제 훈적비에 따르면 한반도의 신라 땅에는 매금寐錦 신라가 있었고 절강성, 안휘성, 강소성에는 사로斯盧 신라가 있었습니다. 그러니까 매금 신라는 사로 신라의 제후국 또는 위급 시의 피난처나 분국分國에 지나지 않았던 것입니다.

신라는 고려에 항복하자 고려의 영역이 되었는데, 그때까지도 한반도는 탁라로 『삼국유사』 등의 기록에는 나와 있습니다. 그 후 탁라는 고려를 거쳐 이조가 한반도의 한양으로 천도할 때까지 내내 한갓 제후국에 지나지 않았던 것입니다.

그러나 이조가 한양으로 천도한 후부터 한반도에는 우리 민족의 주류 세력이 거주하기 시작한 것입니다. 마치 대륙에서 국민당의 장개석 군대가 공산당의 모택동 군대에게 쫓기어 대만으로 철수한 것과 비슷한 상황이었습니다.

바로 이 때문에 한반도 안에는 9100년 동안 대륙에서 번성했던 한국연방, 배달국, 청구국, 단군조선, 부여, 고구려, 발해, 백제, 신라, 가야, 고려의 수없이 많은 궁궐의 유적이나 성터 하나 제대로 남아 있는 것이 없습니다."

"대륙에서 그곳에 살던 배달인에 의해 기록된 『한단고기』, 『삼국사기』, 『삼국유사』, 『고려사』, 『세종실록지리지』와 중국의 이십오사, 『중국고금지명대사전』 등이 고구려, 발해, 백제, 신라, 고려가 대륙에 있었다는 엄연한 사실을 한결같이 입증하고 있는데도 한국의 식민사학자들은 여전히 우물 안 개구리가 되어 반도사관만 고집하는 이유가 도대체 무엇입니까?"

"식민사학자들의 역사 인식이 이 지경이 된 것은 여러 가지 요인들이 있습니다. 이조 5백 년 동안 모화사대사상에 찌들어 버린 유생들의 반도사관과 일제가 만들어 놓은 식민사관을 그대로 계승한 제도권 사학자들이, 이들에 부합하지 않는 사료, 문헌, 자료들은 무조건 배척만 해 온 잘못된 관행과 행태가 첫 번째 원인입니다.

이들은 아무리 신빙성 있는 자료나 문헌을 제시해도 그 사실 여부를 진지하게 밝혀내려는 연구와 노력은 추호도 해 보려 하지 않고, 오직 이들 자료들의 지엽적인 흠집만을 눈에 쌍심지를 켜고 찾아내어 핵심적인 중요 사항까지도 무조건 부정하는 데만 혈안이 되어 있습니다.

이러한 태도로만 일관한다면 중국의 이십오사도 『일본서기日本書紀』도 『고사기史記』도 모조리 다 부정해 버려야 할 것입니다. 그러나 그들은 중국과 일본의 역사 자료는 사실로 인정하면서도 자기 민족의 역사는 반도사관에 맞지 않는 한 모조리 다 위서라는 낙인을 찍어 부정해 버리는 폭거를 뻔뻔스럽게도 아무렇지도 않게 지금 이 시간에도 자행하고 있습니다.

더구나 한심한 것은 중국의 이십오사는 존중하면서도 자신들의 반도사관에 맞지 않는 부분은 서슴지 않고 부정해 버리는 괴상야릇한 반국가적, 매국노적 행패까지도 아무렇지도 않게 자행하고 있다는 것입니다.

제도권 사학자들의 이러한 이치와 도리와 경우에 맞지 않는 만행이 이 땅에서 뿌리째 뽑혀지지 않는 한 한민족이 진정한 자국의 역사를 회복한다는 것은, 해가 서쪽에서 뜰 수 없는 것처럼 불가능한 일이 될 것입니다."

"그들이 그렇게 결사적으로 반도사관만을 옹호하는 이유는 무엇일까요?"

"역사적 진실을 밝히는 것이 사학자의 본분이건만, 그보다는 반도사관을 고수함으로써 그들의 기득권을 사수해내는 것이 그들의 사욕을 채우는 데는 한층 더 유리하기 때문입니다. 이러한 식민사학자들의 논리에, 진실을 밝히는 것을 생명으로 삼아야 할 유능한 소설가까지도 가담한다는 것은 실로 한심하고도 개탄스럽기 짝이 없는 일이라고 아니할 수 없습니다."

"그럼 그 기득권 사수라는 것이 도대체 무엇입니까?"

"반도사관이 부정되고 대륙사관이 공식화될 경우 제도권 사학자들이 지금까지 쌓아올린 학문적 성과들이 모조리 다 휴지 조각이 되어 버릴 것이고, 까딱하면 교수 자리도 내놓아야 하고 그들의 저서에서 꼬박꼬박 들어오는 인세까지도 끊어지게 될 것입니다. 이것을 사전에 결사적으로 막아내자는 것입니다."

"아니, 그렇다면 한국의 식민 사학자들은 자기 개인의 이익을 위해 민족사의 진실을 언제까지나 암흑 속에 내팽개쳐 두자는 얘기인가요?"

"그렇다고밖에는 달리 할 말이 없습니다."

돌파구는 무엇일까?

"무슨 돌파구가 없을까요?"

"누구도 희생당하지 않는 가장 원만한 해결 방법은 식민사학자들이 자기네 잘못을 스스로 깨닫고 진실을 받아들임으로써 개과천선하는 겁니다. 사필귀정이니까요. 그러나 그들에게서 그것을 바라는 것은 까마귀보고 백로가 되라는 것과 같이 어려운 주문이 될 것입니다.

왜냐하면 그들은 가령 동료 학자가 '단군'이라는 말만 입에 담아도 진저리를 치고 왕따를 시키는 데 혈안이 되어 있기 때문입니다. 그들은 우리가 일제치하에서 해방된 지도 어언 65년이라는 세월이 흘렀건만 아직도 과거사 문제에 관한 한 일본 제국주의자들에게 충성을 다하는 데만 혈안이 되어 있기 때문입니다.

그들의 학문적 두뇌 속에서는 시간의 흐름이 정지되어 있다고밖에는 말할 수 없습니다. 지금까지의 행태로 보아 그들에게서 변화를 바라는 것은 다듬잇돌을 등에 지고 물속에 뛰어든 사람을 보고 물위로 떠오르라는 주문을 하는 것만큼이나 어리석은 짓이 될 것입니다. 더구나 지금도 일본 극우단체들에서 한국 내 일부 사람들에게 재정적인 지원이 이루어지고 있다는 정보가 그전부터 나돌고 있습니다."

"그렇다면 그들이 개과천선하기를 바랄 수는 없겠군요. 그럼 차선책은 무엇입니까?"

"남들보다 먼저 이 사실을 깨달은 사람들부터 이것을 세상에 널리 알려 대륙에서의 우리 역사 찾기에 유리한 여론이 형성되도록 노력해야 할 것입니다."

"국사 찾기 국민연대 같은 압력 단체라도 만들어 활동하는 것이 어떨까요?"

"그것도 한 방법이 될 수 있을 것입니다. 그러나 진정으로 나라의 장래를 걱정하는 재벌 그룹 회장들이나 거부들의 기부금을 받아들여 재야 사학자들로 하여금 한국사 회복을 위하여 더욱더 연구 저술 활동을 활발하게 할 수 있도록 뒷받침해 주어야 할 것입니다. 그와 동시에 이를 국민들 속에 널리 홍보하는 데 진력할 수 있게 해야 할 것입니다.

그렇게 하는 것이 결국은 국가 경쟁력을 향상시키는 길이 될 뿐 아니라 바로 기업인들의 이익과도 합치될 것이기 때문입니다. 왜냐하면 우리 역사의 진상이 밝혀짐으로써 우리 국민들은 그동안 억압되고 잠재되어 있던 엄청난 에너지를 화산처럼 폭발시킬 수 있을 것이기 때문입니다. 이것은 바로 국가 경쟁력으로 승화될 것입니다.

시간이 흘러 국민의 여론이 국사 찾기 쪽으로 기울어져, 역사 찾기에 관심이 있는 대통령이나 문광부 장관이 생겨나면 그들의 주도하에 반도사관 대신에 대륙사관이 각급 학교 교과서에 실리고 역사학계에서 식민 사학자들이 차근차근 정리되는 작업이 전개되어야 할 것입니다.

이렇게 하는 것이야말로 중국의 동북공정을 이길 수 있는 가장 탄탄한 대비책이 될 것이고, 우리나라가 경쟁력 있는 강대국으로 부상할 수 있는 정신 자원을 확보하는 가장 확실한 기틀이 될 수 있을 것입니다."

"마지막으로 하나만 더 질문하겠습니다. 우리나라에서는 지금도 『삼국지』, 『수호지』, 『열국지』 같은 중국의 대하소설들이 큰 인기를 끌고 있는데, 이들 소설들에서는 고구려, 발해, 백제, 신라가 대륙에 존재했던 사실이 전연 없었던 것처럼 완전히 무시하고 있습니다. 그 이유가 어디에 있습니까?"

"그것이 그들의 국익에 보탬이 된다고 생각하기 때문입니다, 이러한 생각이 동북공정으로 현실화된 것입니다. 동북공정은 현대에만 있었던 것이 아니고 사마천이 『사기』를 쓴 한나라 때에도 있었습니다. 『사기』에는 치우천황이 황제헌원에게 붙잡혀 죽었다고 거짓말을 한 것 외에도, 다음과 같은 글이 나옵니다.

'무을武乙(은나라 27대 임금)은 황음무도한 짓을 좋아해 천신天神을 모독하고 농락하는 것을 즐기며 무도한 짓을 서슴지 않았다. 그러나 어느 날 황하와 위수로 사냥을 나갔다가 벼락에 맞아 죽었다.'

그러나 이것은 기록이 전하는 사실을 사마천이 교묘하게 왜곡 날조한 것에 지나지 않습니다. 실상은 단군조선 군대에 의해 무을왕이 죽임을 당했기 때문입니다. 그리고 무을왕이 농락했다는 천신은 바로 조선의 단군천제를 에둘러 말한 것입니다.

당시 은나라는 단군조선의 제후국으로서 꼬박꼬박 공물을 바치고 있었던 사실이 『한단고기』에는 기록되어 있습니다. 한나라판 '동북공정'의 한 실례입니다. 사마천은 휘치필법에 따라 중국을 한없이 높이고 이웃나라를 턱없이 내리깎는 후안무치한 짓을 저질렀던 것입니다. 사마천식 동북공정이라고 말할 수 있는 행태입니다.

중화주의자들은 우리나라 고대의 정식 국호인 배달국, 청구국, 단군조선 등의 국호를 기록에 올린 일이 거의 없고 그 대신 구이九夷, 동이東夷, 숙신肅慎, 만이蠻夷, 산융山戎, 융적戎狄, 동호東胡로 기록했고, 한웅천황이나 단군천제는 상제上帝, 천신天神 등으로 애매모호하게 표현했습니다.

자기네 것은 과장하거나 찬양하고 이웃나라의 것은 왜곡, 축소하기로 한 휘치필법 때문이었습니다. 이런 식의 역사 왜곡은 당나라 때도 있었습니다.

그 한 실례로 당은 고구려에게 여러 번 패전한 원한을 역사를 날조하는 것으로 갚았습니다. 그 때문에 그들의 기록에 고구려高句麗를 하구려下句麗라고 표기하는 치졸한 짓을 서슴지 않았습니다.

명나라 때는 이 작업이 한층 더 세련되어 『삼국지』, 『수호지』, 『열국지』 같은 대하소설을 대량으로 유통시키는 데 심혈을 기울임으로써 일정 부분 성공을 거두었다고 할 수 있습니다. 반도사관과 식민사관에 세뇌당한 한국 독자들을 대량으로 매료시킬 수 있었기 때문입니다.

지금 중국에서 진행되고 있는 '동북공정'은 이처럼 오랜 역사를 가진 휘치 필법을 현대화한 것에 지나지 않습니다. 그러나 우리가 대륙에서의 우리 역사를 되찾는 그날, 명나라판 동북공정의 성과인 이들 대하소설들도 한국 독자들로부터 외면당하는 날이 반드시 찾아오고야 말 것입니다."

"어떻게 그런 날이 오리라고 장담할 수 있을까요?"

"파사현정破邪顯正, 사필귀정事必歸正이라는 우주의 이치는 아무도 거부할 수 없기 때문입니다. 이를 입증이라도 하듯 미국의 16대 대통령 아브라함 링컨 (1809~1865)은 다음과 같은 명언을 남겼습니다.

'모든 사람을 잠깐 속이거나 소수의 사람을 영원히 속일 수는 있다. 그러나 모든 사람을 영원히 속일 수는 없다.'

우리는 반드시 우리의 대륙에서의 역사를 되찾음으로써 사필귀정의 우주의 이치를 입증해 보일 사명을 타고 이 땅에 태어났다는 것을 깨달아야 할 것입니다."

지금 중국에서 진행되고 있는 '동북공정'은 이처럼 오랜 역사를 가진 역사 왜곡 날조 작업이 국가적인 지원을 받아 몇 단계 더 발전시켜서 지명을 이리저리 옮겨서 헷갈리게 하고, 각종 기록들과 유물 유적을 조작, 위조, 날조하기 위해 세련된 첨단 기술까지 동원하는 새로운 국면에 접어들었다는 것을 깨달아야 할 것입니다.

　이러한 우리 역사 위조 또는 말살 작업은 주로 중국이나 일본과 같은 외국에서만 벌어지는 것이 아니고 우리나라 안에서도 식민 사학자들에 의해 지금도 끊임없이 자행되고 있습니다. 왜냐하면 그들은 반도사관에 입각하여 각급 학교 역사 교과서들을 계속 집필하고 있기 때문입니다. 이러한 교과서에 의해 학교 교육을 받은 우리나라 지식인 또는 명사들은 대체로 다음과 같은 역사관을 갖게 됩니다.

　'한국인은 강하다. 외세에 눌리면서도 조그마한 땅덩어리에서 나름대로 정체성을 이어 갔고, 화려한 문화의 토대를 쌓았다.' (백선엽 저 〈내가 겪은 6·25와 대한민국〉 중앙일보 연재 중)

　'무엇보다도 우리 민족이 이 좁은 한반도에 찾아와 둥지를 틀고, 오천 년 역사를 이어 가고 있다는 것이 놀랍다. 그것은 기록된 기간이고, 유물이나 유적으로 보아 수만 년도 넘게 살았을지도 모른다. 그 오랜 동안에 일시적으로 다른 민족의 지배를 받은 적은 있으나, 대체적으로 독립하여 살았다. 한때는 만주 땅까지 우리 영토인 적도 있고, 대체적으로 바이칼 호수 근처까지 진출한 적도 있지만, 한민족의 대부분은 한반도에 정착하여 독립을 유지했으니, 대단한 일이라 아니할 수 없다.' (성낙수 〈우리 민족은 위대하다〉 한글새소식 454호)

　과연 우리는 조그마한 땅덩어리나 좁은 한반도에서만 둥지를 틀고 살아 왔을까요? 결코 그렇지 않다는 것이 우리 역사의 진실입니다. 『한단고기』는 금년인 서기 2010년 현재 9208년의 역사를 말합니다. 그 9208년 역사 중에서 우리가 이 '조그마한 땅덩어리'에서만 살아온 지는 서기 2010년 현재, 겨우 120년밖에는 되지 않습니다.

그럼 그 이전에는 어디서 우리 조상들은 나라를 영위하여 왔을까요? 각종 기록에 따르면 바로 이 동아시아 대륙에서 진시황이 진秦나라를 세우고 건원칭제建元稱帝 할 때까지 우리나라는 7천 년 이상 일방적으로 중원을 지배하여 왔고, 그 후 한족 국가들은 대륙의 서남부를 그리고 배달족 국가들은 대륙 동북과 동남부의 두터운 띠를 형성한 지역을 다스려 왔습니다.

언제까지 그랬는가 하면 이씨조선 말까지였습니다. 그 이전, 통일신라와 고려 때까지만 해도 대륙에서 적어도 한반도의 5내지 6배나 되는 영토를 지배하여 왔습니다. 이것은 결코 '조그마한 땅덩어리'가 아닙니다.

그것을 무엇으로 증명하느냐고 누가 묻는다면 우리의 정사인 『한단고기』, 『삼국사기』, 『삼국유사』, 『고려사』, 『세종실록지리지』와 함께 중국의 정사인 이십오사가 그 사실을 아주 상세하게 구체적으로 입증해 주고 있다고 대답해야 합니다. 그게 틀림없는 사실이니까요. 제아무리 휘치필법에 능한 한족 학자들도 자기네 정사인 이십오사를 부인할 수는 없을 것이니까요.

우리 한국인이 그 사실을 부정한다면 그것은 하늘이 차려 준 밥상을 물리침으로써 천벌을 자초하는 것이 될 것입니다. 그러나 이것을 순순히 받아들인다면 우리는 동아시아에서의 그 옛날의 배달국이나 단군조선이나 고구려 같은 초강대국의 영광을 되찾아 홍익인간弘益人間할 수 있는 기틀을 다시 한번 확실하게 거머쥐게 될 것입니다.

마치 짐승의 왕인 사자의 새끼가 애비 어미를 잃고 미아가 되어 양떼 속에 들어가 한 마리의 보잘것없는 양처럼 온순하게만 살아온 것과 흡사합니다. 그러다가 양을 잡아먹으려고 숨어들어 온 늑대에게 발견되어 그의 꼬드김으로 야성을 되찾아 다시금 백수의 왕으로 돌아가듯, 우리는 조상들의 웅혼하고 찬란한 역사를 되찾음으로써 우리 자신들의 정체성을 되찾아야 합니다.

그리하여 우리는 결코 외세에 짓눌리면서 조그마한 땅덩어리에서 겨우 정체성을 유지하여 끈질기게 살아온 약소민족이 아니라, 동아시아 대륙을 7천 년 이상 일방적으로 지배하여 온 강대한 민족임을 새롭게 깨달아야 합니다. 바로 이 깨달음이 그대로 폭발적인 에너지가 되어 우리는 동아시아의 새로운 강자로 부상하여 홍익인간弘益人間하고 재세이화在世理化하는 계기로 삼을 수 있을 것입니다.

한단 시대의 우리 조상들처럼, 사욕에 사로잡히어 속물화되고 저질화된 이 세상 사람들에게 진리를 깨우쳐 주어 새로운 인간으로 개조하는 것을 국가 이상으로 삼는 초강대국을 세우자는 것입니다. 이것이야말로 중국의 비루하고 간교한 동북공정을 극복하여 새로운 활로를 찾을 수 있는 가장 확실한 길이 될 것입니다."

우리나라 주요 도읍지와 현 위치

국가명	연대	도읍지	대륙의 현위치
한국연방	BC 7199~3898	적석산	청해성 황중현 항주
배달	BC 3898~2707	태백산	감숙성 평량시 장당경
			섬서성 동천시 영고탑
청구	BC 2707~2333	공상	사천성 광원시 진류
단	BC 2333~2311	아사달	감숙성 통위현 부소량
조선	BC 2311~2182	금미달	섬서성 서안시 평양
고구려	BC 58~27	졸본	섬서성 빈현
	AD 2~209	국내성	섬서성 순화현
	209~247	환도성	섬서성 건현
	247~342	평양성	섬서성 동천시
	343~427	동황성	섬서성 대려현
	427~342	평양성	섬서성 동천시 영고탑
	586~668	장안성	섬서성 서안시
서라벌	BC 57~36	서라벌	섬서성 자양현
	36~AD 101	금성	
계림	101~309	월성	안휘성 회원현
신라	309~475	월성	안휘성 회원현
	475~488	명활성	안휘성 잠산현

	488~936	월성	안휘성 회원현
백제	BC 5~AD 371	한산성	산동성 태안시
	475~528	웅진	산동성 곡부시
	528~660	사비	산동성 추성시
발해	713~755	중경현덕부	섬서성 인유현
	755~926	상경용천부	섬서성 동천시
태봉	911~918	철원	산동성 덕주시
고려	918~919	송악	산동성 치박시
	919~1010	개경	산동성 임치구
	1010~1011	나주	호남성 장사시
	1011~1231	개경	산동성 임치구
	1231~1270	강화	강소성 진강시
	1270~1290	개경	산동성 임치구
	1290~1291	강화	강소성 진강시
	1291~1361	개경	산동성 임치구
	1361~1363	복주	절강성 항주시
	1363~1392	개경	산동성 임치구
조선	1392~1405	개경	산동성 임치구
	1405~1910	한성	서울
대한민국	1948~	서울	서울

위에 인용한 자료는 이병화 저 『대륙에서 8600년 반도에서 600년』 414쪽
에서 시작되는 부록을 간추린 것이다. 각종 역사 부록을 보고 싶은 사람은
직접 이 책을 참고하기 바란다.

이것을 보고 우리가 알 수 있는 것은 우리 민족의 역사가 시작되어 이씨
조선이 대륙을 철수하기 전까지의 배달족 국가들의 대부분의 도읍지들이 섬
서성, 안휘성, 산동성, 감숙성, 사천성에 있었다는 것이다.

반도사관에 의해 우리가 학교에서 세뇌당한 것과는 달리 한반도에 도읍지를 갖게 된 것은 겨우 120년 전부터라는 것을 알 수 있다. 바로 이 때문에 한반도 안에서는 이씨조선이 만든 다섯 개 궁궐 외의 고려 시대, 삼국 시대, 한단 시대의 궁궐터는 말할 것도 없고 주춧돌이나 성터 하나 제대로 찾아볼 수 없는 것이다.

『대륙에서 8600년 반도에서 600년』을 쓴 이병화 님과 『상고사의 새 발견』을 쓴 이중재 님은 옛 문헌들과 대조해 가면서 대륙의 우리 민족의 도읍지를 하나하나 수없이 찾아다니면서 면밀하게 조사했다. 아직도 헐리지 않은 채 현지 주민들이 이용하고 있는 우리의 옛 궁궐, 사찰들과 유물, 유적지들을 그들은 수없이 답사하였다.

여기서 그들은 우리 민족 고유의 건축 양식에서만 발견할 수 있는 특이한 것들을 확인한 것이다. 우리의 대형 건물에서만 발견되는 공포栱包(추녀의 무게를 분산시키기 위한 장치)와 단청, 태극 또는 무궁화 문양 그리고 우리의 성채에서만 찾아볼 수 있는 독특한 치(우리 성의 독특한 방어 장치)를 일일이 확인했던 것이다.

일제에 의해 정치적 목적 때문에 날조한 반도사관으로 세뇌된 우리의 기존 역사 지식에서 한시라도 빨리 탈출하기 위해서라도 우리는 앞으로 가능하면 위의 자료에 나타난 우리의 옛 도읍지들을 자주 찾아보아야 할 것이다.

신라를 알기 위해서는 경상도 경주만 찾을 것이 아니라 대륙의 안휘성 회원현을 더 자주 찾아가야 한다. 고구려의 유적이라면 아무것도 없는 평안도 평양을 찾을 것이 아니라 섬서성 서안시를 더 많이 찾아가야 한다.

그리고 백제의 유적을 찾으려면 궁궐터 초석 하나 없는 충청도 공주가 아니라 산동성 곡부시를 찾아야 할 것이다. 발해의 유적을 알고 싶으면 만주 지역이 아니라 섬서성 인유현과 동천시를 그리고 고려를 알고 싶으면 경기도 개성이 아니라 산동성 치박시와 임치구를 찾아야 할 것이다.

왜냐하면 그곳에는 배달국, 단군조선, 고구려, 백제, 신라, 발해, 고려의 유적 유물들이 비록 파괴되고 변조되기는 하였을망정 아직도 숱하게 남아 있어 우리 조상들의 숨결을 그대로 생생하게 느낄 수 있기 때문이다.

제
4
부

조선은 1910년까지 대륙에 있었다

우창석 씨가 말했다.

"일전에 선생님께서 읽어 보라고 하신 『한국인에게 역사는 있는가』(김종윤 지음, 도서출판 바움)와 『고대조선사와 근조 강역연구』(김종윤 지음, 동신출판사)를 다 읽었습니다. 그 전에 이병화 지음 『대륙에서 8600년 반도에서 600년』을 읽었을 때 못지않게, 아니 그보다 훨씬 더 큰 충격을 받았습니다.

왜냐하면 『대륙에서 8600년 반도에서 600년』은 고려 시대를 지나 이씨조선 왕조 초기까지 우리나라가 대륙에 있었다고 했지만 『한국인에게 역사는 있는가』에서는 바로 저의 증조할아버지 시대인, 100여 년 전 이씨조선이 멸망할 때까지 대륙의 주인 역할을 하고 있었던 것으로 되어 있기 때문입니다.

다시 말해서 저자 김종윤 씨의 취지는 이씨조선 말기 즉 경술국치가 있을 때까지, 고려가 영유했던 대륙의 일부(대륙 동쪽 해안의 남북과 동서로 뻗은 한반도 약 10배 크기의 땅)를 그대로 우리나라가 차지하고 있었다는 얘기입니다.

바로 그 때문에 임진왜란, 병자호란, 병인양요, 신미양요와 같은 이조 시대의 외국과의 전란은 말할 것도 없고 강화도조약, 경술국치까지도 대륙에서 벌어졌다는 것 아닙니까? 그것이 사실이라면 『대륙에서 8600년 반도에서 600년』이란 책이름은 '대륙에서 9100년 반도에서 100년'이라고 고쳐야 맞지 않겠습니까?"

"확실히 일리 있는 말입니다. 이병화 씨는 이씨조선 초기에 대륙에서 한반도로 도읍을 옮긴 것을, 확실한 기록상의 근거를 제시하지 않고 단지 추리를 했을 뿐입니다. 그것이 아무래도 좀 찜찜하긴 했었지만 그때는 이조 초기까지 우리나라가 대륙에 있었다는 사실만 해도 하도 엄청난 것이어서, 거기에만 현혹되어 다른 것은 더이상 신경을 쓰지 않았습니다. 그래서 나는 이 책을 근거로 『선도체험기』 99권에 조선왕조 초기까지 우리나라가 대륙에 있었다는 기사를 썼으므로 그 책의 주장을 대변해 준 격이 되었습니다.

지금 생각하면 경솔한 짓을 한 것을 독자 여러분에게 미안하게 생각합니다. 수사관들은 심증은 가는데 물증이 없다는 말을 흔히 합니다. 나는 수행을 통하여 영안이 열리면서 과거 생에 내가 살았던 고장이 한반도가 아닌 중국 대륙이라는 것을 알게 되었습니다.

고구려와 신라에서 왕 노릇도 해 보고 신하와 장군의 직에 있으면서 내가 살던 장소는 분명 대륙의 산하였습니다. 그래서 우리나라가 과거에 한반도 이외에 만주나 중원 대륙을 차지했었다는 주장을 하는 사학자를 무조건 지지하는 경향이 있었습니다.

그로부터 반년쯤 뒤에 『한국인에게 역사는 있는가』라는 저서를 읽고 나서 내가 성급하고 경솔했다는 것을 깨달았으나, 또 하나의 시행착오로 알고 『선도체험기』 99권에서 범했던 오류를 『선도체험기』 101권에서나마 바로잡게 된 것을 그나마 불행 중 다행으로 생각합니다.

이런 것을 생각할 때 내가 각종 원전을 직접 읽고 연구할 수 있는 사학자가 못 된 것을 아쉬워한 적이 한두 번이 아닙니다. 그러나 내가 수행자가 아니고 사학자라면 내 전생을 직접 볼 수 있는 기회가 있었을까 하는 생각이 들 때도 있습니다. 이렇게 볼 때 사학자와 수행자는 다 같이 일장일단이 있다고 할 수 있습니다.

『한국인에게 역사는 있는가』의 저자는 중국의 정사인 이십오사 중의 『명사』, 『청사고』 그리고 『삼국사기』「지리지」, 『고려사』「지리지」, 『세종실록지리지』, 『동국여지승람』, 『동문선』 외에 수많은 문집 등과 일본, 영국, 프랑스, 독일 등의 각종 기록들을 근거로 그렇게 주장하고 있으므로 충분히 신뢰가 갑니다."

"선생님께서는 지금으로부터 26년 전인 1985년에 『다물』이라는 미래소설을 쓰셨습니다. 그 소설의 줄거리는 그 당시까지의 재야 사학자들의 연구 성과를 바탕으로 한반도가 통일되어 북경과 만리장성과 난하 이북의 만주와 시베리아 연해주까지 대한민국의 영토가 되는 30년 후의 미래를 내다보는 내용이었습니다.

그때까지만 해도 단재 신채호, 위당 정인보, 문정창, 안호상, 박시인, 임승국, 박창암 등의 재야 사학자들의 연구 결과, 우리의 고대사의 영토의 남방 한계선은 하북성, 만리장성 이북, 난하와 북경까지였습니다. 그런데 그로부터 26년이 지난 2010년에 나온 『선도체험기』 99권에는 고려와 이조 초기까지의 우리 영토는 대륙의 중동부 핵심 지역으로 되어 있습니다.

우리의 재야 사학계의 연구 성과가 그동안에 이 정도로 괄목할 만한 발전을 하게 된 이면에는 이중재, 오재성, 정용석, 이병화 같은 재야 사학자들의 저서들과 서울대 천문학과의 박창범 교수 같은 분들의 연구의 노고가 크다고 봅니다. 이병화 지음 『대륙에서 8600년 반도에서 600년』은 지난 26년 동안의 재야 사학자들의 연구 성과를 총정리한 저서라고 할 수 있습니다.

신채호는 우리 민족사에서 가장 큰 사건은 고려 때 자주파인 묘청 대사의 서경 천도 주장이 사대파인 김부식 일파에 의해 좌절된 것이라고 주장했는데, 지금 와서 생각해 보면 그것이 아니고 이씨조선이 1910년 대륙에서 망한 뒤 그 유민들이 한반도로 추방된 사건이야말로 우리 민족사상 가장 큰 사건이라고 말할 수 있습니다."

"동감입니다."

"그건 그렇고요, 고구려, 백제, 신라, 발해, 고려가 대륙에 있었다는 이병화 씨의 주장은 거의 이의를 제기할 여지가 없을 정도로 논리가 정연합니다. 왜냐하면 각종 전고와 기록들은 말할 것도 없고, 대륙에 있을 때에 만들어진 고구려, 백제, 신라, 고려의 궁궐터와 왕릉들이 백제의 무령왕릉 외에는, 한반도 안에서는 단 한 건도 발견되지 않았기 때문입니다.

그러나 이조의 이른바 5대 궁궐인 경복궁, 덕수궁, 창경궁, 창덕궁, 경희궁은 물론이고 28기의 왕릉들과 서울 성곽, 북한산성, 남한산성, 수원의 화성華城이 전부 다 서울과 경기도에 고스란히 남아 있습니다. 이에 대해서 김종윤 사학자는 아직도 구체적인 해명이 없습니다. 선생님께서는 이것을 어떻게 생각하십니까?"

"이병화 씨는 그의 저서 『대륙에서 8600년 반도에서 600년』에서 대륙에 지금도 남아 있는 고구려, 백제, 신라, 고려의 궁궐 또는 그 유적들과 왕릉들에 대해서 저자가 직접 여러 번 대륙을 답사한 결과와 체험을 근거로 빈틈없이 밝혀 놓고 있습니다.

고구려의 평양이 있었던 지금의 섬서성 서안, 백제의 웅진이 있었던 지금의 산동성 곡부시, 신라의 경주와 고려의 개성이 있었던 지금의 하남성 낙양에는 그 시대의 이들 나라들의 궁궐 및 왕릉의 유적들이 지금도 남아 있다는 것을 명백하게 밝혀 놓고 있습니다. 그리고 한반도 안에서는 이들 나라들의 궁궐은 말할 것도 없고 궁터의 주춧돌이나 왕릉 하나 발견되지 않는다는 것도 천명해 놓았습니다.

이처럼 이병화 씨는 그의 저서에서 자신의 주장을 시종일관 논리적으로 일목요연하게 누가 읽어도 의문의 여지없이 통사적으로 밝혀 놓았지만, 김종윤 사학자의 논조는 마치 수필을 쓰듯이 이 항목에서는 이 말 했다가 저 항목에서는 저 말을 하는 식으로 서술하였으므로 일관성 있는 체계적인 서술이 되지 못하고 있습니다. 당연히 이병화의 『대륙에서 8600년 반도에서

600년』못지않게 새로 정리된 통사적인 저서를 내놓아야 할 것입니다."

"동감입니다. 그러나 엄연히 권위 있는 각종 기록들을 바탕으로 글을 썼으므로 이씨조선의 영토가 왕조 말까지 대륙에 남아 있었다는 주장들은 그 누구도 부인할 수 없을 것입니다."

"그럼 어떻게 궁궐과 왕릉들이 한반도에 남아 있을 수 있는지 생각해 보셨습니까?"

"그 문제에 대해서는 나도 여러 가지로 생각해 보았습니다. 그중의 하나는 혹시 이병화 씨의 주장대로라면 이조 초기에 도읍을 대륙에서 한반도로 옮길 때, 명의 주원장 군에게 쫓기듯이 철수한 것이 아니라 지배층의 일부만 한반도로 이동하고 그 나머지 관속들은 그대로 대륙에 남아서 이조 말까지 그 영토를 그대로 관리하고 있었던 것이 아닌가 하고 생각해 보기도 했습니다.

다시 말해서 주원장군과 이성계군은 모택동군과 장개석군처럼 서로 첨예하게 대립된 원수지간이 아니고 형님 동생 하는 우호 관계였다고 봅니다. 그러한 관계가 임진왜란 때까지 잘 지속되다가 명나라가 쇠퇴하여 청나라에 의해 세력 교체가 이루어진 후에도 이조는 청국과도 우호 관계를 유지하면서 기존 영토를 그대로 통치하고 있었던 것이 아닌가 생각됩니다."

"결국 한반도에는 왕족들과 지배층 일부만 옮겨오고 대륙에는 많은 관리들이 남아서 기존 영토를 다스리고 있었다는 말씀이신가요?"

"그렇습니다. 더구나 청나라의 핵심인 만주족 즉 말갈족과 여진족은 원래 고구려의 복속민이었으므로 고구려의 맥을 이은 고려를 대신한 이조에 대하여 우호적이었을 것이므로 대륙에서의 조선의 기득권을 인정해 주었을 것입니다. 그러나 어디까지나 추측에 지나지 않습니다."

이러한 얘기들이 오고간 채 우창석 씨와 헤어졌다. 그러나 어쩐지 내 마음은 석연치 않아서 찜찜한 기분은 내내 가시지 않았다. 나는 며칠 동안 이

일을 곰곰이 생각하여 오다가 『한국인에게 역사는 있는가』라는 책의 표지 왼쪽 날개 부분에 실려 있는 김종윤 역사연구실로 전화를 걸어 보았다.

마침 김종윤 사학자가 나왔다. 전화로나마 자기소개를 하고 나서 『한국인에게 역사는 있는가』와 『고대조선사와 근조 강역연구』, 『이 사람을 보라』(전 3권), 『인물로 본 한반도 조선사의 연구』(상하권) 등을 읽고 나서 의문이 있다면서 다음과 같이 물어보았다.

"이씨조선이 멸망할 때까지 대륙에 있었다면 이조의 5대 궁궐과 28기의 왕릉이며 성곽들은 왜 대륙에 있지 않고 한반도 서울 시내와 경기도에 그대로 남아 있을까요?"

이러한 나의 질문에 대하여 그는 일언지하에, 쾌도난마식으로 "그거 몽땅 다 가짭니다" 하고 자신 있게 대답했다.

"가짜라뇨? 아니 그렇다면 사극 영화 세트처럼 만들어진 모조품이라는 말씀입니까?"

"그렇습니다. 전부 다 사기를 친 겁니다. 일부 조선조 왕릉들을 발굴해 본 결과 왕의 유해는 전연 나오지 않은 허묘虛墓였다는 말이 벌써부터 나돌고 있습니다. 이렇게 전화로만 말할 것이 아니라 한번 제 연구실에 오시면 아주 자세하게 설명해 드리겠습니다."

"그럼 거기 가면 최근에 발간된 선생님의 다른 저서들도 구입할 수 있습니까?"

"물론입니다."

"연구실이 어딘데요?"

"바로 전철 2호선 역삼역 6번 출구로 나오면 오른쪽으로 마주보이는 두 번째 건물인 수협은행 빌딩 8층 815홉니다."

우리는 그다음 날인 2011년 1월 11일 오전 10시 반에 그의 연구실에서 만나기로 약속했다. 이튿날 나는 집에서 멀지 않은 그의 연구실로 전철 한

구간을 빼고는 걸어서 찾아가 그를 만났다. 책에 나온 사진보다는 다소 연로해 보였지만 후리후리한 몸매에 학자풍으로 말끔하게 생긴 그의 기름한 얼굴은 분명 따뜻하고 온유한 인상의 목형이었다.

그는 자기도 청년 시절에는 문학청년이었고, 타계한 원로 소설가 전영택, 오영수, 안수길, 시인 박목월 등과 교류했다고 했다. 그러면서 그는 문인주소록에 수필가로 올라 있는 김종윤金鍾潤이란 이름을 보여 주었다. 그의 자기소개가 끝나자 우리는 곧바로 질의응답에 들어갔다.

한반도 내 조선 궁궐과 왕릉은 전부 다 짝퉁

"어제 선생님께서는 전화로 한반도 안에 있는 이조의 고궁과 왕릉은 몽땅 다 가짜라고 말씀하셨습니다. 그렇다면 언제부터 그런 모조품들이 한반도 안에서 만들어지기 시작했습니까?"

"지금으로부터 130년 전인 1880년 초, 서세동점 시기부터 시작되어 일제 강점기를 거치는 동안에 만들어졌습니다."

"그럼 누가 그걸 만들었습니까?"

"그 당시 지구상의 초강대국은 지금처럼 미국이 아니라 영국이었습니다. 당시 전 세계 곳곳에 수많은 식민지를 거느린 막강한 경제력을 가진 영국의 주도하에 일본이 충복처럼 시중을 들었습니다.

영국은 인도, 남아프리카, 호주, 뉴질랜드, 캐나다 외에도 오대양 육대주 세계 곳곳에 42개의 식민지(1979년 현재)를 만들어 놓고 나서도 모자라 산업혁명으로 생산 과잉 상태에 있는 상품들을 팔아먹을 대상지로 인도에 뒤이어 중국 대륙을 호시탐탐 노리고 있었던 것입니다.

그 당시 중원 대륙은 조선, 청국, 왜(일본)가 삼분하고 있었습니다. 서북쪽과 내륙에 길게 청나라가 차지하고 있었고, 중동부 요지는 이씨조선, 동남쪽 복건성, 광동성, 광서성 해안지대는 일본이 차지하고 있었습니다.

당시 세계의 패권국 영국의 보호를 받으면서 대륙에서 명치유신을 끝낸 일본은 복건성, 광동성, 해안 지방에서 철수하는 대신 만리장성 이남은 영국이, 그 이북인 만주와 한반도, 대만, 일본열도, 유구열도는 일본이 차지하기로 밀약이 이루어졌습니다."

"그럼 아편전쟁은 어떻게 됩니까?"

"사실 아편전쟁은 조선과 영국과의 전쟁이었습니다. 그것이 마치 영국과 청국과의 전쟁처럼 된 것은, 조선이 대륙에서 철수당한 후 대륙 조선의 역사를 한반도 역사로 끼어 맞추려는 철두철미한 역사 왜곡 작업에 착수한 중국, 일본, 조선의 어용 및 관변 사학자들의 농간과 사기 협잡 행위 때문이었습니다. 다시 말해서 그들은 자기네의 정치적 목적에 따라 동양사 전체를 철저히 왜곡 날조한 것입니다.

영국과 일본의 밀약에 따라 대륙의 일본은 일본열도로, 조선은 한반도로 각각 수평 이동을 하고 나서 처음부터 열도에는 일본, 반도에는 조선이 역사 시대를 살아온 것처럼 역사를 조작한 것입니다. 영국의 속셈은 중국 대륙에서 조선과 일본을 내쫓아 버리면 혼자서 중국을 독차지하기가 훨씬 쉬울 것이라는 것이었습니다.

이때부터 일본열도와 한반도에서는 대륙에서의 일본과 조선의 땅 이름과 고궁, 왕릉, 성곽 따위를 본뜬 모조품들 즉 짝퉁들이 급조되기 시작한 것입니다. 일본은 대륙에서 명치유신을 한 직후인 1868년부터, 조선은 강화도 조약이 체결된 후인 1876년 이후인 1880년경부터 그 작업은 지속적으로 이루어졌습니다."

"그럼 도대체 누가 그 일을 추진했습니까?"

"영국의 주도하에 일본이 앞장을 서서 집행했습니다."

"그럼 일본은 어디서 명치유신를 치렀습니까?"

"대륙의 강소성에서요. 일왕 명치는 어렸을 때부터 영국에서 교육을 받고 16세에 일본의 천황이 된 후 곧바로 일본열도로 옮겨갔습니다."

"궁궐, 왕릉, 성곽 같은 모조품들을 단시일 내에 만들려면 막대한 자금이 필요했을 텐데 그 돈은 누가 다 댔습니까?"

"물론 일본이 그 막대한 돈을 댈 만한 처지는 아니었고, 영국이 전적으로 부담하고 일본이 앞장서서 그 일을 집행했습니다."

"그때 일본열도에는 누가 살고 있었습니까?"

"원주민들이 살고 있었습니다."

"그럼 한반도에는 누가 살고 있었습니까?"

"한반도 역시 우랄알타이어계에 속하는 원주민들이 살고 있었습니다."

"아니 그렇다면 한반도와 일본열도에는, 그때까지 유럽에서 이주민들이 아메리카 대륙에 이동하기 전에 그곳에 인디언들만 살고 있었듯이, 원주민들만 살고 있었다는 말씀인가요?"

"그렇습니다. 그럼 그때까지 한반도와 일본열도의 역사는 어떻게 됩니까?"

"요리는 식재료에 의해 만들어지듯 역사란 기록을 바탕으로 서술되게 되어 있습니다. 그때까지 한반도와 일본열도에 살던 토박이 원주민들은 문자로 자신들의 생활과 문화의 실상을 기록한 일이 없으므로 역사 같은 것이 존재할 리가 없습니다.

유럽인들이 남북미에 이주하기 전에 그곳에 살던 인디언들에게 역사가 없었던 것과 같았다고 보면 됩니다. 인디언들에게는 잉카 문명 같은 것은 있었지만 역사를 기록할 수 있는 문자체계가 없어 기록을 남기지 않았으므로, 문명의 유적은 있어도 문자로 기술된 역사가 있을 리가 없습니다.

한반도와 일본열도에 살던 원주민들에게는 사마천의 『사기』, 이십오사, 『한단고기』, 『규원사화』, 『단기고사』, 『삼국사기』, 『삼국유사』, 『고려사』, 『조선왕조실록』, 『동국여지승람』, 『동문선』, 『일본서기』, 『고사기』 같은, 대륙에서의 기록이 남아 있는 것이 없으므로 그들의 역사를 알 길이 없습니다."

"그럼 각 지방의 서원과 가문의 선산, 족보와 문집도 예부터 한반도 있었던 것이 아니란 말씀인가요?"

"물론입니다. 그것은 역시 대륙에서 옮겨왔거나 대륙의 것을 모방한 것들 뿐입니다. 그리고 족보와 문집들은 조선총독부의 '고문서간행회古文書刊行會'의 검열과 허가 없이는 일체 발간될 수 없었습니다."

"아무리 그렇다고 해도 현대 한국인들은, 저 자신을 포함해서, 어쩌면 그러한 역사의 진실을 그렇게도 새까맣게 모르고 있을 수 있을까요?"

"한반도를 강점한 일제가 빈틈없는 언론 통제를 강행했고, 조선사편수회, 고문서간행회 같은 기관들을 만들어 새로 발간되는 출판물들에는 아주 감쪽같이 대륙에서의 우리 역사를 감추어 버렸습니다. 그리고 모든 역사책은 반도식민사관의 틀에 맞추어 한반도 안에서만 역사가 일어난 것처럼 뜯어고쳤고, 각급 학교에서도 이러한 사관으로 쓰여진 교과서로 반복해서 세뇌 교육을 강행했습니다.

일제 강점기 35년 동안을 그렇게 우리 조상들은 반복해서 세뇌 교육을 받아왔고, 해방된 뒤에도 그전에 일제의 어용 사학자들에게서 교육을 받은 우리나라의 제도권 사학자들은 반도식민사관으로 쓰여진 조선 역사를 지금까지도 근본적인 수정 없이 거의 그대로 학생들에게 계속 세뇌 교육해 왔습니다.

생각해 보십시오. 김대중, 노무현의 친북 좌파 정권 10년 동안 전교조 교사들에 의해 교육받은 학생들 중의 상당수가 아직도 6·25는 남침이 아니고 북침이라고 대답하고 있는 현실을 생각하면 능히 그럴 수 있는 일이 아니겠습니까?"

"과연 그럴 수 있겠는데요."

이런 얘기를 듣고 나니 나에게도 생각나는 것들이 있었다. 일본이 청일전쟁과 노일전쟁에서 영국과 미국의 도움으로 그 당시로는 최첨단 무기로 무장하고, 자국에 비해 엄청난 인구와 영토를 가진 청국과 러시아를 차례로 쓰러뜨리고 승승장구한 이유가 새삼스럽게 나의 뇌리에 떠올랐다.

어디 그뿐이던가. 일본은 이들 영·미 두 강대국의 묵인 아래 대만과 조선을 차례로 식민지로 먹어 치우고, 1932년에는 만리장성 이북의 만주까지도, 멸망한 청국의 마지막 황제인 부의溥儀를 데려다 간판 황제로 앉히고 괴뢰국을 만들어 꿀꺽 삼켜 버린 것이다.

일본이 만약에 여기서 영국과의 밀약을 지켜 제국주의적 침략 야욕을 자제하고 더이상 중국 전역으로 전쟁을 확대하지 않았더라면 지금까지도 일본열도, 한반도, 만주, 대만으로 구성된 대일본제국의 판도를 그대로 유지했을지도 모른다. 만약에 그렇게 되었다면 우리는 아직도 일제의 식민지 노예의 쇠사슬에서 벗어나지 못했을 것이 아닌가 하는 상념이 스쳤다.

하긴 우리나라는 지금은 비록 G20 정상회담을 주최한 나라라고는 하지만, 아직도 2차 대전 말기에 얄타회담에서 병약한 미국의 루즈벨트 대통령에게 소련의 스탈린 수상이 끈질기게 졸라서 만들어 놓은 38선으로 남북이 분단되어 있다. 그리고 우리는 한국전쟁이라는 미·소의 대리전을 치른 후 지금까지도 휴전상태를 못 면하고 천안함, 연평도 사태를 겪고 있다.

이런 것을 생각하면 이들 영국, 미국, 소련, 일본과 같은 강대국들의 전횡과 농간을 불쾌한 감정으로 되새기지 않을 수 없다. 그동안 영국과 소련은 초강대국의 지위에서 떨어져 나가고, 그 대신 중국이 등장하여 미국과 함께 G2라는 양국 체제가 만들어져 미국 최대의 파트너 대접을 받고 있다.

우리가 앞으로 이들 미·중 두 나라의 전횡과 농간에 또다시 휘말려들지 않으려면 적어도 영국, 프랑스, 독일, 일본 정도의 강대국으로는 당연히 부상해야 한다. 그래야만 백 년 전의 망국의 비극이 다시 되풀이되는 것을 원천적으로 봉쇄할 수 있다. 대화 도중에 언뜻언뜻 주마등처럼 스쳐가는 상념에서 깨어난 나는 다시 질문을 시작했다.

"김종윤 선생님의 주장대로라면 중원 대륙에는 역사 이래 한족, 조선족, 거란족, 몽골족, 만주족, 왜족 등의 국가들이 내내 병존해 오다가 서세동점 시기에 영국을 위시한 프랑스, 독일, 러시아, 일본, 이탈리아, 네덜란드, 포르투갈, 미국 등의 서구 제국주의 열강들의 영토 분할 책동과 중국 내의 외세 배격 운동에 따라 손문 정부에 의해 비로소 역사상 처음으로 하나의 통일 국가가 이룩되었다는 말씀인가요?"

"결국은 그렇습니다."

"그리고 한반도는 960회의 외침을 받은 것이 아니고, 전쟁이란 단지 6·25밖에는 치른 적이 없는 처녀지였다는 말씀인가요?"

"그것은 제 주장이 아니라 100년 전까지도 한반도에 관한 아무런 전고典故나 기록紀錄이 없으므로 그렇다고밖에는 말할 수 없다는 말씀입니다."

"『조선의궤』에 보면 정조正祖가 수원水源에 화성華城을 지을 때 치밀한 설계도에 따라 건축비, 자재비, 동원되는 공장工匠, 인부들의 품삯이며 그들의 이름까지 등장합니다. 이렇게 공들인 건축물이어서 그런지 유네스코의 세계문화유산으로까지 등재되었습니다. 그러한 화성 역시 모조품인 짝퉁에 지나지 않다니 허무한 생각이 들지 않습니까?"

"허무해도 엄연한 역사의 진실입니다. 수원水源이라는 땅 이름도 화성華城도 대륙에서 그대로 모사해 온 모조품이 지나지 않습니다. 우선 수원이라는 지명을 보십시오. 수원水源이란 글자 그대로 물의 근원이라는 뜻인데 지금 한반도 경기도 수원에는 물의 근원이 될 만한 것은 눈을 씻고 찾아보아도 전연 눈에 띄지 않습니다. 다만 화성 화홍문 밑으로 작은 시냇물이 흐르고 있을 뿐입니다.

그런데 대륙의 호북성에 있던 수원이란 곳에는 물이 사방에서 흘러들어 그야말로 크나큰 물의 근원을 이루고 있습니다. 그 수원이란 땅 이름이 한반도로 옮겨온 뒤로는 대륙에서는 그 대신 광수廣水라고 지명을 바꾸었습니다. 조선이 그곳을 영유했었다는 흔적을 아예 깡그리 말살해 버리기 위한 의도 때문입니다.

그 대신 한반도의 수원은 대륙의 땅 이름만 달랑 옮겨왔을 뿐이므로 지명에 어울리는 물의 근원이 될 만한 곳은 아무리 눈을 씻고 찾아보아도 보이지 않습니다. 물의 근원과는 아무 관련도 없는 곳에 수원이라는 이름만 달랑 옮겨왔을 뿐이기 때문입니다."

"그러고 보니 창경궁, 창덕궁 같은 데 가 보면 왕과 왕비가 거처했다는 방이 콧구멍만 해서 이상하다는 생각이 들었었고, 양평에 있는 정약용의 생가라는 곳에도 가 본 일이 있는데, 여기에서 정말 사람이 살았을까 의심이 갈 정도로 비좁고 엉성해서 마치 아이들 장난감 같은 느낌이 들었었는데, 선생님 말씀을 듣고 보니 이제야 그 이유를 알 것 같습니다.

그리고 일전에 모 신문에 서구인이 찍은 명성황후의 사진이 난 일이 있었는데, 중국식 머리와 복장을 한 것을 보고 이상하다는 생각이 든 일이 있습니다. 이제 생각해 보니 이해를 할 것 같습니다."

"명성황후는 생존 시에 분명히 지금의 강소성 남경南京인 한성漢城에 살아 있었을 테니까요. 어디 그것뿐인가요. 세종로에 있는 이순신 장군 동상의 갑옷이 중국식이라고 하여 말썽이 난 일이 있었는데, 제가 보기에는 그 동상을 만든 조각가는 그 당시 우리가 몰랐던 무엇인가를 확실히 알고 있었다고 봅니다. 임진왜란의 수전은 틀림없이 항주만杭州灣을 중심으로 하여 벌어진 싸움이었으니까요."

"그렇군요. 그건 그렇고 박지원의 『열하일기熱河日記』 역시 한반도에서 의주를 지나 압록강을 건너 만주를 거쳐 대륙으로 여행한 기록이 아니고, 순전히 중원 대륙에 안에서 있었던 기록이라는 말씀입니까?"

"그럼요. 『열하일기』를 해석한 식민학자들이 반도사관에 제멋대로 짜맞추어 설명한 것에 지나지 않습니다."

그는 중국에서 만들어진 대형 중국 지도의 땅 이름들을 지휘봉으로 일일이 짚어 가면서, 그리고 각종 원전과 자료들을 적시하면서 열강을 했다.

"그렇다면 임진왜란 때 불탄 경복궁과 광화문은 대원군이 복원했다는 것도 지금 섬서성 서안 부근인 한성에서 일어난 일이라는 말씀인가요?"

"그렇고말고요."

"그러고 보니 세계문화유산으로 등록된 이씨조선의 종묘宗廟의 칸수가 영친왕 것까지 합쳐서 꼭 28개로 끝나고 더이상 수용할 공간이 없어서, 더 늘리고 싶어도 늘릴 수도 없게 되어 있는 것을 보고 어떤 제도권 사학자는 5백 년 전에 우리 조상들이 신통하게도 이씨조선이 28대 왕으로 종말을 고할 것을 내다본 혜안을 가지고 있었다고 감탄하는 기사를 읽어 본 일이 있는데, 이제 보니 결과적으로는 그것 역시 영국과 일본의 사기극에 놀아난 것밖에 안 되는군요."

"그렇습니다. 그 사학자도 그들의 사기극에 보기 좋게 속아 넘어간 겁니다."

"얼마 전에 일본에서 반환되어 북한에 인도된 북관대첩비北關大捷碑는 임진왜란 때 한반도 함경도에서 의병들이 왜군을 크게 무찌른 큰 승리를 기념하는 기념물로 되어 있는데, 그건 어떻게 된 것일까요?"

"대륙에서의 이조의 행정 조직은 지금의 섬서성 서안 지역을 수도권으로 하고 함경도, 평안도, 황해도, 강원도, 충청도, 경상도, 전라도가 햇살처럼 둥글게 배치되어 중앙의 수도권과 직접 맞닿아 있었습니다. 경기京畿 북쪽 지금의 감숙성 고원현固原縣에 있는 숙관肅關을 북관北關이라고 했는데, 임진왜란 때 이곳에서 의병이 왜군을 크게 무찌른 것을 기념하여 북관대첩비가 세워졌을 것입니다.

바로 이 북관대첩비가 서세동점 시기에 대륙 조선을 한반도에 짜맞추기 위해 일본에 의해 한반도 함경도로 비밀리에 감쪽같이 옮겨진 것으로 보입니다. 마치 만주 집안현에 있는 광개토호태왕비가 한국사를 날조하는 데 앞장을 섰던 이마니시 류今西龍라는 일본의 어용 사학자에 의해 섬서성이나 산서성 부근에서 은밀히 만주 집안현으로 옮겨졌듯이 말입니다."

"그럼 북한산 진흥왕순수비眞興王巡狩碑도 그럴까요?"

"물론입니다. 북한산 진흥왕 순수비 역시 일제 강점기에 이마니시 류와 같은 일본 어용 사학자 부류에 의해 대륙의 신라 고지故地에서 한반도 북한산에 남모르게 옮겨져서, 그전부터 한반도에 있었던 것처럼 일제에 의해 조작된 것인데 마치 조선의 실학자가 발견한 것처럼 역사가 날조되었을 것입니다."

"그럼 『하멜 표류기』는 난파당한 네덜란드 사람인 하멜이 한반도 각 지역을 통과한 것으로 되어 있는데 그것은 어떻게 된 것일까요?"

"서세동점 시기에 프랑스, 미국, 네덜란드, 포르투갈, 독일, 이탈리아 등 서구 제국주의 열강들은 영국의 주도하에 동아시아를 자기네들 이익에 맞추어 제멋대로 영토 분할을 했습니다. 이 밀약에 따라 대륙조선은 한반도에 새로 짜맞추어진 것입니다. 그들은 자기네 국익을 위해서는 이 약속의 틀에 맞추어 얼마든지 사실을 조작할 수 있었던 것입니다. 이런 관점에서 보면 『하멜 표류기』의 진상을 짐작할 수 있을 것입니다."

"그리고 통일신라 때의 장보고는 마치 중국, 신라, 일본 사이에서 한반도 전남 완도군을 기점으로 삼각 무역을 한 것으로 역사는 기술되어 있는데 그것은 어떻게 된 것일까요?"

"한국을 강점한 일본은 '조선사편수회'를 만들어 우리의 역사 기록인 『삼국사기』, 『삼국유사』, 『고려사』, 『조선왕조실록』, 『연려실기술』 등 각종 기록들을 모조리 반도식민사관의 틀에 맞추어 지하자금 세탁하듯 왜곡하고 날조해 놓았습니다. 장보고에 관한 기록도 거기에 꿰어 맞추어 조작되었다고 보아야 할 것입니다."

"그렇군요. 『한국인에게 역사는 있는가』, 『이 사람을 보라』(전 3권), 『인물로 본 한반도 조선사의 허구』(상하권) 등 선생님의 저서들을 보면 그 책에 등장하는 인물의 문집은 말할 것도 없고, 『삼국사기』 「지리지」, 『고려사』 「지리지」, 『세종실록지리지』, 『신증동국여지승람』, 『동문선』 등이 많이 인용되었습니다. 이들 책들은 일제가 손대지 않았습니까?"

"물론 손을 대려고 했을 것입니다. 그러나 지리에 관한 기록들은 다른 역사물들과는 다릅니다. 역사물에는 지명들이 가끔씩 나오지만 지리책은 거의 전부가 지명들입니다. 이것을 일일이 다 조작한다는 것은 하도 방대하고 복잡해서 사실상 불가능한 일입니다.

지리지를 모조리 다 불태워 없애 버리기 전에는 어찌할 수 있는 성질의 것이 아니었습니다. 하나의 거짓말을 하려면 열 개, 스무 개의 거짓말을 꾸며대도 모자라기 때문입니다. 그래서 일제는 지리지나 『동국여지승람』이나 『동문선』이나 각종 문집은 극히 일부만 손을 댔으므로 대부분 원본이 거의 그대로 보전될 수 있었습니다.

대륙 조선의 후예들인 우리를 위해서는 그야말로 불행 중 천만다행이요 하늘이 베풀어 준 은혜가 아닐 수 없습니다. 일제가 이들 전적들을 깡그리 다 불태워 없애 버리지 않은 것을 천우신조로 여겨야 할 것입니다. 이 세상에는 아직 정의가 살아 있다는 것을 알 수 있습니다. 사불범정이요 파사현정이요 사필귀정입니다.

서세동점 시기에 서구 열강들이 비록 자기네 국가 이익을 위하여 중국 대륙을 제멋대로 칼질하였고 그 통에 대륙의 5천 년 역사상 사실상의 주인이요 터줏대감이었던 조선은 한반도로 쫓겨났는데, 이 사건이야말로 우리 민족상상 가장 큰 획기적인 사건이 아닐 수 없습니다. 이 모든 과정은 서구 제국주의 열강들의 흉악한 영토 확장 야욕이 빚어낸 산물입니다.

그리고 그들은 자기네 국익을 위하여 사학을 악용하여 동북아 역사를 조작했습니다. 그것은 사학史學이 아니라 사학詐學입니다. 영국의 부추김으로 일본이 앞장서서 우리 역사를 왜곡하고 날조했지만 어쩔 수 없이 여기저기 뜻하지 않은 허점을 남겨 놓았으므로 이제 와서 그 진상이 백일하에 낱낱이 드러나게 된 것입니다. 그러니까 때가 되면 사악한 짓은 반드시 바로 잡히게 되어 있고, 옳은 것은 시간이 흐르면 꼭 제자리를 찾게 되어 있습니다."

"그 말씀에는 저도 전적으로 동감입니다. 근년 들어 우리나라 재야 사학자들에 의해 고구려, 백제, 신라, 고려, 이조 초기까지는 우리 영토가 대륙에 있었다는 역사책이 발간되는가 하면, 김종윤 선생님은 이씨조선도 1910년에 나라가 망할 때까지 공식적으로는 대륙의 주인이었다는 것을 각종 저술을 통해서 입증하고 계십니다.

이러한 움직임 자체가 파사현정, 사필귀정의 이치가 인간 세상에도 엄연히 작용되고 있음을 보여 주는 구체적인 징표라고 생각합니다. 그런데 하나의 의문이 있습니다. 서세동점 시기에 영국을 비롯한 서구 열강들은 무엇 때문에 복건성, 광동성, 광서성 해안 지대 일원에 있던 일본에게는 일본열도로 철수하는 대가로 열도 외에도 대만, 한반도, 만주까지 보상해 주면서, 중국 대륙의 사실상의 주인인 조선은 아무 보상도 없이 한반도로 내쫓았을까요?"

"도둑이 부잣집을 털려면 우선 그 집 주인부터 밖으로 쫓아내야 자기네들 마음대로 약탈을 자행할 수 있습니다. 비록 허약한 주인이라고 해도 그가 집안에 떡 버티고 있는 한 아무래도 약탈을 하는 데 방해가 되지 않을 수 없었을 것입니다."

삼황오제, 하, 은, 주, 진, 한이라는 고조선古朝鮮의 나라들을 이어받은 고구려, 백제, 신라, 발해, 고려, 조선이 무려 5천 년 이상을 황제국皇帝國으로서 비록 말년에는 병들고 쇠약해지긴 했지만, 중국 대륙의 핵심 요지를 차지하고 대륙을 다스려 왔습니다.

그래서 1842년에 아편전쟁의 결과로 영국과 남경조약을 맺은 당사국도 청국이 아니라 조선이었습니다. 그 때문에 서구 제국주의 열강들은 조선을 대륙에서 제거하면 자기네 멋대로 요리하기가 수월할 것으로 생각한 것입니다.

아무 보상도 없이 대륙에서 추방당한 것은 그들이 보기에, 회생이 사실상 불가능할 정도로 병들고 쇠약한 나라로 보였기 때문이었습니다. 명성황후가 일본 낭인들에게 시해당했을 때는 조선에 서구식 장비로 무장된 일개 연대의 근위대도 없었으니까요. 우리가 반성해야 할 점은 바로 서세동점의 세계 사적 추세에 재빠르게 대응하지 못한 불찰입니다."

"그러나 지금 곰곰이 생각하면 서구 열강들이 대륙에서 조선과 일본을 내보내고 나서 그들에게 무슨 이득이 있었는지 의문입니다. 죽 쑤어 개 좋은 일만 시킨다는 격으로 결과적으로 '중화인민공화국'이라는 공산당 일당 독재국에만 이득을 준 꼴이 되고 말았습니다.

영국은 인도를 분할 통치(Divide and Rule)하여 효과적인 식민 지배를 하여 왔건만, 무엇 때문에 중국 대륙에서만은 사실상의 주인인 조선과 신흥국 일본을 추방하고 결과적으로 중국 공산당에게만 이득을 주었는지 모르겠습니다. 그 결과 영국은 지금 중국 식민통치의 거점이었던 홍콩에서조차 마침내 쫓겨나고 말았습니다. 더구나 중국은 요즘 세계 제2의 경제대국으로 부상하여 미국과 함께 G2 국가로 세계 문제를 요리하는 지경에까지 도달하여 서구 열강들을 위협하고 있지 않습니까?"

"아마 그 당시 영국이나 미국의 대외 정책 입안자들이 영혼이나마 무덤 속에 살아 있다면 불과 100년 앞을 내다보지 못한 자신들의 어리석음을 땅을 치고 통탄했을 것입니다."

오직 역사의 진실만을 밝히려는 사학자

"그건 그렇고 선생님께서는 이처럼 우리 역사의 진상을 밝혀냄으로써 어떤 효과를 기대하고 계십니까?"

"저에겐 무슨 기대 같은 것은 처음부터 아무것도 없습니다."

"그럼 무엇 때문에 그렇게 열정적으로 『한국인에게 역사는 있는가』, 『고대조선사와 근조 강역연구』, 『이 사람을 보라』(전 3권), 『인물로 본 한반도 조선사의 허구』(상하권) 같은 여러 저서들을 쓰셨습니까?"

"단지 한 재야 사학자의 양심으로 반도식민 사학자들이 세상을 기만하는 허구를 보고 참을 수 없어 진실을 밝히려 했을 뿐입니다. 내가 만약 박정희 정권 시절에 이러한 책들을 썼더라면 이렇게 살아남아 선생님과 대화를 나눌 수도 없었을 것입니다.

"왜요?"

"내 저서들이 당장은 국가 이익에 배치될 수도 있기 때문입니다."

"이씨조선이 대륙에 있었다는 역사의 진실이 왜 국익에 배치될 수도 있다는 말씀입니까?"

"우리나라의 역사가 중국의 역사가 되어 버리니까요. 실례로 우리가 그렇게도 세계에 자랑하고 싶어 하는 국보 제1호인 한글도 중국 것이 될 수도 있기 때문입니다. 그래서 일본의 어용 사학자들은 지금도 자기네가 명치유신 때까지만 해도 중국에 영토를 가지고 있었다는 사실을 일체 숨기고 있습니다.

그리고 자기네 조상들이 지금부터 2천6백 년 전에 일본열도를 중심으로 한 만세일계萬世一系의 황국皇國을 세웠다는 황국사관이라는 새로운 역사 체계를 날조하여 교과서를 만들어 국민들에게 열심히 가르치고 있고, 그 교육을 받은 일본 청년들을 동원하여 침략 전쟁을 감했다가 미국에게 무조건 항복한 결과 어떻게 되었습니까?

결국은 서구 제국주의 열강들의 중국 침략에 협조해 준 대가로 받았던 만주, 한반도, 대만을 토해내고 말았습니다. 일본은 한반도 강점 시 조선총독부 산하에 조선사편수회를 만들어 반도식민사관을 왜곡 날조하여 강제로 주민들을 세뇌하기 시작했습니다. 이 모두가 중국 역사에서 벗어나려는 시도가 아니겠습니까."

"한글이 우리나라가 과거에 중국을 차지하고 있었을 때 만든 것이라고 해서 중국 것이라는 것은, 조선이 중국에서 한반도로 수평 이동할 때 같이 따라온 지배층과 핵심 인재들 및 그 후손들과 그들이 가르친 식자들을 근간으로 하여 세워진 대한민국 전체가 중국 것이라는 속지주의屬地主義적 논리와 같습니다. 저는 그런 논리에는 찬성할 수 없습니다. 마치 미국이라는 나라가 영국에 살던 앵글로색슨계를 근간으로 세워진 나라라고 해서 영국의 속국이 아닌 것과 마찬가지입니다."

"저는 그렇게 생각지 않습니다. 그래서 우리나라가 아무리 수출이 잘되어 지금 세계 9위의 수출대국이 되었다고 해도 흡사 종이호랑이와 같아서 언제 쓰러질지 모르는 허약한 나라라고 생각합니다."

"그럼 선생님은 우리나라의 장래를 비관하십니까?"

"네, 저는 한국의 장래를 비관적으로 봅니다."

"저는 그 반대입니다. 우리나라가 지난 반세기 동안에 처음으로 세계의 최빈국에서 지금 선진국의 문턱을 넘어섰고, 원조 받는 나라에서 원조 주는 나라로 탈바꿈되었고, 심지어 일부 선진국이 벤치마킹하는 나라가 된 것은 한국이 앞으로 강대국으로 등장할 잠재력을 이미 확보했기 때문이라고 봅니다. 이러한 생각은 탄허呑虛 스님, 『정감록』, 『격암유록』 등의 국내의 예언들뿐만 아니라 골드만삭스(금융기관), 타고르, 게오르규 같은 수많은 외국인들도 한결같이 믿고 있습니다."

"저도 그 정도는 알고 있습니다. 그러나 제 생각은 전연 아니올시다입니다."

여기서 나는 한국의 장래를 지극히 비관적으로만 보는 그와의 논쟁은 그만두어야 한다는 생각이 들었다. 이런 식의 논쟁은 며칠을 두고 계속해도 쉽사리 끝나지 않을 것이기 때문이다.

"저는 우리나라가 과거에 중국 대륙을, 『한단고기』에 기록된 우리 역사 이래 9100년 동안이나 그 핵심 부분을 중단 없이 계속 지배하여 왔다는 사실 자체가 우리의 귀중한 정신문화 자원이 되는 것은 물론이고 국익에도 큰 보탬이 된다고 봅니다.

그래서 이씨조선이 1910년까지 대륙에 있었다는 사실을 알게 된 것을 무척 다행하게 생각합니다. 그런데 김종윤 선생님께서는 저와는 정반대로 보고 계십니다. 그렇다면 선생님께서는 무엇 때문에 지금까지 장기간에 걸쳐서 그 많은 역사책들을 저술하셨습니까?"

"지금 세상에 사실인 양 횡행하는 반도식민 사학의 허구를 폭로하고, 진실을 캐어 내어 올바른 조선 역사를 세상에 알리기 위해서입니다. 저는 선생님처럼 영국, 미국, 소련, 일본 같은 강대국의 농간으로 나라가 망하는 일이 되풀이되지 않게 하려면 우리가 강대국으로 등장해야 한다는 국가 경륜상의 사명감 같은 것은 가지고 있지 않습니다. 단지 역사의 진실을 밝히는 것을 필생의 목표로 삼을 뿐입니다."

이렇게 말하는 그에게 나는 더이상 할 말이 없었으므로 그와의 역사에 대한 대화를 중단하기로 했다. 그러나 이씨조선이 1910년에 망할 때까지 대륙에 엄연히 남아 있었다는 역사적 진실을 알게 된 것은 순전히 그의 저서들 때문이었다. 그 자신은 이 사실을 지극히 당연한 것으로 여기는 눈치이지만 나는 그렇지 않았다.

우리나라가 역사 이래 8600년 동안 중단 없이 한반도의 10배나 되는 대륙의 핵심 부분을 고려와 이조 초기까지는 석권하여 왔다는 것은 작년(2010년)에 이병화 저 『대륙에서 8600년 반도에서 600년』이라는 저서를 읽고 알았지만, 이씨조선 왕조까지도 그랬다는 것을 알게 된 것은 작년 11월에 삼공재에 가끔씩 나오는 이상복이라는 수련자가 읽어 보라고 나에게 가져다준 『한국인에게 역사는 있는가』라는 책 덕분이었다.

우리가 역사 이래 9100년 동안 대륙의 중심 부분을 지배하여 왔다는 사실이야말로 우리 민족의 무한한 잠재력을 새삼 확인시켜 주는 쾌사가 아닐 수 없다. 그가 이 책으로 나에게 그 엄청난 사실을 알게 하여 주었으니, 나 역시 그에게 무슨 도움을 주어야 할 것이 아닌가 하고 나는 줄곧 궁리하고 있었다.

"그럼 역사 얘기는 그만하고 다른 얘기를 좀 합시다."

"좋습니다. 무슨 말씀이든지 해 보시죠."

"지금 김종윤 선생님의 건강은 어떻습니까?" 하고 내가 물었다.

"별로 시원치 않습니다. 당뇨도 좀 있고 약간의 고혈압도 있습니다. 이렇게 말씀드리면 실례가 될지 모르지만, 선생님은 1932년생이시라니까 저보다는 8세나 연상이신데도 오히려 저보다 더 건강하시고 젊어 보이십니다."

이렇게 말하면서 그는 담배를 피워 물었다. 그는 나와 대화를 시작하면서부터 내내 줄담배를 피우고 있었다. 10평 정도의 연구실 안은 담배 연기로 자욱했다.

"나처럼 수련을 하든가 특별히 건강관리를 하지 않는 이상 선생님 연세쯤 되면 그 정도의 지병은 누구나 다 가지고 있을 겁니다. 혹시 수련을 해 보신 일은 없습니까?"

"그 전에 모 선도수련원에서 2년 동안 수련을 한 일이 있습니다."

"그런데, 왜 그만두셨습니까?"

"별 진전이 없어서요."

"혹시 기운을 느끼십니까?"

"아직 못 느낍니다."

"운기조식運氣調息만 할 수 있다면 건강 하나만은 확실히 챙길 수 있을 텐데, 나는 지난 21년 동안 『선도체험기』라는 내 저서를 읽고 나를 찾아오는 수련생들을 지도하여 왔습니다. 혹시 선생님께서 건강에 도움이 될까 해서 책을 두 권 가져왔습니다. 읽어 보시고 혹 관심이 있으시다면 적극 도와드리겠습니다."

이렇게 말하면서 『선도체험기』 1권과 100권 두 책을 그에게 기증하고 자리에서 일어났다. 그는 엘리베이터까지 따라 나와서 나를 배웅해 주었다.

역사가 소중한 이유

　운동 삼아 터벅터벅 걸어서 집으로 돌아오는 동안 오직 진실만을 밝혀내는 데 사학자로서의 명운을 건, 구도자와도 같은 김종윤 사학자의 모습이 뇌리에서 떠나지 않았다. 국사 찾기 운동을 같이 해 보자는 사람들도 있었고, 무슨 단체의 장으로 모시겠다는 유혹도 숱하게 받아 보았지만 모조리 다 사절했다고 그는 말했다.

　그가 그래도 강남의 요지인 테헤란로에서 자그마한 역사연구실이라도 내고, 계속 책을 낼 수 있는 것은 반도식민사관에 의문과 회의를 느끼는 독자들이 있고, 그의 원고를 활자화해 주겠다는 출판사들이 있기 때문이다. 그러나 유감스러운 것은 그 출판사들이 조중동(조선, 중앙, 동아일보)에 광고를 낼 만한 재력이 없어서 나 같은 독자도 그런 책들이 이미 10여 년 전부터 발간되었다는 것을 새까맣게 모르고 있었다는 것이다.

　우리가 일제의 쇠사슬에서 해방이 된 지도 어언 66년의 세월이 흘렀건만 이 나라 사학계를 여전히 틀어쥐고 있는 반도식민 사학자 즉 제도권 사학자들은, 그들이 일본인 스승에게서 배운 허구에 찬 날조된 역사를 지금도 그대로 앵무새처럼 복창만 하는 부조리를 예리하게 지적하는 그의 저서들에 대하여 아직은 꿀 먹은 벙어리다.

　더구나 그들 반도식민 사학자들은 아직도 우리 조상들이 남긴 『삼국사기』, 『삼국유사』, 『고려사』 「지리지」, 『세종실록지리지』, 『동국여지승람』, 『동문선』 같은 소중한 기록들은 거들떠보려고 하지도 않는다.

사실 이러한 역사 기록들은 우리나라가 중원 대륙을 통치할 때의 기록일 뿐, 한반도와는 아무런 관련도 없다는 그의 주장은 백번 타당하다. 단지 과거 일본의 어용 사학자들이 이 기록들을 억지로 한반도에 꿰어맞추려고 위 기록들을 왜곡하고 삭제하고 날조했을 뿐이다.

그러한 일본의 어용 사학자들이 가르친 반도식민사관만을 앵무새처럼 복창하는 한국의 제도권 사학자들을 보고 어떻게 한국인의 피를 이어받은 사람이라고 말할 수 있겠는가? 더구나 일본인 스승에게서 전수받은 것만을 열심히 맹종하고 광신하는 제도권 사학자들 중에는 적반하장 격으로 그를 미친 사람 취급을 하는 축도 있다.

이 때문에 일제가 만들어 놓은 반도식민사관에 맞추어 쓰여진 교과서로만 역사를 공부한 대다수 국민들은 가짜 역사밖에 모른다. 여전히 우리의 역사는 이 좁디좁은 한반도 안에서만 반만 년 동안이나 960여 회의 외침이나 당하면서, 지지고 볶으면서 끈질기게도 구차한 생을 이어 온 것으로 잘못 알고 있다.

우리는 이제 그것이 모두 서세동점 시기에 영국의 사주를 받은 일제에 의해 용의주도하게 날조된 역사라는 것을 알게 되었다. 우리의 진정한 역사는 유사 이래 9100년 동안 대륙에서 지속되어 오다가 한반도로 옮겨와, 서세동점 시기부터 일제 강점기를 거치는 동안 영국과 일본에 의해 대륙의 우리 역사와는 단절당한 채 대륙의 우리 역사와 비슷하게 한반도 안에서 짜맞추어진 것이다.

그래서 전라도를 호남湖南이라고 부른다. 대륙 조선의 전라도는 원래 호남성에 있었다. 동정호洞庭湖 남쪽에 있다고 해서 호남이라는 땅 이름이 생겼는데 그것이 일제 강점기에 동정호도 없는 한반도 전라도로 옮겨오면서 호남이라는 이름까지 껴묻혀 온 것이다.

제대로 된 정신을 가진 한국 국민이라면 이러한 부조리를 알고도 언제까지나 모른 척하고 지낼 수는 없을 것이다. 그러면 어떻게 해야 할까? 역사의 진실을 알게 된 사람은 뜻이 통하는 부모 형제나 가까운 친지에게라도 이 사실을 알려야 하지 않을까 생각한다. 그리하여 역사 바르게 알기 운동을 전개해야 한다고 본다.

그렇게 함으로써 머리가 이미 굳어 버린 구세대는 어쩔 수 없다 쳐도 우선 무럭무럭 자라나는 신세대에게만은 올바른 역사 지식을 가르쳐야 할 것이다. 그리하여 이들 세대가 자라나서 대통령도 되고 장관도 되고 국회의원도 되는 날이 온다면 지금과는 확실히 달라진 세상이 도래하지 않을까 생각해 본다.

무엇보다도 먼저 해야 할 일은 반도식민사관으로 학생들을 가르치고 있는 제도권 사학자들부터 갈아치워야 할 것이다. 그러자면 국사 교과서에서 일제가 심어 놓은 반도식민사관을 일소하고 우리 조상들이 남겨 놓은 기록을 토대로 우리 역사를 복원해야 할 것이다.

그러기 위해서 서세동점 시기에 영국과 일본에 의해 압수당한 대륙의 역사를 있었던 그대로 되찾자는 것이다. 그렇다고 해서 춘추전국이나 오호십육국 시대처럼 대륙이 사분오열되어 무주공산이 된다면 모를까, 무력으로 잃어버린 영토를 회복하자는 것이 아니다.

금년이 서기 2011년이고 불기 2554년이며, 단기 4344년이고 배달기倍達紀 5909년이며, 한기桓紀 9210년이다. 역사의 진실은 우리나라가, 조선왕조가 망한 1910년 즉 한기 9110년까지 줄곧 대륙에서 적어도 한반도의 10배쯤 되는 핵심 지역을 영토로 다스려 왔음을 증언해 주고 있다. 그 물증이 위에 여러 번 열거한 역사 기록들이다.

그럼 우리나라가 대륙의 어느 부분을 다스려 왔을까? 우리나라라고 하면 한국桓國, 배달국倍達國, 단군조선檀君朝鮮, 부여扶餘, 가야伽倻, 고구려, 백제, 신라,

발해, 고려, 이씨조선을 말한다.

비록 흥망성쇠와 부침과 증감과 굴곡은 있었지만 대체로 지금의 섬서성, 감숙성, 산서성, 하북성, 산동성, 강소성, 안휘성, 하남성, 호북성, 절강성, 강서성, 호남성, 사천성, 복건성, 광동성, 귀주성, 운남성 등이고 수도는 섬서성 서안西安과 하남성 낙양洛陽이었다. 서안은 장안長安, 한양漢陽, 한성漢城, 경성京城이라고도 하고, 낙양은 경주慶州, 송악松嶽, 개성開城, 동경東京이라고도 불려 왔다.

과거사에서 중국中國은 국가의 명칭이 아니고 단지 황제가 거주하는 수도권을 말했다. 그런 의미에서 지금의 서안과 낙양은 가장 많은 왕조들이 도읍했던 전통적인 수도권이었다. 고구려, 백제, 신라는 근 천 년, 고려는 474년 동안 낙양을, 이씨조선은 519년 동안 주로 서안 지역을 수도로 삼아 왔다.

조선왕조가 서안을 도읍으로 삼고 있을 때 명나라는 사천성과 귀주성에 있었고 청나라의 수도는 하북성 북경이었다. 고려와 이씨조선 왕조가 천자天子의 나라이고 송, 명, 청은 제후국이었다.

그러나 일본제국이 날조한 반도식민사관에 따라 우리는 지금까지도 고려와 이조가 제후국이고 송, 명, 청은 천자국인 양 기술된 역사 교과서로 거꾸로 세뇌당해 왔다. 중국 대륙의 5천 년 터줏대감 격인 조선이 한갓 제후국으로 폄하되었던 것이다.

일찍이 카(E. H. Carr)라는 사람은 "역사는 역사가에 의해서 쓰여진다"고 말했다. 다시 말해서 역사가의 사관에 따라 있었던 사실에 기초한 진실된 역사도 기술될 수 있지만 자국의 이익에 따라 가짜 역사도 얼마든지 조작될 수 있다는 말이다.

국익에 맞추어 조율된 가짜 역사가 저술된다면 그것은 모래 위에 집을 짓는 것처럼 어리석은 짓이 될 수밖에 없을 것이다. 가짜 역사로는 올바른 미래를 내다볼 수 없기 때문이다. 역사는 국가 경영의 기본 정보다.

손자는 "지피지기 백전불태"라고 했다. 적을 알고 나를 알면 백번 싸워도 위태롭지 않다는 뜻이다. 자국의 역사를 안다는 것은 자기를 안다는 말과 같다. 적을 아무리 잘 알아도 자기 자신을 잘 모르면 싸움에서 이길 수 없다는 뜻이다. 다시 말해서 가짜 역사는 국가의 바른 미래를 내다볼 수 없으므로, 사상누각이 될 수밖에 없는 것이다. 긴 안목으로 볼 때 가짜 역사가 백해무익한 이유다.

아브라함 링컨은 말했다. "모든 사람을 잠깐 속이거나 소수의 사람을 영원히 속일 수는 있다. 허지만 모든 사람을 영원히 속일 수는 없다." 역사는 특정 개인을 상대로 한 비밀문서가 아니고 다수의 사람들이 읽으라고 쓰여진 공개된 기록이므로, 가짜 역사는 시간이 흐르면 반드시 그 진상이 드러나게 되어 있다.

감추어졌던 사악한 음모와 비밀은 언젠가는 반드시 그 정체를 드러내게 된다. 영국과 일본이 공모한 역사 날조 행위는 겨우 100년을 넘기지 못하고 이제 그 전모를 백일하에 드러내고야 말았다. 흥망성쇠의 역사는 아무도 막을 수 없기 때문이다. 지구상에서 해가 지는 일이 없다던 100년 전의 대영제국의 위용은 지금 어디서도 찾아볼 수 없게 되었고, 욱일승천을 구가하던 대일본제국 역시 서산에 지는 해의 신세가 되어 가고 있다.

날조된 역사는 힘이 있을 때는 강제력을 발휘할 수 있지만 그 힘이 빠지면 추악한 거짓의 잔해만 앙상하게 드러내게 되어 있다. 그러나 역사의 진실 역시 힘이 있을 때 유지할 수 있다. 다시 말해서 진리도 힘이 있을 때 그 지배력을 발휘할 수 있다는 말이다.

진리에는 언제나 힘이 실리게 되어 있다. 그러나 국익을 추구하는 데 힘이 실리지 않는 경우가 있다. 영국이나 일본처럼 악운이 다했을 때이다. 정의를 무시한 국가 이기주의에 사로잡혀 있는 한 우주심의 도움을 받을 수 없기 때문이다. 그러나 이기주의에서 벗어나는 한 우리는 언제나 진리의 편이 될 수 있음을 알아야 한다.

우리는 각종 전거典據와 역사 기록에서 역사의 진상은 확인할 수 있지만, 지나간 일은 이미 지난 일일 뿐 되돌릴 수 없다. 그렇지만 잘못된 과거사는 얼마든지 바로잡을 수 있다. 우리의 과거사를 일본, 중국, 한국의 어용 사학자들에 의해 왜곡 날조되지 않은, 있었던 사실 그대로 알자는 것이다.

역사의 진실을 알아야 과거의 잘못을 알고 반성도 하고 그것을 토대로 하여 재도약도 할 수 있다. 일본처럼 상하가 똘똘 뭉쳐서 오직 국익을 위해 대륙에서의 일본의 역사를 깡그리 감추어 버리고, 오직 일본열도에서만 역사의 첫발을 내디딘 것처럼 역사를 깡그리 날조해 놓으면 과거의 잘못을 반성하고 재도약을 하고 싶어도 속수무책이 될 것이다. 이것은 역사에서 교훈을 얻을 수 있는 길을 스스로 봉쇄하는 자살 행위가 아닐 수 없다.

당장의 눈앞의 이득을 위해 스스로 자신들의 손발을 묶는 어리석음을 범하는 것이고 자기 묘혈을 스스로 파는 것과 같다. 우리는 어떤 일이 있어도 그런 잘못은 저지르지 말아야 한다. 우리는 일본을 타산지석으로 삼아 같은 실수를 되풀이하지 말아야 한다.

거듭 말하지만 과거에 있었던 그대로의 역사를 앎으로써 지난날의 영토를 당장 되찾자는 것이 아니고, 단지 우리 조상들이 대륙을 다스렸을 때의 기백과 유전자와 자신감과 창의성과 포부만은 무슨 일이 있어도 물려받자는 것이다. 요컨대, 과거의 진실된 우리의 자아상만은 어떤 일이 있어도 회복하자는 것이다. 도대체 잃었던 자아상을 되찾아서 무엇을 하겠다는 것인가 하고 누가 묻는다면 나는 다음과 같이 대답할 것이다.

진정한 자아상을 되찾으면 무엇을 할 수 있을까? 잃었던 기백도 자신감도 유전자도 되찾을 수 있고 그렇게 되면 지난 100년 동안 영국, 일본, 미국, 소련 등의 강대국들의 전횡과 농간으로 대륙에서 쫓겨나고, 그 추방된 땅, 한반도조차 일제에게 송두리째 빼앗겼었고, 해방 후에는 남북으로 분단되어

6 · 25라는 대리전을 치르는 등, 약소국의 설움과 민족 분단의 비극을 다시는 되풀이하지 않을 수 있는 길을 장래에는 기약할 수 있는 것이다.

그뿐만 아니라 영토가 아니라도 우리의 두뇌가 할 수 있는, 새롭게 뻗어 나갈 수 있는 분야에서 지혜와 능력을 발휘할 수 있다. 조선이 관리들의 부패와 무능으로 대륙의 주인 자리에서 쫓겨났다면 그것을 반성하고 심기일전하여 다음엔 세계의 주인 자리에 올라설 수 있는 계기를 잡을 수도 있는 것이다.

이스라엘 민족은 조국 땅에서 쫓겨나고 뿔뿔이 흩어져 지난 2000년 동안 세계 각지를 유랑했지만 자기네 민족정신의 핵심인 유대 역사를 끝내 잃지 않았으므로 나라를 되찾을 수 있었고, 비록 인구는 7백만에 지나지 않지만 이스라엘을 둘러싼 3억 인구의 아랍 국가들을 상대로 모든 면에서 조금도 기죽지 않고 도리어 그들을 압도하고 있다.

우리도 과거사의 진실을 되찾을 수 있다면, 비록 비좁은 한반도 땅과, 남북 합해서 겨우 8천만 미만의 인구밖에 갖지 못하지만, 우리를 둘러싼 중국, 일본, 러시아의 17억 인구를 상대로 얼마든지 당당하게 문화의 꽃을 피우면서도 활기차게 뻗어나갈 수 있는 자신감과 기백을 회복할 수 있는 것이다.

마치 우리 해군의 최영함과 고 한주호 준위가 가르친 UDT 대원들이 2011년 1월 21일, 소말리아 해적에게 납치된 삼호 주얼리호의 승무원들을 전광석화 같은 구출작전 끝에 성공함으로써, 천안함과 연평도 사태로 침체되었던 우리 군과 국민의 사기를 일거에 되찾게 해 주었듯이, 대륙의 역사에서 잃었던 자신감을 되찾자는 것이다.

우리가 잃었던 자신감과 기백과 호연지기만 회복할 수 있다면 과거의 영광스러운 역사를 능히 뛰어넘는 찬란한 미래의 꿈을 현실화할 수 있는 것이다. 오염되지 않은 진정한 역사가 소중한 이유가 바로 여기에 있다.

정신병자 취급하는 친지들

우창석 씨가 말했다.

"선생님께서 저에게 읽어 보라고 하신 김종윤 저 『한국인에게 역사는 있는가』와 같은 저자가 쓴 그 밖의 여러 저서들을 처음 읽고 났을 때, 저에게는 그야말로 일시적으로 우두망찰이라고 할까 어찌해야 좋을지 모르는 혼동이 왔습니다.

그야말로 저에겐 경천동지할 아니 천지개벽이라고나 할 만한 뉴스가 아닐 수 없었습니다. 혼자만 알고 가만히 있기에는 좀이 쑤셔서 도저히 견딜 수 없었습니다. 그래서 친지들과 모임이 있을 때마다 이 소식을 전하면 친구들이 절보고 뭐라고 하는지 아십니까?"

"뭐라고 했게요?"

"갑자기 익은 밥 먹고 선소리한다고 핀잔하는 것은 약과고, 저 친구 혹시 머리가 좀 어떻게 된 것 아냐? 하고 저를 정신이 헤까닥한 사람 취급을 합니다. 이럴 때는 어떻게 대처를 해야 할지 모르겠습니다."

"당연히 그럴 겁니다. 증조할아버지, 할아버지, 아버지 대까지 무려 백 년 이상을 반도식민사관으로만 세뇌 교육을 줄곧 받아 왔으니까 그렇게 말하는 것도 무리는 아닐 것입니다."

"어떻게 해야 상대를 이해시킬 수 있을지 난감한 일이 아닐 수 없습니다. 선생님, 이럴 때는 도대체 어떻게 해야 상대를 설득할 수 있겠습니까?"

"그런 때일수록 침착하게 두뇌 회전을 시켜야 할 것입니다."

"어떻게 말입니까?"

"일동 중에서도 제일 거칠게 항의하는 상대에게 지금까지 누구한테서 한국 역사를 배웠느냐고 물어보세요."

"그야 물론 초·중·고등 교사들과 대학교 교수들로부터 그렇게 배웠고, 여러 가지 역사에 관한 서적들을 통해서 알게 되었다고 대답하겠죠."

"물론 그럴 것입니다. 그럼 그 교사나 교수 또는 교과서 집필자들이나 역사 교과서들을 쓴 저자들은 누구에게서 역사를 배웠겠느냐고 물어보면 될 것입니다."

"그런 식으로 계속 역추적해 가면 결국은 지금 우리가 알고 있는 한국 역사를 쓴 최후의 장본인이 드러나지 않겠습니까?"

"그렇습니다. 그 장본인이 바로 한국인을 일본의 노예로 만들려는 의도를 가지고 반도식민사관을 날조한 일본 제국의 어용 사학자들입니다. 이씨조선이 일본에게 망한 뒤에 일제는 그때까지 통용되던 모든 역사책들을 공공기관들과 민가에서 모조리 압수, 수거하거나 약탈하여 불태워 버리고, 바로 이 자들이 만든 교과서와 각종 한국사에 관한 서적들만 가지고 역사 공부를 하지 않을 수 없는 환경을 만든 것입니다.

일본인들은 이렇게 하지 않으면 조선인들을 통치하기 어렵다고 생각한 것입니다. 총면적이 한반도보다 약간 큰 섬나라인 일본이 장구한 세월 대륙을 통치한 유구한 역사를 가진 조선인들을 다스릴 자신이 없었던 것입니다. 바로 이 때문에 일본은 조선을 처음부터 반도 국가였다고 역사를 날조하는 데 국운을 걸 정도로 필사적이었던 것입니다. 더구나 일본은 임진왜란 이후 줄곧 조선을 침략하기 위해서 온갖 궁리와 연구를 다 해 온 것입니다.

조선왕조가 1910년 일본에 강제 합방되기 5년 전인 1905년에 을사늑약이 체결되어 외교권을 박탈당했습니다. 그리고 이미 1876년에 조선과 일본이 강화도조약을 체결했을 때부터 조선은 일본 제국주의라는 악어의 이빨에 물어뜯기기 시작한 것입니다. 그러니까 적어도 101년 전인 1910년부터는 완전히 일제가 만든 반도식민사관으로 써진 역사책으로 우리 조상들은 역사 교육을 받기 시작했습니다.

일제는 한국인은 처음부터 한반도 안에서 한의 식민지인 한사군漢四郡으로부터 시작하여 고구려, 백제, 신라, 조선의 2천 년의 역사를 살아오는 동안 960여 회의 외침을 받으면서 끈질기게 민족의 명맥을 이어왔지만, 당파 싸움으로 영일이 없는, 자치 능력이 결여된 열등한 민족이니 일본의 식민지 백성이 되는 것이 당연하다는 논리입니다. 그리고 한사군 이전의 역사는 단군신화로 처리해 버렸습니다. 이것이 바로 반도식민사관의 골자입니다.”

“선생님, 그렇다면 그러한 반도식민사관은 무엇을 근거로 만들어진 것입니까?”

“우리나라 역사란 원래 아득한 옛날부터 역사가 생겨난 이래 우리 조상들이 면면히 대를 이어서, 써 남긴 믿을 만한 기록을 근거로 써지게 되어 있습니다. 그런데 반도식민사관은 일제 어용 사학자들이 우리의 역사 기록인 『삼국사기』, 『삼국유사』, 『고려사』, 『조선왕조실록』 등을 제멋대로 반도식민사관에 맞추어 가필, 삭제, 날조한 가짜 사서를 바탕으로 고안된 것입니다. 일제가 조선총독부 안에 조선사편수회를 만들어 편찬한 『조선사』 36권이 바로 그렇게 하여 쓰여진 역사책입니다.

이렇게 말하면 물론 다음과 같이 항의하는 사람이 있을 것입니다. 아니, 우리나라가 일제에게 해방된 지가 언젠데, 어느덧 66년이라는 세월이 흐르지 않았느냐, 그런데도 아직도 일제가 왜곡 날조한 역사를 그대로 학교에서 가르친다니 그게 말이 되느냐고 반론을 제기하는 사람이 틀림없이 있을 것입니다.

그럴 때는 우리나라 국사학계의 현황은 아직도 왜정 때와 거의 변함이 없다고 말하면 될 것입니다. 그 이유를 묻는다면 대한민국의 국사학자들의 정신 상태는 일제 강점기와 비교해서 근본적인 변화가 없다고 설명하면 될 것입니다.

도대체 그 이유가 무엇이냐고 묻는다면 우리나라 국사학자들은 지금도 일제의 스승들이 가르친 것을 지금도 그대로 제자들에게 앵무새처럼 복창하고 있다고 말하면 됩니다. 왜 그러냐고 또 묻는다면 요컨대 그들은 우리나라의 역사의 진실을 파고들려는 진정한 학구 정신이 없는데, 그 이유는 이기주의와 게으름과 타성 때문이라고 말하면 될 것입니다.

제도권 사학자들은 그렇다 쳐도 우리나라 재야 사학자들은 뭘 하고 있었느냐고 묻는 사람이 혹 있을지도 모릅니다. 그럴 때는 일제 강점기 때부터 반도식민사관을 타파하려는 움직임이 백암 박은식, 단재 신채호, 위당 정인보에 의해 진행되었고 해방 후에는 문정창, 안호상, 박시인, 임승국, 박창암 같은 분들이 만주사관을 제창했고, 1980년 이후에는 이중재, 오재성, 정용석, 이병화 같은 분들이 대륙사관을 주장했습니다. 그러나 이분들의 대륙사관은 이씨조선 왕조 초기에 한반도로 도읍을 옮긴 것으로 되어 있는데 바로 이 부분이 잘못된 것입니다.

이씨조선이 그 초기에 한반도로 도읍을 옮겼다는 것을 부정하고, 1910년에 일제에게 망할 때까지 대륙의 주인으로 엄연히 존재했음을 주장한 것은 김종윤 사학자가 처음입니다. 재야 사학자들은 그분들 나름으로 전력을 다해 제도권 사학자들과 싸워 왔건만 아직은 그 반도식민사관의 아성을 무너뜨리지는 못한 것이 안타까운 실정입니다.

그러나 아직은 때가 무르익지 않아서 재야 사학자들의 주장이 국민들 사이에 널리 퍼져서 큰 호응을 얻지 못하고 있을 뿐입니다. 그러나 시간이 흐를수록 불의는 맥을 못 추고, 역사의 진실을 주장하는 쪽에 유리한 상황이 전개될 것입니다."

"꼭 그럴 만한 확실한 이유가 있습니까?"

"있고말고요."

"그게 무엇입니까?"

"역사 연구란 정확한 과거의 기록을 확보한 쪽에 언제나 승산이 있습니다. 반도식민 사학을 옹호하는 제도권 사학자들에게는 일제가 조작해 놓은 가짜 기록 외에는 아무것도 없습니다. 그러나 재야 사학자들 쪽에는 풍부한 기록의 뒷받침을 받고 있습니다. 일제 어용 사학자들이 『삼국사기』, 『삼국유사』, 『고려사』, 『조선왕조실록』 등을 제아무리 가필, 삭제, 위조했다고 해도 그 내용 전체를 바꿀 수는 없었으므로 여기저기서 생각지도 못했던 역사의 진실이 드러나게 되어 있습니다.

그리고 『동국여지승람』, 『동문선』 같은 방대한 자료들은 일제의 마수가 미치지 못한 데가 더 많습니다. 김종윤 저 『한국인에게 역사는 있는가』를 비롯한 그의 수많은 저서들은 이들 기록들을 20년 이상 꾸준히 연구하여 얻어낸 귀중한 수확입니다."

"김종윤 사학자는 대륙의 조선인들이 반도로 추방당한 백여 년 전까지 한반도에는 역사가 없었다고 말했는데 그게 사실입니까?"

"사실입니다."

"그걸 어떻게 알 수 있습니까?"

"『한단고기』, 『단기고사』, 『규원사화』, 『삼국사기』, 『삼국유사』, 『고려사』, 『조전왕조실록』, 『동국여지승람』, 『동문선』 같은 한국사의 기본 자료들은 전부 다 중원 대륙에서 우리 민족이 국가를 운영하면서 기록해 놓은 것이지, 한반도에서 기록해 놓은 것은 단 한 건도 없기 때문입니다."

제
5
부

남한산성과 삼전도한비

우창석 씨가 말했다.

"선생님, 저는 요즘 김훈 지음 『남한산성』이라는 장편소설을 읽었습니다. 선생님께서도 혹시 이 책을 읽어 보셨습니까?"

"네, 얼마 전에 읽었습니다."

"그러시군요, 그럼 마침 잘되었습니다. 소설 내용은 인조 14년, 서기 1636년 12월 14일부터 그 이듬해인 1637년 2월 2일까지 45일 동안 묘당(나라 다스리는 조정 또는 의정부), 조선군 및 조선 백성과 청군 사이에 벌어진 사건, 인조의 항복에 이르기까지의 긴박한 상황을 그린 소설이더군요.

그런데 이미 동양사의 진실을 알아 버린 제가 보기에는 그 당시의 조선왕조는 대륙의 강소성과 안휘성에 있었고, 남한산성南漢山城과 삼전도한비三田渡汗碑는 강소성과 산동성 접경 지역에 있어야 하는데, 소설에는 한양이 지금의 서울이고 삼전도한비는 지금의 송파구 삼전동에 본래부터 있었던 것으로 되어 있습니다. 이렇게 되면 소설에서 중요한 요소로 취급하는 리얼리티에 문제가 된다고 생각됩니다. 어떻게 생각하십니까?"

"물론입니다. 아무리 소설이라곤 하지만 역사물을 다룰 때는 등장인물 못지않게, 역사적 사건이 벌어진 장소 역시 사실에 가깝게 묘사해야 하는데, 아무래도 이 소설에서는 그 점을 소홀히 한 것 같습니다.

『남한산성』의 작가는 단지 학교에서 식민 사학자나 그 제자들에게서 역사학을 전수한 교사들이 가르쳐 준 반도식민사관으로 쓰인 내용을 그대로 소설에 적용했을 뿐, 이 소설을 쓰기 위한 작가 자신의 독자적인 역사 탐구나 자료 탐색 같은 것은 전연 없었던 것 같아서 아쉽기 짝이 없었습니다.

국민 전체가 무지몽매하여 흰 것을 검은 것이라고 우긴다 해도 의식이 깨어 있는 작가만은 목에 칼이 들어와도 흰 것은 흰 것일 뿐이라고 당당하게 외칠 수 있어야 하는데, 그렇지 못하고 우리 민족을 자기네 노예로 길들이기 위해서 일제가 날조하여 가르친 반도식민사관의 주장을 그대로 복창한 것 같아서 심히 안타깝기 짝이 없습니다. 그 실례로 소설의 한 대목에는 다음과 같은 것이 있습니다.

'임금이 한가운데로 나아갔다. 북경은 삼전도 송파강 너머, 임진강 너머 예성, 대동, 청천, 압록강 너머 다시 여진의 땅을 건너서 그 너머의 너머였다. 북경의 황성은 보이지 않았다.'(『남한산성』 259쪽)

이것은 우리나라 역사 지리의 최고 권위서인 『동국여지승람』이나, 『세종실록지리지』와는 정면으로 배치되는 전형적인 반도식민사관의 주장을 그대로 복창한 부분입니다. 『동국여지승람』과 『세종실록지리지』에는 당시의 조정이 대륙의 산동성과 강소성에 있었던 것으로 기술되어 있습니다. 다음과 같은 대목도 마찬가지입니다.

'이시백은 군병들을 해산했다. 향병들은 삼거리에 모여서 출신 고향별로 정렬했다. 수원, 용인, 천안에서 온 자들은 대열을 지어 남문으로 나갔다. 양평, 용문, 이천, 여주는 동문으로 나갔다.'(『남한산성』 360쪽)

여기에 나온 수원水源, 용인龍仁, 천안天安, 양평陽平, 용문龍門, 여주驪州 등 한

자식 지명들은 그 당시 한반도에서는 통용되지 않았습니다. 왜냐하면 그때 한반도에는 한자로 된 지명들이 쓰이지도 않았기 때문입니다. 한반도에 한자로 된 지명들이 등장하기 시작한 것은 19세기 후반 서세동점기와 일제 침략기부터 일제 강점기이기 때문입니다."

"일제 침략기라면 언제부터 언제까지를 말합니까?"

"1876년 강화도조약이 체결된 때로부터 1910년 경술국치까지의 34년 동안을 말합니다. 여기에 나오는 강화도는 한반도 인천시에 속한 강화도가 아니라 강소성 양자강변에 있는 강화도를 일컫는 것입니다."

"그럼 일제 강점기는 1910년부터 1945년까지의 35년 동안을 말합니까?"

"물론입니다."

"그럼, 남한산성과 삼전도한비의 유래는 어떻게 됩니까?"

"그 대답을 하기 전에 참고로 내가 늘 이용하고 있는 1990년판 이희승 『국어대사전』에 보면 남한산성 조에 다음과 같이 나와 있습니다.

'남한산에 있는 산성. 경기도 광주군 중부면 산성리에 위치함. 병자호란 때 농성 45일 만에 굴욕적인 맹약을 한 옛 싸움터로 유명함. 현존한 성벽은 광해군 때 시작하여 그 후 여러 차례 중·수축한 것임. 사방에 성문을 달고 장대將臺를 두었음. 성내에 숭렬전, 연무관, 침과정이 있고, 백제의 토기, 와편이 발견됨. 높이 7.2m, 둘레 7.2km. 사적 57호.'

그리고 서울시 송파구 삼전동에 있는 삼전도한비 조에는 다음과 같이 나와 있습니다.

'병자호란 때 청태종이 인조의 항복을 받고, 그 지점인 삼전도에 자기의 공덕을 자랑하기 위하여 세우게 한 비, 비문은 이경석李景奭이 제작하였는데,

표면 좌측에는 몽고문蒙古文, 우측에는 만주문滿州文, 후면에는 한문으로 되어 있음. 비면에 대청황제공덕비大淸皇帝功德碑라 새겨져 있음. 높이 395cm, 폭 140cm. 사적史蹟 101호.'

이렇게 되어 있습니다. 우창석 씨는 이것을 읽고 무슨 생각이 들었습니까?"

"이희승『국어대사전』의 내용만 읽어 보면 남한산성과 삼전도한비의 원래의 위치가 마치 지금의 한반도 경기도 성남시와 서울시 송파구의 지금의 그 자리인 것 같은 느낌이 듭니다. 그러나 병자호란이 벌어진 곳은 한반도가 아니라 당시 조선왕조 도읍 근처인 강소성과 산동성 지역이 아닙니까?"

"맞습니다. 송파구 삼전동은 서울특별시로 편입되기 전에는 경기도 광주군 중대면 송파리로 되어 있습니다. 이것은 일제 강점기 때 행정 구역명이기도 합니다. 그리고 남한산성의 위치 역시 경기도 광주군 중부면 산성리로 되어 있습니다.

역사의 진부는 얼마나 믿을 만한 역사 기록에 바탕을 두었느냐는 것으로 좌우됩니다. 그러면 조선의 지리에 대한 가장 권위 있는 기록인『세종실록지리지』에는 어떻게 기술해 놓았는지 알아봅시다.

조선왕조가 대륙에 있었다는 물증

『세종실록지리지』광주목廣州牧에 보면 광주는 회안淮安이라고도 한다고 되어 있습니다. 현재 위치는 산동성과 강소성 접경 지역입니다. 이곳은 경기도 관찰이 관할하는 목牧으로 8개 도호부와 6개 군과 26개 현이 있고, 광주 곧 회안이 경기의 유일한 목이 되었다고 말합니다.

회안의 회淮 자가 생겨난 유래는 '물 이름 회 자'로서 회수淮水라는 물줄기에서 시원하고 있습니다. 어쨌든 그 당시 조선의 도읍 한양은 강소성에 있는 남경(금릉)이었고 청군은 남쪽으로 쳐내려와 인조의 몽진 길을 차단한 것입니다.

이십오사 중의 『청사고淸史稿』 조선전朝鮮傳에 따르면 그때 인조는 청태종에게 굴욕적인 항복을 하고 다음과 같은 조공품을 내기로 했습니다.

물소뿔 200대對, 담비가죽 100장張, 사슴가죽 100장張, 차茶 1000포包, 수달피 400장, 청설모피 300장, 소목蘇木 200면勉.

당시 한반도의 10배나 되는 대륙의 요지를 다스리고 있던 조선왕조에게는 지극히 보잘것없는 형식적인 조공품에 지나지 않습니다. 그러나 여기서 주목되는 것은 물소, 담비, 사슴, 수달 같은 짐승은 한반도에서는 야생 상태로는 서식하지도 않는 동물이지만, 양자강 지역에서는 어디서나 야생하는 흔한 동물이라는 점입니다.

차 역시 당시 한반도에서는 생산되지도 않았던 것이지만 중국 남부 지방 즉 조선이 차지하고 있던 절강성 지방에서는 중국차의 80퍼센트 이상을 생산하고 있습니다. 소목蘇木 역시 한반도에서는 전연 생산되지 않는, 중국 남부 지방에서만 나는 희귀식물입니다. 이것은 조선이 한반도에 있던 국가가 아니고 대륙의 중남부에 있었음을 말해 주는 움직일 수 없는 물증입니다.

조선이 한반도에 있지 않았다는 것은 『청사고』 조선전 맨 앞부분에도 나옵니다. 청이 지금의 내몽고 호화호특시에서 나라를 일으켜 몽골을 맨 먼저 복속시키고 다음으로 명을 치려했으나 조선이 마치 주액肘腋 즉 팔뚝과 겨드랑이처럼 명과 붙어 있어서 조선을 먼저 공격할 수밖에 없었다고 써져 있습니다.

명과 조선이 팔뚝과 겨드랑이처럼 붙어 있었다는 것은 명은 대륙의 하북성 북경에 있었고 조선은 대륙의 북부와 만주를 사이에 낀 5천 리 이상 동떨어진 한반도에 있었다는 것을 말한 것이 아니고, 명나라 동쪽에서 국경을 맞대고 있었음을 분명히 말해 줍니다. 따라서 명을 치려면 조선을 먼저 치지 않을 수 없게 되어 있었습니다.

그런데도 일제의 어용 사학자 하야시 다이스케林泰輔가 1892년에 발간한 『조선사朝鮮史』에 기초한 반도식민사관에 억지로 뚜드려 맞추느라고 일제는 다음과 같은 억지를 부렸습니다. 즉 명의 도읍인 북경과는 5천 리나 동쪽에 떨어져 있는 한반도에 있는 조선이 명을 치는데 방해가 된다고 하여 청태종이 직접 10만 대군을 이끌고 한반도로 쳐내려 왔다는 반도사관을 날조한 것입니다.

식민사학자들의 주장대로 만약에 조선이 지금의 한반도에 있었고 명의 도읍인 북경으로부터 5천 리나 동쪽에 떨어져 있었다면 청이 명을 치는 데 조선은 전연 장애가 될 수 없었을 것입니다. 문제는 그 당시에 조선왕조는 한반도에는 있지도 않았다는 것이 엄연한 사실입니다. 이야말로 전략적인 이치에도 사리에도 경우에도 맞지 않는, 오직 조선을 식민지화하려는 일본이 날조한 반도식민사관만이 빚어낼 수 있는 억지 춘향격 사기극이 아닐 수 없습니다."

"그럼 그 당시 조선이 차지하고 있던 지역은 어딥니까?"

"청군에 의해 비록 남쪽으로 밀리기는 했지만 그때 조선은 섬서성, 하남성, 산동성, 강소성, 안휘성, 절강성, 복건성, 강서성, 사천성, 귀주성 등지를 영토로 확보하고 있었습니다. 『세종실록지리지』와 『청사고』 조선전에 따르면 그 당시 조선의 영토는 중국 중동부와 남부 지역을 다스리고 있었던 것으로 되어 있습니다."

"그런데도 불구하고 이희승 『국어대사전』을 보면 남한산성과 삼전도가 마치 한반도에 있었던 것처럼 기술하고 있는데 이것을 어떻게 설명해야 합니까? 더구나 남한산성 안에서는 백제의 토기와 기와조각이 나왔다고 한 것이며, 광해군이 남한산성을 쌓고 여러 번 보수까지 한 것으로 되어 있는 것은 어떻게 설명할 수 있을까요?"

"서세동점기와 일제 침략기와 강점기에 당시의 세계 초강대국 영국의 주도하에 일본이 반도식민사관에 따라, 앞장서서 대륙에 있던 조선의 역사 기록과 유물들을 한반도로 옮겨 대륙의 역사가 처음부터 한반도 안에서 일어났던 것처럼 새로 짜깁기했던 것입니다. 다시 말해서 한반도에 대륙에서의 조선의 역사를 재현하는 대대적인 토목 공사를 벌인 것입니다."

"그럼 그 엄청난 공사 자금은 누가 댔습니까?"

"영국과 그 배후 조직인 프리메이슨이라는 유태인 조직이 댔습니다."

"도대체 그렇게까지 한 이유가 무엇입니까?"

"그 이유는 대륙에서 있었던 조선의 역사가 처음부터 한반도에서 벌어졌던 것처럼 조작하기 위해서였습니다. 그렇게 해야 대륙에 살던 조선인들이 한반도에 이주해서도 대륙에서의 역사와 생활을 그리워하거나 불평하지 않고 반도 환경에 잘 순응할 것이고, 그렇게 함으로써 조선인들을 효과적으로 다스릴 수 있을 것이라고 그들은 생각했던 것입니다. 이때 대륙에 있던 남한산성 역사와 유물 그리고 삼전도한비도 함께 운반했거나 한반도 안에서 대륙의 것을 본떠서 새로 만든 것이 틀림없습니다.

삼전도한비에 한문과 함께 몽고문과 만주문으로 기록된 것은 그것이 처음부터 한반도가 아니라 대륙에 있었기 때문입니다. 왜냐하면 한반도에는 만주인도 몽골인도 없지만 대륙에는 만주족과 몽골족이 왕래가 잦아서 그들이 읽게 하기 위해서였습니다.

영국은 자국의 이익을 위하여 사실상의 중국의 주인이요 터줏대감이었던 조선을 대륙에서 한반도로 쫓아내고 중국을 독차지하려는 야욕을 가지고 있었고, 일본 역시 자국의 이익을 위하여 여기에 적극적으로 협조, 동참한 것입니다.

그들은 마치 삼성그룹이 용인에 조선 시대의 민속촌을 그럴듯하게 만들어 일종의 관광지와 영화 촬영장 등으로 이용하듯이, 지금 서울에 있는 오대궁五大宮이며 28기의 왕릉이며 왕족들의 묘들을 대륙 조선의 것을 그대로 옮기거나 본떠서 만들었던 것입니다.

한반도 평양에는 기자묘, 동명왕릉을, 개성에는 만월대 유적, 선죽교, 공민왕릉을, 강원도에는 경순왕릉을, 인천 강화도에는 고려궁지를, 경주에는 탈해왕릉, 헌덕왕릉, 진평왕릉, 김유신장군묘, 태종무열왕릉, 박혁거세와 그 왕비 알영부인, 남해왕, 유리왕, 파사왕 등을 매장한 오릉, 일성왕릉, 선덕여왕릉, 효공왕릉, 신문왕릉, 신무왕릉, 성덕왕릉, 일성왕릉, 지미왕릉, 경애왕릉, 헌강왕릉, 정강왕릉, 희강왕릉, 민애왕릉, 경덕왕릉, 효소왕릉 그리고 문무왕을 매장한 괘릉, 첨성대, 포석정지, 김해에는 수로왕릉 등 25개의 왕릉들을 대륙에서 옮겨왔거나 대륙의 것을 본떠서 만들었습니다.

일제는 반도식민사관에 맞추어 처음부터 한반도 안에서만 우리나라 역사가 이루진 것처럼 대륙의 유적들을 옮겨오거나 조작하는 대사기극을 벌인 것입니다."

"그런데 어떻게 신라의 왕릉들은 고구려, 백제, 발해, 고려의 왕릉들보다 그렇게 압도적으로 많이 보존될 수 있었을까요?"

"고려에 귀순한 경순왕과 왕건 사이의 원만한 합의에 의해 통일신라가 고려로 정권이 평화롭고 순조롭게 이양되었기 때문입니다. 더구나 고려 왕조에서는 신라 세력이 내내 실세를 이루었기 때문일 것입니다. 더욱이 고려에서 이성계에 의해 역성혁명이 일어났을 때도 고려의 왕족들은 철저히 도륙을 당했지만 신라계는 그 실세가 이씨조선으로 그대로 계승되었습니다.

그 대신 백제와 고구려는 처음부터 나당 연합군에게 도읍, 왕족, 정권 실세들이 철저하게 파괴, 응징, 추방당했고, 발해 역시 거란에게 멸망당한 후 그 정치 실세의 주류는 고려에 귀순했다 해도, 그 나머지는 산산이 흩어졌기 때문일 것입니다."

"그렇군요. 이젠 이해가 됩니다."

"그리고 수원에 화성을 만들었듯이 강소성에 있던 남한산성 유적과 삼전도한비를 옮겨다가 영화 세트 만들 듯이 역사를 조작하는 대사기극을 벌인 것입니다. 바로 이 사기극에 일본 어용 사학자들은 말할 것도 없고 조선의 친일 사학자들이 대거 동원되었던 것입니다.

그리고 우리가 해방을 맞은 지도 2011년 현재, 어언간 66년이라는 세월이 흘렀건만 일반 국민은 말할 것도 없고 한국의 대표적인 신예 작가까지도 일제가 만든 반도식민사학의 틀에서 한 치도 벗어나지 못하고, 그들이 100년 전에 깔아 놓은 반도식민사학 노선을 아무런 반성도 없이 무턱대고 그대로 따라가고 있는 실정입니다."

"어떻게 하면 우리가 그 반도식민사관의 틀에서 벗어날 수 있을까요?"

"우리가 시급히 해야 할 일은 전교조 교사들이 쓴 한국 근세사의 좌편향 자학 사관과 일본의 독도 영유권 주장만을 분개하고 개탄할 일이 아닙니다. 그것은 우리의 내장이 다 썩어 들어가는데도 손톱 밑 가시에만 신경을 쓰는 격입니다.

우리가 정작 먼저 손대야 할 것은 지금도 초·중·고등학교 국사 교과서를 반도식민사관에 따라 집필하고 있는 제도권 사학자들이 자기가 무슨 잘못을 저지르고 있는지 뼈아프게 깨닫고 역사를 진실대로 고쳐 쓰는 것입니다. 만약에 그러한 반성을 할 능력이 없다면 더이상 역사 교과서 집필에는 자기가 적합지 않다는 것을 깨닫고 스스로 그 직에서 물러나야 합니다.

그리고 그 밖의 제도권 사학자들이 살길은 일본인 어용 사학자 스승들이 쓴 역사책만을 지금도 열심히 탐독할 것이 아니라『삼국사기』,『삼국유사』,『고려사』,『동국여지승람』,『조선왕조실록』,『세종실록지리지』,『동문선』, 이십오사 조선전 같은 원전들을 열정적으로 그리고 지속적으로 파고들어야 합니다. 그렇게 하면 한국 역사에 관한 한 새로운 개안을 얻을 수 있을 것입니다.

그리고 역사 연구는 다른 학문과는 달리 민족의 장래가 직접적으로 걸려 있는 학문 분야입니다. 따라서 일부 고루한 식민 사학자들에게만 역사 연구를 맡겨둘 것이 아니라 역사에 관심 있는 모든 식자들이 다 함께 관심을 가지고 역사 공부에 정성을 기울여야 합니다.

그래야 교과서 집필자들이 무슨 잘못을 저지르고 있는지 두 눈 부릅뜨고 감시할 수 있습니다. 이렇게 된다면 우리가 100년 전처럼 강대국들의 먹잇감으로 전락하는 비극을 다시는 되풀이하지 않게 될 것입니다."

"선생님의 논법대로라면 감탁환 지음『불멸의 이순신』, 김홍신의『대발해』를 비롯한, 이 땅에서 발행된 수많은 역사 소설들도 마땅히 폐기되어야 한다는 말씀이군요?"

"그 소설가가 반도식민사관을 가지고 소설을 썼다면 당연히 폐기하고 진실대로 새로 써야 합니다. 고구려와 발해의 도읍은 섬서성에 있었는데 한반도 평양이나 만주에 있었던 것으로 잘못 알고 소설을 썼다면 당연히 역사적 사실에 따라 새로 써야 합니다."

거북선 쪼가리 하나 건지지 못한 이유

"그리고 임진왜란, 병자호란, 신미양요, 병인양요 같은 것도 한반도가 아니라 대륙에서 일어난 일이 되는가요?"

"물론입니다. 우리 해군에서는 이순신 장군의 거북선 유적을 임진왜란 때 해전이 벌어진 남해의 소위 전적지 해저에서 발굴해 내려고 수십 년 동안 갖은 애를 다 쓰고 있지만 아직 거북선 잔해 쪼가리 하나 건지지 못했습니다.

앞으로 한반도 남해안에서는 백 년 아니라 천 년을 뒤져 보아도 거북선 파편 쪼가리 하나 건지지 못할 것입니다. 왜냐하면 그곳에서는 조선과 일본 수군 사이에 해전이 벌어진 일이 전연 없었기 때문입니다.

그것은 반도식민 사학자들이 한강 유역에서 하남위례성 유적을 발굴하려고 두 눈에 쌍심지를 거꾸로 켜고 제아무리 굴삭기로 이곳저곳을 미친 듯이 파헤쳐 보아도 아무 흔적도 발견하지 못한 것과 꼭 같습니다. 하남위례성은 대륙의 하남성에 있었지 한반도 한강 유역에는 있었던 일이 전연 없었기 때문입니다.

그들은 100년 전에 영국과 일본에 의해서 한반도에서 벌어진 대대적인 역사 사기극에 지금도 감쪽같이 속아넘어간 채 반도식민사관에서 깨어나지 못하고 있습니다. 그들이 반도식민사학의 사기극에서 깨어나지 못하는 한 하남위례성의 흔적은 한반도 한강 유역에서는 천지개벽을 열 번 아니라 백 번을 해도 찾아낼 수 없을 것입니다."

"그럼 거북선 잔해는 어디 가야 건질 수 있을까요?"

"당시 조선과 일본 수군의 치열한 해전이 실제로 벌어졌던 항주(항저우) 만 해저에서는 거북선 잔해를 틀림없이 발견할 수 있을 것입니다. 그러나 중국이 한국의 거북선 발굴 작업을 허가할 리가 없습니다."

"왜요?"

"중국이 만약에 한국의 거북선 발굴 작업을 허가한다면 조선왕조가 대륙에 있었다는 것을 시인하는 것이 되기 때문입니다. 대륙에서의 조선 역사의 흔적을 말살하기 위해서 혈안이 되어 있는 중국의 현 정권의 국수주의자들에게는 가당치도 않은 일이기 때문입니다."

"그런데도 중화민국 총통을 지낸 장제스(장개석)는 자기 고향인 절강성이 백제 땅이었고 중국의 장쩌민 전 주석은 자기의 고향인 강소성이 신라 땅이었다고 공석에서 말한 이유가 무엇일까요?"

"그건 자기도 모르게 그들의 고향에서 예부터 전해져 온 말을 무심중에 말한 것에 지나지 않을 것입니다."

"그렇군요. 그리고 김훈 저 『남한산성』에 보면 다음과 같은 인상적인 구절이 보입니다.

'최명길이 말했다.

강한 자가 약한 자에게 못할 짓이 없고, 약한 자 또한 살아남기 위해서 못할 것이 없는 것이옵니다.

최명길이 울었다. 울음을 멈추고 최명길이 또 말했다.

전하, 뒷날에 신들을 다 죽이시더라도 오늘의 일을 감당하여 주소서. 전하의 크나큰 치욕으로 만백성을 품어 주소서. 감당하여 새날을 여소서.'

삼전도 굴욕이 벌어진 1638년부터 2011년 현재까지 373년이란 세월이 흘러갔습니다. 그런데 그때의 강자였던 청淸은 지금 어떻게 되었습니까. 그 당시 6백만 정도로 추산되던 만주족은 대륙의 한 부분을 지배하는 동안 한족에게 문화적으로 완전히 흡수 동화되어 지금은 흔적도 없이 사라질 위기에 처해 있습니다.

그때 만약 척화파인 예조판서 김상헌의 주장을 따랐더라면 나라의 명맥이 끊어지지 않았을까 하는 생각이 듭니다. 그러나 인조는 주화파인 이조판서 최명길의 주장을 따랐으므로 비록 치욕을 당하기는 했지만 나라의 명맥만은 유지할 수 있었다고 봅니다. 어떻게 생각하십니까?"

"인조가 끝내 임진왜란의 교훈을 살리지 못하고 국제 정세를 살피는 지혜가 모자라 성리학과 명에만 지나치게 의존한 나머지 국방에 소홀히 하여 국란을 초래한 잘못은 피할 수 없지만, 항복이라는 굴욕의 쓴잔을 스스로 삼킴으로써 나라의 명맥을 유지한 공로만은 평가해 주어야 할 것입니다."

"100년 전 서세동점기에 세계의 최강자였던 영국은 중국 대륙의 주인이라고는 하지만 노쇠한 국가에 지나지 않았던 조선을 한반도로 강제 추방할 수 있었지만, 거금을 들여가면서 굳이 한반도에 대륙에서의 조선 역사 재현이라는 대대적인 토목 공사를 벌인 이유가 무엇일까요?"

"중원 대륙에서 9100년 동안 한 번도 나라의 명맥이 끊어지는 일 없이 면면히 이어져 내려온 조선에 대하여 영국은 외경심을 갖고 있었을 것입니다. 영국은 팔레스타인에서 서기 70년의 1차 유대전쟁과 135년 2차 유대전쟁에서 패한 이스라엘 민족의 디아스포라라는 뼈아픈 이산의 고사古史를 생각했는지도 모릅니다.

당시 이스라엘 민족은 지배자인 로마 제국을 향해서 2차에 걸친 항쟁을 벌인 끝에 로마군에게 패배하고 나라는 초토화되어 전 세계에 뿔뿔이 흩어졌습니다. 그런지 얼마 후에, 그 인과응보인지, 로마 제국 역시 속절없이 망해 버리고 말았습니다.

당시 이스라엘은 하늘이 선택한 민족으로 알려져 있었고 수천 년의 역사를 가진 민족이었습니다. 그렇게도 막강했던 로마 제국이 이스라엘 민족의 디아스포라 이후 얼마 안 되어 멸망해 버린 데 대하여 분명 위구심을 가지고 있었을 것입니다.

이스라엘 민족이 하늘이 선택한 선민이라면 조선민족은 동양의 천손족이라는 자부심을 가진 민족이라는 것을 영국이 모르지 않았을 것입니다. 근 1만 년의 역사를 가진 그러한 조선족을 소홀히 대할 수 없었을 것이라고 생각됩니다."

"그러나 6·25 직후에 영국의 한 신문기자는 한국에서 민주주의가 뿌리내리기를 바라는 것은 쓰레기통에서 장미가 피어나기를 바라는 것보다 더 어려울 것이라고 힐뜯는 기사를 쓴 일이 있지 않습니까?"

"그러나 그 후 산업화와 민주화를 재빨리 성취한 한국의 비약적 발전을 보고 그 기자는 분명 생각을 달리했을 것입니다."

"또 한 가지 의문이 있습니다. 대륙에서 송을 멸망시킨 원도 고려는 없애 버리지 못했고, 명을 타도한 청도 조선은 그대로 남겨 두었습니다. 송과 명이 멸망함으로써 대륙에서는 근 1백 년 동안 지속된 대원제국과 근 3백 년 동안 지속된 대청제국 총 4백 년 동안 한족 국가의 명맥은 완전히 끊어졌습니다.

그러나 조선족의 국가는 1910년에 조선왕조가 멸망할 때까지, 대륙에 첫발을 들여놓은 환국(한국) 이후 9100년 동안 단 한 번도 중원에서 그 국가의 명맥이 끊어진 일이 없습니다. 그 이유가 어디에 있을까요?"

"원을 세운 몽골족도 청을 일으킨 여진족(말갈족)도 원래 단군조선에서 갈라져 나간 민족입니다. 한족 역시 황제헌원 때부터 배달족에게서 갈라져 나갔습니다. 배달족이 조선족입니다. 왜 역시 단군조선 때 갈라져 나갔습니다.

한자는 한족이 만든 것이 아니고 조선족이 만들었음을 중국학자들도 시인하고 있습니다. 그리고 중국어도 일본어도 처음엔 조선어의 한 방언에 지나지 않았습니다. 바로 이 때문에 조선은 대륙의 주인이요 동양문화의 원천이요 터줏대감이 될 수밖에 없습니다.

동양인으로서 이러한 조선을 누가 감히 건드릴 수 있었겠습니까? 서세동점 시기에 동양의 독특한 질서를 모르는 이단적인 서구 제국주의 세력이 대륙에 밀어닥치지 않았더라면 틀림없이 조선은 자기 개혁 과정을 거쳐 지금도 의연히 대륙의 주인으로 군림하고 있었을 것입니다."

"그렇다면 조선을 지금과 같은 처지로 몰아넣은 원인 제공자는 누구일까요?"

"첫 번째는 서세동점의 변화의 물결에 민첩하게 대응하지 못한 조선왕조 자신이고, 두 번째는 대륙 조선을 반도 조선으로 바꾸어 놓은 서세동점기의 지구촌의 최강자였던 영국과 영국에 적극 협조한 일본이고, 세 번째는 한국을 남북으로 분단한 미국과 소련(지금의 러시아 전신)입니다. 네 번째는 대륙 조선의 흔적을 말살하는 데 물불을 가리지 않고 날뛰었던 손문 중화민국과 모택동 중화인민공화국입니다. 이 우주에 인과응보의 이치가 적용되는 한 이들 나라들은 머지않아 어떠한 형태로든 반드시 인과의 응보가 있게 될 것입니다."

"어떠한 형태의 응보를 당하게 될까요?"

"그건 하늘만이 아는 일입니다."

역사 교과서 바로잡기

우창석 씨가 말했다.

"선생님, 알기 쉽게 말해서, 반도식민사관이란 무엇입니까?"

"반도식민사관이란 일제가 한국을 영원히 자기네 식민지로 통치하기 위하여 의도적으로 왜곡 날조한 사관을 말합니다."

"그 줄거리는 어떻게 됩니까?"

"조선의 역사는 처음부터 조선반도 안에서 한나라의 식민지인 한사군漢四郡에서 시작되었고 그 후 고구려, 백제, 신라 삼국이 정립되어 싸우다가 신라에 의해 삼국이 통일되었고, 그 신라는 통틀어 약 1천 년 동안 지속되다가 고려로 이어져서 근 5백 년 후에 다시 이씨조선이 역성혁명을 일으키어 518년 계속되다가 일본에 합병되었다는 것입니다. 이렇게 본 조선사의 역년은 고작 2천 년밖에 안 됩니다.

이러한 조선사는 1892년에 하야시 다이스케林泰輔라는 일본인 어용 사학자가 쓴 책 제목이기도 합니다. 해방된 지 66년이란 세월이 흘렀건만 지금 한국에서 가르쳐지고 있는 모든 역사 교과서도 이 '조선사'의 범주에서 단 한 치도 벗어나지 못하고 있습니다.

요즘 한국사를 필수 과목으로 해야 한다고 하여 지난 10년 동안 전교조 교사들에 의해 저술된 현대사의 좌편향 자학 사관 시정과, 독도는 한국 땅이라는 것을 새 역사 교과서에서는 강조해야 한다는 문제가 한창 논의되고 있습니다. 물론 전교조 교사들에 의해 쓰인 교과서의 잘못을 바로잡고 독도를 지키는 일도 중요합니다.

그러나 내가 보기에는 이것은 근본 뼈대가 썩어가는 것도 모르고 손톱 밑의 가시를 어떻게 제거해야 되느냐를 놓고 갑론을박하는 꼴밖에는 안 됩니다. 이보다 더 시급한 것은 1892년에 하야시 다이스케라는 일본인이 쓴 반도식민사관의 뼈대가 지금까지 고스란히 살아 있는 우리나라 역사 교과서부터 바로잡아야 하기 때문입니다."

"그러자면 구체적으로 어떻게 해야 합니까?"

"우리 역사는 처음부터 절대로 한반도 안에서 시작되지 않았습니다. 한국사에 대한 각종 기록 예컨대 『한단고기』, 『단기고사』, 『규원사화』, 『삼국사기』, 『삼국유사』, 『고려사』, 『조선왕조실록』, 이십오사, 『동국여지승람』, 『일본서기』 등의 각종 기록에 따르면 우리 역사는 지금부터 9100년 전에 지금의 중국 감숙성, 섬서성 일대에서 시작되어 점차 대륙의 동남부로 확대되어 나갔고, 1910년 조선왕조가 망할 때까지 시종 중국 대륙에서 역사 활동을 했습니다.

19세기 말 서세동점기에 당시의 초강대국 영국이 주도한 식민지 쟁탈전 음모의 일환으로 조선왕조는 한반도로 강제 추방당하기 시작하여 이때 비로소 한반도에 대한 기록된 역사가 시작되었다는 것을 골자로 우리 역사는 다시 써져야 합니다."

"그럼 우리가 지금 터 잡고 있는 한반도에 서세동점기 이후에 조선이 추방되기 이전의 역사는 어떻게 됩니까?"

"한반도는 단군조선 때부터 조선의 한 변방 영토였을 뿐 한국사의 주요 무대로 등장한 것은 19세기 말 서세동점기부터였습니다. 흔히들 우리나라가 960여 회의 외침을 받았다고 하지만 이러한 외침을 받은 곳은 한반도에서가 아니라 대륙에서였습니다.

왜냐하면 대륙이야말로 우리 역사의 중심 무대였으니까요. 따라서 한반도에서 역사에 기록될 만한 전쟁은 6·25밖에 없었습니다. 그전에 한반도에서 있었던 것으로 알려진, 고조선, 삼국 시대, 고려, 조선 시대의 전쟁은 모조리 다 대륙에서 벌어진 것을 한반도에서 있었던 일처럼 짜깁기한 것입니다. 그리고 모든 역사 기록도 대륙에 씌어진 것입니다."

　"그렇다면 저 유명한 을지문덕의 살수대첩이며 강감찬의 귀주대첩, 조선왕조 때의 임진왜란, 이순신의 한산대첩, 노량대첩, 권율의 행주대첩, 병자호란, 병인양요, 신미양요 등도 모두 다 중국 대륙에서 벌어졌다는 말씀인가요?"

　"그렇고말고요."

　"그럼 한반도에서는 6·25 때의 한국전쟁 외에는 역사에 기록된 전쟁은 아무것도 없었다는 말씀인가요?"

　"정확합니다."

　"일본이 우리 역사를 꼭 한반도 안에만 가두려는 저의는 무엇입니까?"

　"조선의 역사가 한반도에서 일어난 역사가 아니고 대륙에서 9100년 동안이나, 한반도의 10 내지 15배에 달하는 대륙의 영토를 다스린 기록이라는 것이 사실 그대로 알려질 경우 그렇지 않아도 전통적으로 일본을 해적질이나 해먹은 섬나라 족속이라고 깔보아 온 조선인을 다스리기는 너무나 버거운 일이기 때문입니다."

　"그건 그렇다 치고 속칭 반만 년 역사로 통하는 조선사를 2천 년 역사로 축소한 이유는 또 무엇입니까?"

　"조선을 자기네의 영원한 노예로 길들이려는 일본이 1천6백 년 정도밖에 안 되는 자기네 역사를 2600년으로 억지로 늘려 놓고, 만세일계 황국사관을 왜곡 날조해 놓았는데도 불구하고, 그들의 역사의 두 배나 되는 반만 년의 역사를 가진 조선을 다스린다는 것 역시 너무나 힘겨운 것이었기 때문이었습니다.

더구나 일본은 소위 명치유신 전까지 강소성, 복건성, 광동성 등지의 해안가에서 해적질로 연명하던 족속으로서 조선, 명, 청의 조정에 정식으로 조공을 바치려 해도 그 자격을 인정받지 못했던 야만국이었습니다.

이러한 일본이 서세동점기에 대륙의 해안가에 위치했던 지리적 이점 때문에 서구 문물을 일찍 받아들인 덕으로 당시의 초강대국 영국의 후원을 얻어 근대화하기 시작했습니다. 이러한 나라가 역사 이래 9100년 동안 대륙의 요지를 다스려 온 조선을 지배하기 위해서는 조선사를 축소하여 왜곡 날조하여 먹기 쉽게 요리하지 않을 수 없었던 것입니다."

"일본이 조선을 식민지로 다스리기 위해서 당시의 세계 제국주의 세력들의 지원을 받아 조선을 삼키고 조선사를 날조한 것은 이해가 가지만 이미 해방된 지도 어언 66년이 지난 오늘의 시점에서도 한국의 강단 사학자들이 반도식민사관의 뼈대를 교과서에 그대로 적용하는 것은 국가의 장래를 위해서도 큰 비극이 아니겠습니까?"

"문제의 정곡을 정확하게 찔렀습니다. 그것이 바로 문제의 핵심입니다. 그 반도식민사관이 이 나라의 역사 교과서에서 사라지지 않는 한 그것은 우리 국민들을 구속하는 쇠고랑이 되어 우리의 정신의 날개를 영원히 꺾어 놓는 새장이 되고 말 것입니다.

더구나 반도식민사관은 『삼국사기』, 『삼국유사』, 『고려사』, 『조선왕조실록』과 같은 우리 역사의 기록들이 대륙에서의 우리 역사를 기록한 것인데도 이것을 전부 다 한반도 안에서 일어난 것처럼 왜곡 날조하여 해석하고 있습니다. 이러한 엉터리 해석이 어떤 폐단을 낳는지 생각해 보았습니까?"

"아뇨. 아직 생각해 보지 못했습니다."

"어제저녁 9시 텔레비전 뉴스 시간에도 아나운서는 『삼국사기』의 기록을 인용하여 삼국 시대에도 한반도 서울과 양양에서 각각 6.5 강도의 지진이 있었다고 말했습니다. 삼국 시대의 도읍과 양양은 지금의 서안과 하남성,

산동성, 저장성, 강소성, 안휘성 일대였습니다. 그것을 한반도의 서울과 양양이라고 보도하면 큰 오보가 아닐 수 없습니다.

더구나 그 시대에는 한반도 안에서는 한자로 된 지명은 사용된 일도 없었습니다. 날조된 반도식민사관이 얼마나 잘못된 정보를 제공해 주고 나라의 발전에 얼마나 무서운 암적 요인인가를 말해 주고 있습니다."

외규장각은 어디에 있었습니까?

50대 초반의 자영업을 하는 양돈세라는 수련생이 말했다.

"선생님, 프랑스 해군이 1866년, 즉 지금으로부터 145년 전에 우리나라 외규장각 도서를 약탈해 갔다가 최근에 영구대여 형식으로나마 반환하게 되어, 국민의 한 사람으로서 참으로 다행이라는 생각이 듭니다.

그런데 『선도체험기』 101권을 읽어 보니까 이씨조선은 1910년까지 중국 대륙에 있었던 것으로 나와 있습니다. 그런데 얼마 전에 KBS1 TV의 〈역사스페셜〉에 보니까 외규장각이 지금의 인천시 강화도에 있었고, 프랑스 해군은 바로 그 강화도를 점령하고 그곳에 있는 외규장각에서 『조선왕조의궤』를 약탈해 간 것으로 되어 있었습니다.

외규장각이 지금의 인천시 강화도에 있었다면 이씨조선 궁궐은 중국이 아니라 지금의 서울에 있었다는 얘기가 되는데 어느 쪽이 맞는지 어리둥절합니다. 과연 그때 우리나라 서울은 어디에 있었고 외규장각은 어디에 있었습니까?"

"『고려사』, 『조선왕조실록』, 『세종실록지리지』, 『동국여지승람』, 『청사고』 조선전 등 우리 조상들과 청국인들이 대륙을 다스릴 때 그곳에서 써서 남겨 놓은 기본 사료들을 깊이 연구한 김종윤 재야 사학자에 따르면, 그 당시 조선의 마지막 수도가 된 남경南京은 강령이라고 불렸으며 양자강 하류에 위치해 조선의 목구멍과 같은 거점 도시였고, 지금도 수도 직할시로 남경특별시

333

라고 합니다.

그리고 규장각이 있는 강화는 본시 강도현江都縣으로 남경 가운데를 흐르는 양자강 상류 산수 좋은 포구에 있습니다. 지금은 강포江浦라고 이름이 바뀌었으나 예부터 외침을 방어할 수 있는 요새로 알려져 있습니다. 따라서 인천시의 강화도는 병인양요와 신미양요가 일어난 현장이 아닐 뿐 아니라, 몽란蒙亂 때 39년 동안 고려의 수도였던 강도江都도 아닙니다.

그 증거로 인천시 강화에는 『고려사』에 등장하는 그 수많은 화려한 고려 궁전과 전각의 유적은 전연 발견되지 않고 있습니다. 다시 말해서, 19세기 말의 조선의 서울은 양자강 하류에 위치한 남경이고 강화는 양자강 상류의 강도현으로서, 지금은 강포라고 이름이 바뀐 곳입니다."

"그런데 〈역사 스페셜〉에 나오는 모 사학 교수는 대동여지도를 펼쳐 보이면서 지금의 인천시 강화도에 외규장각 도서가 있었고 프랑스 해군은 바로 이 강화도를 점령하고, 그 도서를 약탈하고 건물은 방화해 버렸다고 합니다. 그건 어떻게 된 겁니까?"

"그건 그 사학 교수가 과거 일본 제국주의자들이 한국인을 영원히 일본의 노예로 부려먹자는 속셈으로 왜곡 날조한 반도식민사관을 지금도 그대로 복창하고 있기 때문에 그러한 망발을 한 것입니다."

"그럼 그 사학 교수가 증거로 제시한 김정호가 그렸다는 대동여지도라는 것은 어떻게 된 것입니까?"

"김정호도 그가 그렸다는 대동여지도도 일제 강점기에 조선총독부가 만들어 낸 가짜입니다."

"혹시 그것을 밝히는 저서나 논문이라도 있으면 소개해 주시겠습니까?"

"김종윤 저 『한국인에게 역사는 있는가』라는 저서 중 '대동여지도는 과연 김정호가 그린 것일까'와 '대동여지도가 허구인 까닭'을 읽어 보시면 도움이 될 것입니다."

"그런데 어떻게 일제에게서 해방된 지 2011년 현재 66년이나 지난 지금까지 대학에서 역사를 가르친다는 사학 교수가 텔레비전에 나와서 뻔뻔스럽게도 그런 거짓말을 태연하게 말할 수 있을까요?"

"그 대학교수라는 사람은 우리나라 역사를 우리 조상들이 써서 남겨 놓은 기록을 근거로 공부하지 않고 순전히 일제가 한국 국민을 영원히 자기네 노예로 길들이기 위해서 왜곡 날조해 놓은 반도식민사관에 입각하여 조선총독부가 편찬한 『조선사』만을 공부했거나, 일제가 정략적으로 양성해 놓은 일본인 스승들로부터 학문을 전수했기 때문입니다."

"일제가 이 땅에서 물러간 지도 2011년 현재 어느덧 66년이라는 세월이 흘러갔건만 어찌 지금까지도 그런 황당한 일이 대한민국의 주권이 미치는 이 땅에서 벌어질 수 있습니까?"

"외국인들이 듣기에도 그렇고 우리가 듣기에도 지극히 창피스러운 일이긴 하지만 그것이 우리가 처한 어쩔 수 없는 현실입니다."

"그럼 그동안에 우리나라 사학자들과 정치인들은 도대체 무엇을 했기에 우리나라 역사 교육을 이 지경으로 만들어 놓았습니까?"

"그것을 알고 싶으시면 그 방면의 공부를 좀 하셔야 합니다. 그러나 간략하게 말하면 기존 사학자들은 기득권 사수를 위해서 지금까지도 일본인 스승들이 가르쳐 준 반도식민사학에서 단 한 발자국도 벗어나지 못했기 때문입니다. 마치 반도식민사학만이 그들이 살길이라는 듯 악착같이 거기에 매달려 있습니다. 그래서 재야 사학자들이 제아무리 반도식민사학의 잘못을 폭로하고 시정을 촉구해도 일체 오불관언입니다."

"그러면 정치인들은 뭣 하는 사람들입니까? 법을 제정해서라도 그 친일 잔재를 당연히 청산해야 되는 거 아닙니까?"

"당연히 그래야죠. 그러나 정치인들은 1948년 대한민국 정부 수립 후 지난 63년 동안 항상 발등에 떨어진 불을 끄거나 당리당략을 추구하는 데만 급급해 왔습니다. 지금도 부산저축은행 비리와 반값 대학 등록금 문제 따위에 눈코 뜰 새 없이 바쁜 것과 같습니다.

노무현 정부 때 친일 잔재를 청산한다고 친일인사 명단을 책으로 편찬 발표한다고 부산을 떨었지만 알고 보면 자기네 정적을 음해하고 공격하는 데 이용했을 뿐 아직도 반도식민사학 근절 같은 국가백년 대계의 근본이 되는 문제는 그대로 방치되어 있는 것이 실정입니다."

"그럼 어떻게 해야 합니까?"

"이런 문제에 착안한 양돈세 씨 같은 뜻있는 사람들이 먼저 두터운 인맥부터 형성해야 합니다. 그것을 바탕으로 서서히 반도식민사학 일소를 위한 민중 운동을 조직적으로 벌여 나감으로써 바른 역사를 찾아야 한다는 압도적인 여론을 일으켜 이 나라에서 반도식민사관이 일절 발붙이지 못하게 하는 법을 제정해야 할 것입니다.

그것이야말로 우리나라를 다시금 외국의 식민지로 전락하거나 또다시 분단국가로 만드는 비극을 영원히 방지할 수 있고, 우리도 세계의 지도를 바꿀 수 있는 강대국으로 성장해 나가는 정신적인 기폭제가 될 수 있을 것입니다. 그러기 위해서라도 우리는 역사의 진실을 반드시 찾아야 합니다. 역사의 진실이야말로 국력이요 경쟁력이니까요."

저자 약력

김 태 영

경기도 개풍 출생
1963년 포병 중위로 예편
1966년 경희대학교 영어영문학과 졸업
코리아 헤럴드 및 코리아 타임즈 기자생활 23년

수상
1974년 단편『산놀이』로《한국문학》제1회 신인상 당선
1982년 장편『훈풍』으로 삼성문학상 당선
1985년 장편『중립지대』로 MBC 6.25문학상 수상

저서
단편집『살려놓고 봐야죠』(1978년), 대일출판사
민족미래소설『다물』(1985년), 정신세계사
장편소설『한단고기』(1987년), 도서출판 유림
『인민군』3부작(1989년), 도서출판 유림
『선도체험기』1~120권(1990년~2020년), 도서출판 유림 및 글터
소설『단군』1~5권(1996년), 도서출판 유림
소설선집 1권『산놀이』(2004년), 2권『가면 벗기기』(2006년), 3권『하계수련』(2006년), 지상사
『약편 선도체험기』1~30권(2021~3), 글터
『한국사 진실 찾기』1~2권(2024), 글터

한국사 진실 찾기 1

2024년 4월 8일 초판 인쇄
2024년 4월 15일 초판 발행

지 은 이   김 태 영
펴 낸 이   한 신 규
본문디자인 안 혜 숙
표지디자인 EK Communication
펴 낸 곳   글터

주   소   05827 서울특별시 송파구 동남로 11길 19(가락동)
전   화   070 - 7613 - 9110 Fax02 - 443 - 0212
등   록   2013년 4월 12일(제25100 - 2013 - 000041호)
E-mail   geul2013@naver.com

ISBN 979 - 11 - 88353 - 64 - 4   04910   정가 20,000원
ISBN 979 - 11 - 88353 - 63 - 7(세트)